学前教育专业"互联网+"
新形态一体化系列规划教材

学前儿童科学教育
活动设计与指导

主　编◎张　莉　　冀秋阳　　曹惠凡

副主编◎刘　婷　　李宇卿　　吕　园

参　编◎简　单　　卢艳芳　　吴　彤

张美心　　赵福胜　　张会会

郑丽霞　　康洁婷　　黄丽虹

杨婧怡

厦门大学出版社
XIAMEN UNIVERSITY PRESS

国家一级出版社
全国百佳图书出版单位

图书在版编目（CIP）数据

学前儿童科学教育活动设计与指导 / 张莉，冀秋阳，曹惠凡主编. -- 厦门：厦门大学出版社，2023.7
学前教育专业"互联网＋"新形态一体化系列规划教材
ISBN 978-7-5615-8387-6

Ⅰ. ①学… Ⅱ. ①张… ②冀… ③曹… Ⅲ. ①学前儿童－科学教育学－教材 Ⅳ. ①G613

中国版本图书馆CIP数据核字(2023)第051483号

出 版 人　郑文礼
责任编辑　林　鸣
责任校对　李小青
美术编辑　李夏凌
技术编辑　许克华

出版发行　厦门大学出版社
社　　　址　厦门市软件园二期望海路39号
邮政编码　361008
总　　　机　0592-2181111　0592-2181406(传真)
营销中心　0592-2184458　0592-2181365
网　　　址　http://www.xmupress.com
邮　　　箱　xmup@xmupress.com
印　　　刷　湖南省众鑫印务有限公司

开本　787 mm×1 092 mm　1/16
印张　20.5
字数　340 千字
版次　2023 年 7 月第 1 版
印次　2023 年 7 月第 1 次印刷
定价　58.00 元

厦门大学出版社
微信二维码

厦门大学出版社
微博二维码

前　言

　　科学教育是培养高素质科技人才的主渠道，担负着对接科技强国、制造强国等国家战略的重要任务。对幼儿来说，科学学习是在探究具体事物和解决实际问题中，尝试发现事物间的异同和联系的过程。通过科学教育，可以激发幼儿的好奇心和探究欲望，提高他们的认识能力。

　　科学作为促进幼儿学习与发展的五大领域之一，在幼儿园教学中有着不可忽视的重要作用。而要真正做到促进儿童全面发展，提高幼儿教师的执教能力，就要对未来的幼儿园教师进行全面而有效的教育。本教材内容具体，聚焦幼儿园真实情境；结合考试，涉及最新教师资格证试题；连接 1+X 考证，采用任务式编排；可以为幼儿园科学教育提供专业指导。

　　本教材共有八个单元：第一单元为学前儿童科学教育概述，梳理了学前儿童科学教育的内涵，剖析了学前儿童科学教育的重要价值，讲述了科学教育的沿革发展；第二单元是学前儿童科学教育活动的理论基础，从心理学、教育学以及未来发展趋势三个方面给予理论支持；第三单元和第四单元对学前儿童科学教育目标、内容、方法进行活动设计与指导；第五单元、第六单元和第七单元则是对学前儿童数学教育活动进行设计与针对性指导；第八单元是详细阐释学前儿童科学教育活动的评价。

　　本书以学生为本，以实践为取向，以案例为载体，从学习目标、章节思维导图、情境导入、知识梳理、拓展阅读、精准备考等部分合理安排内容，可以适应不同水平、不同层次学生的学习要求，帮助学生在教师讲解与自我学习中提升实践能力和创新能力，提高学生社会职业素养和就业竞争力。

本书编写团队既有来自高校的教师，也有来自幼儿园一线的教师。本书由广东省外语艺术职业学院张莉、冀秋阳，广州市天河区盈溪幼儿园曹惠凡担任主编，廊坊师范学院刘婷、梅州市艺术学校李宇卿、广州市黄埔区玉成幼儿园吕园担任副主编。具体分工为：广东省外语艺术职业学院张莉、廊坊师范学院刘婷编写第一单元，花都区理工职业技术学校简单、广东省外语艺术职业学院冀秋阳编写第二单元，中山市中等专业学校卢艳芳、广州市黄埔区玉成幼儿园吕园编写第三单元，广州市天河区盈溪幼儿园曹惠凡、康洁婷、黄丽虹及广东省财政职业技术学校杨婧怡编写第四单元，广东省外语艺术职业学院吴彤、广州华商学院张会会编写第五单元，广东省外语艺术职业学院张美心、韶关市执信幼儿园郑丽霞编写第六单元，广东省外语艺术职业学院冀秋阳、赵福胜编写第七单元，广州市黄埔区玉成幼儿园吕园、梅州市艺术学校李宇卿编写第八单元。本书由张莉、冀秋阳、曹惠凡统稿、定稿，既可作为学前教育专业学生的专业教材使用，也可作为幼儿园教学实践指导用书。

　　由于编者的专业知识水平有限，教材难免出现纰漏与错误，敬请各位同仁和读者朋友批评指正，以便编者改进工作，进一步提高教材的质量。

编　者

2022 年 10 月 15 日

目　录

第一单元　学前儿童科学教育概述

学习目标

（一）知识目标

（1）了解科学、科学探究和科学教育的概念。

（2）掌握学前儿童科学教育的内涵。

（3）了解国外学前儿童科学教育的发展。

（二）能力目标

能够在掌握学前儿童科学教育内涵基础上，把符合现代科学教育内涵的教育活动应用于实践中。

（三）情感目标

（1）能够在对科学教育初步理解的基础上，认识学前儿童科学教育的价值。

（2）在理解学前儿童科学教育价值的基础上，热爱科学教育。

思维导图

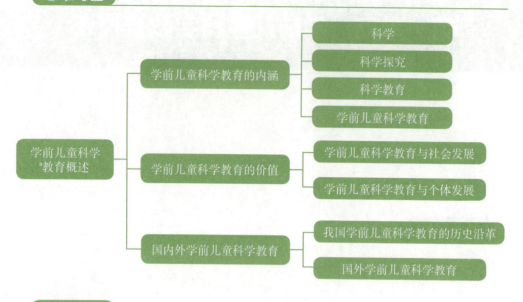

情境导入

我们经常在幼儿园的班级内，看到有一个区域，里面或是放着种子（见图1-1），或是记录着天气（见图1-2），或是养殖着小蝌蚪、小鱼、小乌龟，或是种植着花草、蔬菜……你是否在幼儿园班级活动室内见过这样的区域？这些区域是用来做什么的呢？图1-3里的小朋友为什么会进行这样的活动？

图1-1　五谷乐园

图1-2　天气角

图 1-3　种植活动

思考：

什么是科学？学前儿童科学教育又是什么？幼儿园的科学教育最大的特点是什么，又有怎样的价值？

知识梳理

要学习学前儿童科学教育，首先要对相关的基本概念进行了解，包括什么是科学，什么是科学探究，什么是科学教育，等等。只有在了解这些基本概念的基础上，对其加以分析才能更加深刻理解与掌握学前儿童科学教育的概念，并运用于实践。由此，才能扩展到学前儿童科学教育的价值，深入了解学前儿童科学学习的特点，进而确定学前儿童科学教育的目标，并根据目标选择相应的教育内容，设计并实施科学教育。

学习了本单元的内容，我们能较好地了解学前儿童科学教育的相关概念、价值以及国内外科学教育的发展状况。

主题1 学前儿童科学教育的内涵

一、科学

提到科学，一般出现在人们脑海中的可能是物理、化学、生物等学科，也可能是伽利略的自由落体实验、牛顿的三棱镜分解太阳光实验等实验研究。对于科学的概念是什么，人们并没有统一的看法，也很难下一个确切的定义。在人类漫长的发展进程中，科学的概念也在不断地丰富与变化。

"科学"英文单词 science 来源于拉丁文 scientia，意为知识。因此，科学最初是指一种人们可以互相分享和交流的知识，而非专门术语。发展到后来，科学是指用实证的方法对现象进行解释和预测的一个系统性的学科。现代科学通常可以分为三个主要分支：一是自然科学，从最广泛的意义上研究自然，如生物、化学和物理；二是社会科学，主要研究个体和社会，如经济学、心理学和社会学；三是研究抽象概念的形式科学，如逻辑学、数学和理论计算机科学。[①]

第一个把英文 science 翻译成中文"科学"的是日本学者。五四运动时期，陈独秀、李大钊等人高举科学与民主两大旗帜，使科学的概念在我国广泛传播。

《教育大辞典》（简编本）指出，科学（science）是描述、解释和预言现实世界的过程与现象，揭示客观世界规律的理论表述。其职能是总结关于客观世界的知识，并使之系统化。追求普遍化、高度概括的客观知识，以"概念思维"为特征，可以分为自然科学、社会科学和技术科学三大分支。此外，科学还意为"理科"，是学校的一门科目，主要包括健康教育、安全教育、自然环境的研究、电、家用化学、交通工具、航空航天知识、新型材料的应用、仿生知识等内容。[②]

《现代汉语词典》对科学的解释有两层含义：一是反映自然、社会、思维等的客观规律的分科的知识体系，二是合乎科学的。

从以上概念可以看出，科学包括三层含义。

---

① Wikipedia. Science [EB/OL]. （2022–03–28）[2022–04–18]. https://en.wikipedia.org/wiki/Science.
② 顾明远. 教育大辞典：简编本 [M]. 上海：上海教育出版社，1999：275.

（一）科学是知识体系

科学是人对客观世界的认识，是反映客观事实和规律的知识体系。人们是靠劳动、社会生产和实践以及科学实验认识客观世界的。科学是知识体系，但不是任何一种知识都是科学，只有反映客观世界规律的知识才是科学。例如，"两岸青山相对出，孤帆一片日边来"就涵盖了物体的运动与参照物原理；"人间四月芳菲尽，山寺桃花始盛开"就指出了海拔与气温的关系。

科学作为知识体系，是人类对客观世界和人类自身的系统认识。这个认识是一个不断修正、不断深入，以逐步逼近客观存在的过程。科学知识的表现形式有科学事实、科学概念、科学原理、科学理论和科学模型等。但科学知识并不是固定不变的真理，更不是绝对的真理，科学具有开放性。通俗地说，科学知识的得来是有道理的，是经过事实证明的。[①]

（二）科学是探究过程

科学作为知识体系，是从静态的角度进行分析的，如果从动态的角度进行分析，科学就是一种获取科学知识的过程与方法。因此，科学知识的产生与获得，离不开科学探究的过程。保加利亚学者伏尔科夫认为："科学的本质，不在于已经认识的真理，而在于探索真理。""科学本身不是知识，而是产生知识的社会活动，是一种科学生产。"[②] 这就告诉我们，科学不仅仅是已经获得的知识体系，更是一种亲身探究自然事物，并理解这个世界的过程。

假设、预测、观察、分类、实验、解释、检验等都是科学最常用到的方法。因此，提到科学过程，人们会不自觉地想到提出问题—提出假设—制订计划—设计（进行）实验—收集证据—解释与结论—反思与评价—表达与交流的科学探究过程。但是科学探究也会依赖于一些工具或者手段，如显微镜、酒精灯、实验室、培养皿等。通过这些工具、手段，经过一定的程序，就会得到一系列数据或证据。数据越精确，证据越确凿，得出的结论就越接近客观事实。而数据是否精确，证据是否确凿，取决于人们在科学探究过程中使用的方法是否恰当。因此，科学也是人类认识和阐释

---

① 韦钰，ROWELL P. 探究式科学教育教学指导 [M]. 北京：教育科学出版社，2005.

② 夏禹龙. 科学学基础 [M]. 北京：科学出版社，1983.

客观世界规律的过程与方法体系。

（三）科学是看待世界的方法和态度

科学不仅仅是知识体系和探究过程，也是一种对世界的基本看法和态度，包括实事求是、创新性、合作等。竺可桢先生把科学精神归结为"求是"精神，即"只问是非，不计利害"。蔡德诚先生提出，科学精神的内涵包括客观的依据、理性的怀疑、多元的思考、平权的争论、实践的检验和宽容的激励六个方面。相似地，美国科学促进协会提出好奇心、尊重实证、批判性思考、灵活性和对世界变化的敏感五个科学态度。

综上所述，科学的内涵包括科学知识、科学过程和科学态度三个基本要素，而科学的本质在于探究。科学知识的获得，在于科学探究的过程以及科学精神的加持，科学知识是科学探究的具体结果。

二、科学探究

探究是科学研究的基本方法。热衷于探究是科学家的基本性格，也是儿童的天性。从这点上看，科学家很像长不大的孩子，所以保护儿童的好奇心是十分重要的。保护儿童的好奇心，不仅是为了增加他们学习的动力，而且是在提升他们终身学习的兴趣和创新的能力。

《汉语大词典》对探究的定义是：探索研究。科学探究应该是科学的子集，米勒认为科学探究应包含一般的认知技能（如观察、分类）、实践的技能（包括如何使用测量工具、观察工具等）、探究的策略（如重复验证确保实验的准确性）。[1]李季湄等在对《3—6岁儿童学习与发展指南》中的科学教育进行解读时，提出幼儿园的科学探究应是通过引导幼儿对生活中的事物和现象进行不断探索，以更好地认识和解释客观世界的过程。[2]

《教育大辞典增订合编本》指出，科学探究是对未知的问题或现象进行研究或

---

① MILLAR R. Students' understanding of the procedures of scientific enquiry[J]. Connecting Research in Physics Education with Teacher Education, 1998：65–70.

② 李季湄，冯晓霞.《3—6岁儿童学习与发展指南》解读 [M]. 北京：人民教育出版社，2013：110.

对已知规律进行印证的活动过程。[1]

《美国国家科学教育标准》将科学探究的含义划分为两个层面，一是指科学家们用以研究自然界并基于此种研究获得的证据提出种种解释的多种不同途径，二是指学生们以获取知识、领悟科学的思想观念、领悟科学家们研究自然界所用的方法进行的各种活动。[2]

一般来讲，在进行科学探究时，首先要提出假设；其次，要运用一定的科学设备或材料；再次，要选用一种或几种研究方法，如观察、实验、模拟、比较、分类、假说、分析和综合、归纳和演绎、抽象和具体等；最后，得出结论。在学前期一般进行印证性活动，如：让幼儿用放大镜或显微镜观察生物组织细胞；对动植物和自然现象的变化进行观察；对物理或化学现象做小实验等，创造机会让幼儿提出假设，并进行观察、推论、交流，使幼儿通过自身的发现和检验得出结论，培养对科学探究的兴趣。[3]由此可见，科学家的科学探究与幼儿的科学探究尽管相似，但是有很大的区别（见表1-1），深入了解幼儿科学探究的特点是我们在幼儿园进行科学探究的基础。

表1-1　幼儿探究与科学家探究的比较

项目	科学家	幼儿
探究兴趣	长不大的孩子	有与生俱来的好奇心
探究的结构与性质	处于一定的历史阶段，选择自己熟悉、感兴趣的研究内容	处于教师设定的环境和材料中，按照自己的想法去支配材料
探究的程序	面对的是人类的未知	人类已知，幼儿尚未知
	在前人研究和自身观察的基础上进行推论和假设，文献资料具有重要的意义	只是在自身经验和观察基础上进行假设
	验证假设经历漫长的发现历程	简约式地重演科学发现的过程
	将成果公之于众，供他人分享与验证，他们的成果是人类共同的财富	只是在同伴之间、师幼之间进行分享交流和相互质疑

资料来源：刘占兰.学前儿童科学教育[M].北京：北京师范大学出版社，2008：10.

① 顾明远.教育大辞典增订合编本：上[M].上海：上海教育出版社，1998：883.
② 美国国家研究理事会.美国国家科学教育标准[M].北京：科学技术文献出版社，1999：30.
③ 顾明远.教育大辞典增订合编本：上[M].上海：上海教育出版社，1998：883.

三、科学教育

科学教育与科学的发展几乎是同步进行的，随着科学技术的发展，科学教育的含义、内容与目标也在不断更新。通常认为，科学教育就是相对于人文科学、社会科学教育，以系统传授数学、自然科学知识，实现一个人的科学化的教育活动。

《教育大辞典增订合编本》对科学教育的解释有两层含义。一是以传播科学知识为目的的活动，包括利用报纸、杂志、书籍、广播、电视、录音、录像、电影等传播媒体进行的宣传，以讲座、报告、培训等形式进行的教育，以及学校内进行的教育。其中，学校以阐述自然现象的发生发展为内容的教育，即以科学的基础知识、基本概念和基本原理为内容的教育。二是指一种教育思潮，它强调科学基础知识、基本概念和基本原理应在学校教育内容中占主导地位，把科学思维能力的培养贯穿一切教育活动。①

通常来讲，科学教育有广义和狭义两个方面的含义。从广义上看，科学教育泛指促进全体国民科学文化传播的一切活动，既包括学校的科学教育，也包括校外的科普活动等。狭义的科学教育通常指在各级各类学校中进行的有关自然科学，如生物、化学、地理、物理等内容的教学活动。②

21世纪以后，由于科学技术飞速发展，高新技术产业不断产生并大量融入人们的日常生活，现代生活出现了日新月异的变化。而科学教育的内涵也随着科学技术的发展，在不断变化，但是综合来看现代科学教育有以下三个特征。

第一，教育目标以科学素养为中心。现代的科学教育从过去强调科学知识的掌握和科学技能的应用转变为科学素养的养成。2016年，《中国学生发展核心素养》指出，学生要具备科学精神，具体来说，科学精神是指学生在学习和运用中形成的价值标准、思维方式、行为表现，包括理性思维、批判质疑和勇于探究等要点。

第二，教育内容强调科学技术在日常生活中的应用。随着科学技术大量融入社会与人们的日常生活，儿童需要学习生活中常见的科学技术知识，获得解决问题的能力。如《3—6岁儿童学习与发展指南》指出，幼儿的科学学习是在探究具体事物和解决实际问题中，尝试发现事物间的异同和联系的过程。《义务教育科学课程标准》

---

① 顾明远.教育大辞典增订合编本：上[M].上海：上海教育出版社，1998：882.
② 史朝，孙宏安.科学教育论[M].沈阳：辽宁教育出版社，1992.

（2022 年版）也指出，在学习学科核心概念的基础上，理解跨学科概念，并应用于真实情境。

第三，教学过程强调实践性。现代科学教育强调通过儿童的动手实践活动来获得科学知识、科学技能、科学态度与科学方法。《3—6 岁儿童学习与发展指南》提出幼儿科学学习的核心是激发探究兴趣、体验探究过程、发展初步的探究能力。《义务教育科学课程标准》（2022 年版）倡导以探究和实践为主的多样化学习方式，让学生主动参与、动手动脑、积极体验，经历科学探究以及技术与工程实践的过程。

四、学前儿童科学教育

《教育大辞典增订合编本》认为，幼儿科学教育是幼儿教育内容之一，旨在向幼儿提供一定的科学经验，帮助他们获得初步的科学知识，了解简单的科学现象；培养幼儿对科学的兴趣，对周围世界的科学态度；帮助幼儿学会使用简单的科学方法，从而促进其智力和能力的发展。[1]

《幼儿园教育指导纲要》指出，幼儿的科学教育是科学启蒙教育，重在激发幼儿的认识兴趣、探究欲望，帮助幼儿学习运用观察、比较、分析、推论等方法进行探索活动。

刘占兰认为，学前儿童科学教育是教师引发、支持和引导幼儿主动探究、经历、发现获得有关周围物质世界及其关系的经验的过程。[2]

施燕指出，学前儿童科学教育是指幼儿在教师的指导下，通过自身的活动，对周围的自然界（包括人造自然）进行感知、观察、操作、发现，以及提出问题、寻找答案的探索过程。[3]

因此，学前儿童科学教育是指学龄前儿童在教师的支持、引导下，通过探究具体事物和解决实际问题，尝试获得事物之间的异同和关系的过程。学前儿童科学教育的内涵包括以下五个方面：

第一，学前儿童科学教育是教师支持与引导下的学前儿童的主动探究；

① 顾明远.教育大辞典增订合编本：上 [M].上海：上海教育出版社，1998：1932.

② 刘占兰.学前儿童科学教育 [M].北京：北京师范大学出版社，2008：28.

③ 施燕.学前儿童科学教育与活动指导 [M].上海：华东师范大学出版社，2014：8.

第二，学前儿童科学教育帮助幼儿在实际操作与探索中进行科学学习；

第三，学前儿童科学教育帮助儿童通过各种科学探究方法，获得发现问题、分析问题和解决问题的能力；

第四，学前儿童科学教育帮助儿童在探究过程中形成科学态度；

第五，学前儿童科学教育帮助儿童获得有关周围物质世界及其关系的科学经验。

总的来说，学前儿童科学教育是整个科学教育体系的起始阶段和基础环节，是一种科学启蒙教育。因此，学前儿童科学教育的目的并不是追求知识和技能的掌握，而是帮助学前儿童萌发科学情感，激发认识兴趣与探究欲望，掌握科学探索的方法，积累科学经验，为学前儿童形成终身受益的学习态度和能力打下良好基础。

科学小实验：
会魔法的吸管

主题 2　学前儿童科学教育的价值

人类通过生物、化学和物理等特定学科的高质量科学教育来了解世界。科学改变了我们的生活，而且对世界未来的繁荣至关重要；同时，科学教育也是儿童发展的需要，所有的儿童都应该被教授科学知识、科学方法、科学过程和科学的运用。[①]因此，无论在社会发展层面，还是儿童的个体发展层面，科学教育都是至关重要的。

一、学前儿童科学教育与社会发展

21 世纪是经济发展、科技进步的时代，也是一个以知识创新和应用为特征的知识经济时代，还是一个充满竞争与挑战的时代。在这个时代，人们的生活发生了日新月异的变化。互联网让我们超越时空得以联结，人工智能帮助我们提升工作效率，新材料让我们的生活更加多姿多彩，天文学与航空航天事业的发展让我们与外太空更近一步……科学技术的发展改变着我们的生活方式，改变着社会的发展，也促进着国家的进步。要适应这样快速发展的社会，我们每个人需要具备一定的科学素养，因此，普及科学教育，提高全民科学素养，是时代的呼唤。

科学教育是培养高素质科技人才的主渠道，担负着对接科技强国、制造强国等国家战略的重要任务。党的二十大报告指出，到 2035 年基本实现社会主义现代化，进入创新型国家前列，建成教育强国、科技强国、人才强国、文化强国。2021—2025 年是我国第十四个五年规划实施时期，是我国全面建成小康社会、实现第一个百年奋斗目标之后，乘势而上开启全面建设社会主义现代化国家新征程、向第二个百年奋斗目标进军的第一个五年。在新的历史时期，科学教育质量的高低直接决定着我国能否培养出国家建设所需的高素质劳动力大军。对科学兴趣的引导和培养要从娃娃抓起，使他们更多地了解科学知识、掌握科学方法，形成一大批具备科学家

---

① Department for Education. National curriculum in England: science programmes of study [EB/OL]. （2015-05-06）[2021-04-21]. https://www.gov.uk/government/publications/national-curriculum-in-england-science-programmes-of-study/national-curriculum-in-england-science-programmes-of-study#key-stage-1-programme-of-study-years-1-and-2.

潜质的青少年群体。[1] 而学前儿童科学教育是科学教育的起点和基础，对儿童进行科学教育是我国科学技术可持续发展的重要组成部分。

二、学前儿童科学教育与个体发展

学前儿童科学教育对儿童的发展主要体现在科学素养的发展和全面发展两个方面。

（一）促进学前儿童科学素养的发展

《中国儿童发展纲要 2021—2030》指出，要开展学前科学启蒙教育，提高儿童的科学素质，要激发儿童求知欲和想象力，培养儿童的创新精神和实践能力。学前儿童科学教育促进儿童科学素养的发展，有利于保护幼儿的好奇心和探究兴趣，发展幼儿的探究能力，丰富幼儿的科学经验。

1. 有利于保护幼儿的好奇心和探究兴趣

2001 年，教育部颁布了《幼儿园教育指导纲要（试行）》，将科学作为幼儿学习活动范畴的一个重要部分，指出科学教育要激发幼儿的好奇心和探究欲望，发展幼儿的认识能力。《3—6 岁儿童学习与发展指南》也同样指出，科学学习要激发幼儿探究兴趣，成年人要善于发现和保护幼儿的好奇心。

我们经常看到幼儿趴在地上看蚂蚁，看蚂蚁搬运食物、看蚂蚁搬家、看蚂蚁成群结队；看到幼儿每天观察蚕宝宝的成长；看到一个小朋友看到一只蜗牛后，许多小朋友为蜗牛驻足……正是因为幼儿有着与生俱来的好奇心和探究欲，才会出现这样的行为。但是幼儿与生俱来的好奇心和探究欲在后天既可能增强，也可能减弱。如果后天的环境可以接纳幼儿的这些特点，幼儿的好奇心和探究欲就会得到强化巩固，从而保留下来。比如，当幼儿长时间驻足观察蚂蚁时，我们给幼儿充分的观察时间，或者提问引导幼儿，抑或是给幼儿提供相关的资料和幼儿一起探究蚂蚁的奥秘，幼儿的好奇心和探究欲就会得到增强（见图 1-4）。反之，若成人或是周围的环境不接纳幼儿的这些特点，那么幼儿的好奇心和探究欲就会减弱甚至消失。例如，

当幼儿对泥土的黏性感到好奇的时候，成年人因为泥土会弄脏衣服而制止幼儿玩耍、探索；在幼儿对植物开花长叶的顺序感兴趣时，成年人认为这并不值得探索，这些都会对幼儿的好奇心和探究欲造成负面影响。

图1-4　蚂蚁工坊

2. 有利于发展幼儿的探究能力

《3—6岁儿童学习与发展指南》指出，幼儿可以在科学学习中体验探究过程，发展初步的探究能力。《美国国家课程标准》提出，学科学的中心环节是探究。学前儿童科学教育活动是教师引导、支持的幼儿主动探究，包括提出问题、运用合适的科学方法解决问题等。通过一系列的探究活动，幼儿的观察能力、动手操作能力、思维能力、分析和解决问题的能力都会得到相应提高。因此，学前儿童科学教育有利于发展幼儿的探究能力。

3. 有利于丰富幼儿的科学经验

《3—6岁儿童学习与发展指南》提到，幼儿在对自然事物的探究和运用数学解决实际生活问题的过程中，可以获得丰富的感性经验。通过科学探究活动，幼儿经历了从发现问题到主动探究再到发现结果的过程，最后发现的结果就是科学经验。早期的科学经验就像一颗种子，可以为幼儿将来理解科学知识提供支持，还会促进科学技术的发明创造。

（二）促进学前儿童的全面发展

幼儿园的任务是贯彻国家的教育方针，按照保育与教育相结合的原则，遵循幼儿身心发展的规律和特点，实施德、智、体、美等方面全面发展的教育，促进幼儿身心和谐发展。[①]幼儿园通过健康、语言、社会、科学和艺术五大领域的课程帮助幼儿获得全面发展。其中，科学领域是必不可少的一部分，与其他四个领域的课程共同担负促进幼儿全面发展的任务。尤其是近年来，领域融合的研究型主题活动更是将五大领域紧密连接在一起，幼儿可以围绕一个主题，进行一系列的自主观察和探索活动。

图1-5　环保主题活动

例如，在环保主题活动（见图1-5）中，幼儿可以了解环境污染的类别、如何进行垃圾分类、怎样保护环境，可以唱出和画出关于环保的内容，还能学会一些关于环保的术语与概念。通过这样的主题活动，幼儿获得的经验是整体的、整合的，因而获得的发展也是全面的。

总之，学前儿童科学教育不仅可以促进幼儿科学素养的提升，还能进一步促进幼儿的全面发展，为幼儿的健康成长与发展奠定良好的基础。

科学小实验：
消失的图案

---

① 中华人民共和国教育部. 幼儿园工作规程 [EB/OL].（2016-03-01）[2022-04-21]. http://www.moe.gov.cn/srcsite/A02/s5911/moe_621/201602/t20160229_231184.html.

主题3 国内外学前儿童科学教育

一、我国学前儿童科学教育的历史沿革 [①]

（一）20世纪80年代——幼儿常识教育

20世纪80年代，作为幼儿园教育重要内容之一的常识教育，有着完整的课程和教学体系。当时的国家教育委员会不仅在《幼儿园教育纲要》中明确规定了幼儿园常识教育的具体任务和明确要求，而且专门为幼儿师范学校制定了《"幼儿常识教学法"课程教学大纲》，提出了幼儿园常识教学的意义，明确了幼儿园常识教学的任务、内容、具体要求，指出了幼儿园常识教学的方法，以及所需的环境与设备。为了指导实践，国家和一些有条件的省市都编制了相应的教师用书和幼儿用书，以及相配套的学具和教具。

常识教学的目标由知识、兴趣、能力三个方面构成。具体表述为：①丰富幼儿关于自然和社会方面粗浅的知识，扩大他们的眼界；②培养幼儿对认识社会和自然的兴趣及求知欲，逐步形成对待周围人和事物的正确态度；③发展幼儿的注意力、观察力、记忆力、想象力、思维能力和语言表达能力。

常识教学的主要方法是观察、小实验、劳动、游戏等，讲述、谈话、朗诵诗歌等方法也被认为是非常重要的方法。

在实践层面，20世纪80年代及之前的常识教学，教师最关心的是把教学大纲中规定的自然常识和社会常识传授给幼儿，主要的教育策略是教师讲（做），幼儿听（看）；教师告诉事实和规律，幼儿被动接受、练习和记忆。由于教育以追求幼儿对知识的掌握为主要目的，教师经常是不教会幼儿某个（些）预想的知识点不罢休。幼儿相信和畏惧教师的权威，不会自己思考，不会也不敢自己动手探究，严重缺乏主动性和创造性。可以说，这种教育组织策略下培养出来的大都是不会独立想、独立做的"乖孩子"。

---

① 刘占兰.学前儿童科学教育[M].北京：北京师范大学出版社，2008：28.

（二）20 世纪 90 年代——新生的学前儿童科学教育

20 世纪 90 年代初，我国的学前儿童科学教育诞生，南京师范大学王志明老师《幼儿科学教育》一书的出版可以说是我国幼儿园常识课开始向科学教育变革的标志。

20 世纪 90 年代，我国新生的学前儿童科学教育在借鉴国外相关理论和实践中不断变革，在结合本国实际的实践探索中不断发展和完善。90 年代初，学前儿童科学教育的总目标是由科学知识、科学方法和对科学的情感态度三个方面构成的。具体包括：①帮助幼儿获取周围世界广泛的科学经验，并在感性经验基础上形成初步的科学概念；②帮助幼儿学习探索周围世界和学科学的方法——观察、分类、测量、思考、表达和交流信息，发展幼儿的观察力、思维能力、初步的解决问题的能力和动手操作的能力；③激发幼儿对周围世界的好奇心，探索周围世界和学习科学的兴趣，培养幼儿关心、爱护自然的积极情感和态度，强调科学知识、科学方法和科学情感态度的统一与不可分割。

（三）21 世纪——以探究为核心的学前儿童科学教育

科学教育应使幼儿通过主动的探索过程获得深层价值，实现有利于幼儿终身发展的长远目标；使幼儿产生对科学的兴趣，形成科学的态度；使幼儿获得"科学方法"、形成"科学精神"、积累"科学经验"。也就是使幼儿学会学习，愿意并知道如何去获取知识、认识事物。因此，我们要在理论和实践上倡导学前儿童科学教育目标的新三层结构。

21 世纪的儿童科学教育强调探究既是科学学习的重要目标，也是科学学习的重要方法；强调知识经验是在探究、解决问题的过程中形成的。

表 1-2　不同时期学前儿童科学教育目标的结构比较

时间	第一位	第二位	第三位	价值指向
20 世纪 80 年代	知识	认知能力（感知、注意、记忆……）	兴趣、态度	入学准备
20 世纪 90 年代	知识经验	科学方法、认知能力、解决问题、动手操作	情感态度	入学准备
21 世纪	情感态度	探究解决问题的策略与过程	知识经验	终身发展

二、国外学前儿童科学教育

（一）英国

英国学前儿童的科学教育主要体现在英国教育部发布的《早期基础阶段概要手册》（ *The Early Years Foundation Stage Profile Handbook* ）（以下简称《EYFS 概要手册》）中。最新版的《EYFS 概要手册》是 2021 年 10 月更新的版本，为当地政府、学前班和小学一年级的教学团队、幼儿园管理层提供指导和建议，帮助教师和早期教育从业者在早期基础阶段教育体系结束时，对每个孩子的发展水平做出准确的判断。《EYFS 概要手册》中的早期学习目标是在学年结束时用来对幼儿进行评估的，它不是幼儿园的学习内容与课程，也不适用于正在进行的评估或早期课程的入门级评估。

EYFS 的评价原则有以下五条。[①]

第一，评价要求从业者具备专业知识。评估主要是基于从业人员的专业知识，即儿童每天知道什么、记得什么和能做什么。需要检查儿童是否学会了所教内容（例如，早期读写的相关知识），或评价成年人与儿童日常互动的方式，而不是提前计划或记录。从业者可以简单地反思儿童在日常学习过程中展示的知识、技能和理解，以便计划接下来要教什么。

第二，总结儿童的学习与发展目标。评估是基于儿童在学年结束时对 17 个学习与发展目标展示的整体观点。当用这些学习与发展目标评价儿童时，教师应该查看每个目标的整体描述，以确定这是否最符合他们对儿童的发展了解。这些学习与发展目标是相互关联的，这意味着儿童在从事特定活动时，会表现出在多个学习领域的内容。教师应该考虑儿童在跨领域的发展，以及与每个目标相关的发展水平联系在一起的时候是否有意义。

第三，从多个角度了解儿童。尽管对儿童评价主要是基于教师的专业判断，但是应该从多个角度寻求评价意见，包括儿童、儿童的父母以及其他与其相关的成年人。

① 　Department for Education. Early years foundation stage profile 2022 handbook [EB/OL].（2021-10-08）[2022-04-21]. https://assets.publishing.service.gov.uk/government/uploads/system/uploads/attachment_data/file/1024319/Early_years_foundation_stage_profile_handbook_2022.pdf.

第四，包容性。教师需要关注儿童的兴趣、需求和背景的多样性，以便根据学习与发展目标准确评价儿童的发展和结果。这里强调三类儿童需要特别关注，包括有特殊教育需要或残疾的儿童、母语不是英语的儿童以及具有不同文化背景的儿童。有特殊教育需要或残疾的儿童可以用特别的方式呈现他们的学习成果，母语不是英语的儿童应该拥有参与母语相关的活动，而具有不同文化背景的儿童不仅可以通过所学的知识展示他们的学习成果，还可以通过角色扮演、烹饪、庆祝、参观等与他们的文化经验相联系的多种活动方式展示他们的学习成就。

第五，以广泛课程和有效教学法为基础。教学应该使每个儿童充分展示他们的学习和发展。当儿童接受到良好的教育，能够谈论他们所知道的东西，在各种环境展示他们的学习和发展时，就可以进行有效的评价。学习与发展目标明确了儿童在这个阶段的最终学习成果，但不应该限制 EYFS 最后一年所教内容的广度。幼儿园可以决定教学方法和课程以支持儿童的学习与发展。

学前儿童科学教育的学习与发展目标在《EYFS 概要手册》中主要体现在数学和理解世界两个方面，见表 1–3。

表 1–3 《EYFS 概要手册》科学领域儿童学习与发展目标

领域	目标	具体表现
数学	数字	达到预期发展水平的幼儿会： 对 10 以内数字有深刻的理解，包括每个数字的组成； 对 5 以内数字的感知（识别数量而不计算）； 自动回忆（无须参考数字歌、计数或其他辅助）5 以内数字组合（包括减法）和 10 以内数字组合，包括双重事实（一个数与自身相加，如 1+1=2。计算 1+2 时，因为 1+1=2，2 比 1 多 1，因此 1+2 比 1+1 多 1，所以等于 3）
	数字模型	达到预期发展水平的幼儿会： 20 以上数字的口头计数，学会计数系统的模式； 在不同的情况下进行 10 以内数字的比较，辨别一个数是大于、小于还是等于另一个数； 探索和表达 10 以内数字的模式，包括偶数和奇数，双重事实和数量如何平均分布
理解世界	自然世界	达到预期发展水平的幼儿会： 探索周围的自然世界，观察动物和植物并把它们画下来； 根据自己的经验和课堂所学，了解周围的自然世界和对比环境的一些相似与不同之处； 了解周围自然世界的一些重要进程和变化，包括季节和物质状态的变化

资料来源：Department for Education. Early years foundation stage profile 2022 handbook [EB/OL]. (2021-10-08) [2022-04-21]. https://assets.publishing.service.gov.uk/government/uploads/system/uploads/attachment_data/file/1024319/Early_years_foundation_stage_profile_handbook_2022.pdf.

英国的幼儿园面对的是 3～5 岁的儿童，而中国的幼儿园面对的是 3～6 岁的儿童，因此除了《EYFS 概要手册》之外，我们还应注意到英国在 2015 年 5 月 6 日出版的《英格兰国家课程：科学课程》。这个文件对关键阶段 1（5～7 岁）到关键阶段 4（14～16 岁）儿童的科学学习做出了指导。其目标旨在确保所有学生：通过生物、化学、物理等特定学科发展科学知识和概念理解；通过不同类型的科学探究帮助他们回答关于周围世界的科学问题，发展儿童对科学的本质、过程和方法的理解；具备理解当今和未来科学的用途及影响所需的科学知识。

　　在关键阶段 1（5～7 岁），科学教学的重点是让儿童体验和观察现象，近距离地观察他们周围的自然和人类构建的世界。鼓励儿童保持好奇心，对儿童注意到的事物提出问题。同时，儿童学会通过使用不同类型的科学探究来回答他们自己的问题，包括观察变化，注意模式，对事物进行分组和分类，进行简单的比较测试，利用次要的信息来源找到信息。儿童也应该开始用简单的科学语言谈论他们的发现，并以各种方式向他人传达他们的想法。虽然这个阶段的儿童的科学学习应该通过一手实践经验，但是应该学会使用一些适当的二手资源，如书籍、照片和视频。此外，儿童阅读和拼写科学词汇的水平应与他们在关键阶段 1 的词汇阅读和拼写知识的增长相一致。[①]

　　在英国，5～7 岁的儿童要能够科学地工作，也就是说在第一年和第二年，儿童应该学会使用以下科学方法、过程和技能：

　　第一，问一些简单的问题，并意识到这些问题可以用不同的方式来回答；

　　第二，观察并可以使用简单的设备；

　　第三，进行简单的实验；

　　第四，识别和分类；

　　第五，根据观察和想法给出问题的答案；

　　第六，收集和记录数据以回答问题。

　　以上内容具体体现在儿童关键阶段 1（5～7 岁）的儿童的学习内容及目标上，

---

① 　Department for Education. National curriculum in England: science programmes of study [EB/OL].（2015-05-06）[2021-04-21]. https://www.gov.uk/government/publications/national-curriculum-in-england-science-programmes-of-study/national-curriculum-in-england-science-programmes-of-study#key-stage-1-programme-of-study-years-1-and-2.

见表1-4。

表1-4　儿童关键阶段1（5～7岁）第一年的学习内容及目标

内容	具体目标
植物	识别和命名包括落叶和常绿乔木在内的各种常见的野生与园林植物
	识别和描述包括树木在内的各种常见开花植物的基本结构
动物 （包含人类）	识别和命名各种常见的动物，包括鱼类、两栖动物、爬行动物、鸟类和哺乳动物
	识别并命名各种常见的动物，包括食肉动物、食草动物和杂食动物
	描述和比较各种常见动物的结构（鱼类、两栖动物、爬行动物、鸟类和包括宠物在内的哺乳动物）
	识别、命名、画出和标记人体的基本部位，能说出与每种感觉相关的身体部位
日常材料	区分物体和制造它的材料
	识别和命名各种日常材料，包括木材、塑料、玻璃、金属、水和岩石
	描述各种日常材料的简单物理性质
	根据简单的物理性质比较和归类各种日常材料
季节变化	观察四季的变化
	观察和描述与季节有关的天气及白天长短的变化

资料来源：Department for Education. National curriculum in England: science programmes of study [EB/OL]. (2015-05-06) [2021-04-21]. https://www.gov.uk/government/publications/national-curriculum-in-england-science-programmes-of-study/national-curriculum-in-england-science-programmes-of-study#key-stage-1-programme-of-study-years-1-and-2.

这个国家科学课程涵盖了科学知识和概念理解，科学的性质、过程和方法，口头表达，学校课程和每个阶段结束时的实现目标。值得注意的是，课程强调口头表达的重要性，包括认知、社会和语言。儿童听到和说的语言的质量与多样性，是发展他们的科学词汇和清晰准确表达科学概念的关键因素。

（二）美国

1995年12月6日，美国历史上第一部科学教育标准——《国家科学教育标准》（*National Science Education Standards*，NSES）正式出台，这是把《面向全体美国人的科学》中造就高科学素养未来人才的基本原则转化成了具体的实施方案。这部国家科学教育标准指出学校科学教育的目标是帮助学生：第一，对自然界有所了解和认识而产生充实感和兴奋感；第二，在进行个人决策时，恰当地运用科学的方法和原理；第三，理智地参与那些就与科学技术有关的各种问题举行的公众对话和辩论；第四，运用科学知识、科学态度和各种科学技能来提高自己的经济生产效率。编撰者同时指出，《国家科学教育标准》有四项指导原则：科学是面对所有学生的，科学学习是能动的过程，学校的科学要反映作为当代科学实践之特点的理性传统与文化传统，改进科学教育是教育改革的一个组成部分。[①]

美国《国家科学教育标准》把内容划分为幼儿园到小学四年级、五年级到八年级、九年级到十二年级三个年段，内容标准包括统一的概念和过程、作为探究的科学、物质科学、生命科学、地球和空间科学、科学与技术、从个人和社会视角所见的科学以及科学的历史和本质八类。美国《国家科学教育标准》幼儿园到小学四年级的科学内容标准见表1-5。

表1-5 幼儿园到小学四年级的科学内容标准

内容标准	具体表现
统一的概念和过程	具备系统、秩序和组织相关的理解能力
	具备证据、模型和解释相关的理解能力
	具备变化、不变性和测量相关的理解能力
	具备演化与平衡相关的理解能力
	具备形式和功能相关的理解能力
作为探究的科学	具有进行科学探究所需要的能力
	具有对科学探究的理解能力
物质科学	理解物体和材料的性质
	理解物体的位置和运动
	理解光、热、电和磁
生命科学	理解生命体的特性
	理解生命体的生命周期
	理解生命体和环境
地球和空间科学	理解地球物质的性质
	理解天空中的物体
	理解地球和天空的变化

[①] 美国国家研究理事会.美国国家科学教育标准[M].戢守志，译.北京：科学技术文献出版社，1999：25.

续　表

内容标准	具体表现
科学与技术	具有技术设计的能力
	具有对科学与技术的理解力
	具有区别自然物体和人造物体的能力
从个人和社会视角所见的科学	理解个人健康
	理解人口的特性与变化
	理解资源的类型
	理解环境的变化
	理解科技在应付地方性挑战中的作用
科学的历史和本质	理解作为人类奋斗目标的科学

资料来源：美国国家研究理事会．美国国家科学教育标准[M]．戢守志，译．北京：科学技术文献出版社，1999：125.

2013 年，美国《新一代科学教育标准》（*Next Generation Science Standards*，NGSS）在 26 个州、41 位科学和科学教育领域的专业人员以及 Achieve 公司的努力下完成修订并发布。NGSS 代表着在全美范围内实现科学教育愿景的关键一步。NGSS 是一个内容和实践丰富，并以跨学科和年级的连贯方式安排的，为所有学生提供国际基准的动态的科学教育标准。

NGSS 是标准也是目标，反映了学生应该知道和能够做什么，NGSS 并没有规定教学标准的方式或方法，也没有规定课程，课程和教学决策仍然留给州、区、学校和教师。NGSS 从年龄段（年级）和核心概念做出介绍，幼儿园的表现预期将帮助儿童形成问题的答案，如如果你更用力地推或拉一个物体会发生什么？动物生活在哪里？它们为什么生活在那里？今天天气怎么样，和昨天有什么不同？幼儿园表现期望包括运动和稳定性（力和相互作用）、能量、从分子到生物体（结构与过程）、地球的系统、地球与人类活动以及工程设计六个学科的核心思想。

拓展阅读

学前儿童科学教育标准

1. 发展每个学前儿童对世界的好奇心，使每个孩子：

（1）对新鲜事物与事件有探究的欲望、有兴趣；

（2）热爱生命；

（3）喜欢、欣赏美丽、整洁、和谐、有序的环境。

2. 发展学前儿童发现问题、解决问题和做出决定的能力（科学探究的能力），使每个孩子：

（1）积极主动地参与科学活动；

（2）用适宜的感官去感知和了解新鲜事物；

（3）准确使用并照管好科学活动设备（如放大镜、磅秤等）；

（4）运用数量化的方法进行观察（如点数、测量）；

（5）区分物体、事件和现象之间的相似性、差异和变化；

（6）对材料、事件和现象进行分类，并解释理由；

（7）运用科学探究的过程（预测、收集数据）；

（8）乐于与同伴一起交流信息并欣赏他人的观点；

（9）熟悉了解科学过程的技术，在科学过程中有以下共同的行为类型：

①观察：运用各种感官去了解环境的特点，即实际的资料；

②交流：命名、记录、与他人交流信息；

③比较：测量、点数、数量化，或考察物体与物体之间的相似性或差异；

④组织：对所收集的信息数据分类，排序；

⑤建立联系：在具体和抽象的观念之间建立联系，以实践或解释一种现象，形成并检验假设；

⑥推断：决定所收集的信息的意义，包括做出预测；

⑦运用：运用知识和技能来解决问题。

3. 增进对自然界的认识，使每个孩子：

（1）积极参与可以丰富各种科学经验的活动（如组织、原因和结果、系统、标准、模型、变化、结构和功能、多样性和差异性）；

（2）经历各种不同科学领域的活动；

（3）了解与基本科学概念有关的技术；

（4）表现和交流科学知识。

（资料来源：袁爱玲. 中美幼儿科学教育课程的差异性比较 [J]. 比较教育研究，2001（1）：38-40.）

精准备考

（一）单项选择

1. 陈鹤琴提出的"五指活动"指的是（　　）。【2012 年上半年统考】

A. 儿童健康活动、儿童社会活动、儿童科学活动、儿童艺术活动、儿童文学活动

B. 儿童语言活动、儿童社会活动、儿童科学活动、儿童美术活动、儿童音乐活动

C. 儿童常识活动、儿童社会活动、儿童科学活动、儿童艺术活动、儿童文学活动

D. 儿童体育活动、儿童语言活动、儿童科学活动、儿童艺术活动、儿童文学活动

2. 关于学前教育任务最准确的表述是（　　）。【2018 年上半年统考】

A. 促进幼儿智力发展

B. 促进幼儿身心的快速发展

C. 促进幼儿社会性发展

D. 促进幼儿身心全面和谐发展

3. 学前儿童科学教育对幼儿科学素养的发展的作用不包括（　　）。

A. 有利于保护幼儿的好奇心和探究兴趣

B. 有利于发展幼儿的探究能力

C. 有利于丰富幼儿的科学经验

D. 有利于幼儿掌握科学技能

4. 科学的含义包括三个方面，以下选项中不属于科学内涵的是（　　）。

A. 科学是探究过程

B. 科学是看待世界的方法和态度

C. 科学是知识与技能的掌握

D. 科学是知识体系

5. 以下不属于学前儿童科学教育内涵的选项是（　　　）。

A. 学前儿童科学教育是教师支持与引导下的幼儿知识和技能的掌握

B. 学前儿童科学教育要帮助幼儿在实际操作与探索中进行科学学习

C. 学前儿童科学教育帮助儿童通过各种科学探究方法，使儿童具备发现问题、分析问题和解决问题的能力

D. 学前儿童科学教育帮助儿童获得有关周围物质世界及其关系的科学经验

6. 为了让幼儿在户外活动中能"一物多玩"，最适宜的方法是（　　　）。【2016年上半年统考】

A. 教师集体示范　　　　　　B. 幼儿自主探索

C. 教师分组讲解　　　　　　D. 教师逐一训练

7. 以下选项中，属于儿童科学探究特征的是（　　　）。

A. 长不大的孩子

B. 面对的是人类的未知

C. 简约式地重演科学发现的过程

D. 验证假设经历漫长的发现历程

8. 特别强调某个科学内容与幼儿园其他科学概念的联系以及跨年级的核心概念衔接的文件是（　　　）。

A.《3—6岁儿童学习与发展指南》

B.《EYFS概要手册（2022）》

C.《美国新一代科学教育标准》

D.《美国国家科学教育标准》

9. 《EYFS 概要手册（2022）》的评价原则不包括（　　）。

A. 包容性

B. 总结儿童的学习与发展目标

C. 从多个角度了解幼儿

D. 科学学习是能动的过程

10. 以下图片中，不符合学前儿童科学教育的儿童主动探究的是（　　）。

A. 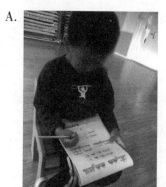　　　B.

C. 　　　D.

（二）简答题

茵茵已经上了中班，她知道把 2 个苹果和 3 个苹果加起来，就有 5 个苹果。但问她 2 加 3 等于几，她却直摇头。

根据上述案例简述中班幼儿数学学习的思维特点以及对教育的启示。【2012 年上半年统考】

答案与解析

第二单元　学前儿童科学教育活动的理论基础

学习目标

（一）知识目标

（1）理解学前儿童科学教育活动相关心理学理论的内涵。

（2）理解学前儿童科学教育活动相关教育学理论的内涵。

（二）技能目标

（1）能够运用理论分析学前儿童学习科学的特点和学习科学的过程。

（2）能够运用相关心理学和教育学理论，分析和解决学前儿童科学教育实际问题。

（三）情感目标

（1）理解科学教育对学前儿童发展的意义。

（2）能积极主动将所学理论应用于科学教育实践，形成正确的科学教育观。

思维导图

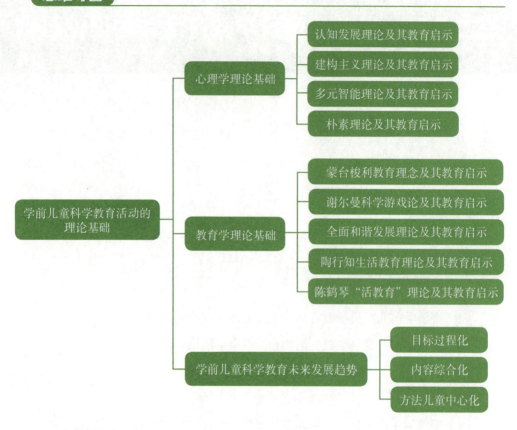

学前儿童科学教育活动的理论基础
- 心理学理论基础
  - 认知发展理论及其教育启示
  - 建构主义理论及其教育启示
  - 多元智能理论及其教育启示
  - 朴素理论及其教育启示
- 教育学理论基础
  - 蒙台梭利教育理念及其教育启示
  - 谢尔曼科学游戏论及其教育启示
  - 全面和谐发展理论及其教育启示
  - 陶行知生活教育理论及其教育启示
  - 陈鹤琴"活教育"理论及其教育启示
- 学前儿童科学教育未来发展趋势
  - 目标过程化
  - 内容综合化
  - 方法儿童中心化

情境导入

　　风是一种常见的自然现象，正值台风"圆规"来临，广州市某幼儿园内，大班幼儿对于"风为什么这么大""为什么风能把窗帘吹起来"等问题产生了强烈的求知欲。本班教师马上开展了以台风为主题的学习活动，让幼儿通过收集有关台风的资料、直接感知台风风力大小、动手设计与创建台风模拟室的方式，正确认识台风，知道风与人类生活之间的联系，从而引导幼儿树立敬畏自然、爱护环境的情感。

　　思考：

　　（1）幼儿园老师选择这样的科学教育主题合适吗？为什么？

　　（2）幼儿园老师采用的科学教育活动方式是否有利于儿童了解科学知识、发展科学探究能力、形成科学探究精神？请用有关心理学理论进行解释。

知识梳理

　　当今世界飞速发展，科技日新月异，社会的发展进步对人的综合素质提出了更高的要求。新时代，仅仅掌握知识是不够的，更重要的是学会学习，乐于学习和探究，掌握终身学习的能力。因此，以探究为核心的科学教育成为幼儿教育领域的重要组成部分。

　　《3—6岁儿童学习与发展指南》指出，幼儿的科学学习是在探究具体事物和解决实际问题中，尝试发现事物间的异同和联系的过程。幼儿科学学习的核心是激发探究兴趣、体验探究过程、发展初步的探究能力。该指南根据幼儿的思维特点，提出了幼儿科学探究的内容和方式方法，而这些都是基于一定的理论基础提出的。

　　目前理论界没有专门的学前儿童科学教育理论，但与学前儿童发展密切相关的理论都可以作为学前儿童科学教育的理论基础。任何一种教育活动，都离不开教与学的过程。教育活动的开展一般可以从心理学和教育学两个方面考虑。学前儿童科学教育具有一般教育活动的共性，也具有其特殊性。本单元将从心理学和教育学两个方面阐述学前儿童科学教育活动的理论基础。

主题 1 心理学理论基础

儿童怎样学习科学，与儿童的认知发展息息相关，探讨学前儿童科学教育，绕不开心理学。与学前儿童科学教育紧密相关的心理学理论包括认知发展理论、建构主义理论、多元智能理论和朴素理论。

一、认知发展理论及其教育启示

（一）皮亚杰认知结构和认知发展阶段理论及其教育启示

皮亚杰是瑞士当代著名儿童心理学家及教育家，毕生从事儿童认知发展的研究，建立了认知结构和认知发展阶段理论，该理论对世界教育产生了深刻的影响。

1.认知结构理论

认知包括理解、推理、思维、学习、概念化等，指个体自出生后适应和了解世界的过程。在适应环境的活动中，个体对事物的认知及其思维方式随情境不断改变。

皮亚杰将儿童比喻成科学家，认为儿童像科学家一样，通过自身和周围世界的相互作用，构建对客观世界的认知，形成自己的认知结构。皮亚杰认知理论认为，智力发展是儿童与环境动态持续相互作用的结果，知识是通过儿童与环境的相互作用构建的。儿童认知发展是一个主动的探究过程，而非被动的信息积累过程。与儿童认知发展相关的核心概念包括：图式、同化、顺应和平衡（见表2-1）。

表2-1　皮亚杰认知理论相关术语的定义

术语	定义
图式	个体对世界的理解和思考方式，也被认为是个体心理活动的框架或组织结构
同化	个体将外界信息整合到原有认知结构的过程
顺应	当个体现有认知结构不能同化外界信息时，修改或创造新图式以适应新情况的过程，顺应是认知结构性质改变的过程
平衡	将原有认知结构进行调整，形成新的认知结构的过程

儿童遇到与自己当前思维结构不符的新情况时，就发生了不平衡。当发生不平

衡时，儿童强烈的好奇心会驱使他们去思考和探究，儿童像科学家遇到新问题一样，首先用自己熟悉的内容和方法来同化一个不熟悉的情形，如果无法同化，他们就会调整已有的思维和行为模式适应新情况。儿童就是通过不断同化和顺应，让认知结构不断从不平衡到平衡的动态过程来发展智力的。因此，儿童被皮亚杰称为"小科学家"。

 案例 2-1

奇妙的磁铁

4 岁的淘淘在冰箱门上找到一块纽扣磁铁，他试图将它拿下来，却发现它牢牢"粘"在冰箱上，他用了点力气才把纽扣磁铁取下来。他拿着这块磁铁到处放，凡是在眼前的东西都要试一试，笔、铁门、沙发、月饼盒、相框……磁铁时而吸住，时而掉落，他的表情也时而兴奋，时而疑惑。

案例 2-1 中，4 岁的淘淘偶然发现一块磁铁，开始了兴致盎然的探索，利用眼前各种资源来探索磁铁的特点，了解所有可能出现的新情况。从偶尔的接触，到像科学家一样刨根问底，坚定地探究各种可能性，儿童对事物的认知就是不断从不平衡到平衡的过程。

2. 认知发展阶段

皮亚杰在大量实验研究基础上，将儿童的认知发展划分为四个相互连接又具有质的差异的 4 个阶段，分别是感知运动阶段（0～2 岁）、前运算阶段（2～7 岁）、具体运算阶段（7～12 岁）和形式运算阶段（12～15 岁）。"运算"是指一种内部的认知活动，是一种内化了的动作。[1]

感知运动阶段（0～2 岁），儿童通过感知和动作进行思考及适应外部环境，该时期是儿童智慧的萌芽阶段。这个阶段的儿童拿到什么东西都喜欢放到嘴里，通过嘴来感知世界。在这个阶段的儿童正逐步建立客观永久性概念，从原来认为离开自己视线的东西就意味着它消失了，到意识到即使客体不在眼前也依然存在。

前运算阶段（2～7 岁），该阶段儿童主要靠表象和具体形象来思考，认知具

---

① 王冬兰 . 学前儿童科学教育 [M]. 上海：华东师范大学出版社，2010：9.

有四个重要特征：（1）认知常表现出"万物有灵"的"泛灵论"的特点，认为一切事物都有生命；（2）思维呈现自我中心特点，皮亚杰著名的"三山实验"表明，这个年龄阶段的儿童只能从自己的角度出发理解和认知事物；（3）思维具有不可逆性和刻板性；（4）没有守恒概念，将相同水量倒入两个高矮粗细不同的杯子里，孩子往往认为高瘦杯子里的水比矮胖杯子里的水多。

具体运算阶段（7～12岁），该阶段的儿童依靠具体的事物进行一系列逻辑思考。这个阶段儿童获得了守恒概念，能够理解数目、物质、重量、长度和体积的守恒，思维具有可逆性。

形式运算阶段（12～15岁），儿童在此阶段能够运用假设，运算不受具体事物或形象的局限，可以通过假设或命题方式进行抽象逻辑推理。该阶段儿童认知水平大大提升，思维可逆性、灵活性更强，逻辑思维能力进一步发展。

 案例 2-2

蘑菇搬家

幼儿园近期的科学探究主题是蘑菇，孩子们了解到蘑菇生长的环境需要阴凉、潮湿。目前蘑菇居住的环境并不适合蘑菇的生长，于是决定帮蘑菇"搬家"。以下是孩子们讨论的过程。

然然：蘑菇住在哪儿？

语嫣：蘑菇喜欢阴凉的地方，这里好大的太阳，又太亮了，很难长出来的。

郭睿：蘑菇是不能晒太阳的，要住在蘑菇屋里。

康康：我们去找一找吧。老师，你看这里很暗（幼儿园楼梯底下）。

可乐：要不我们把蘑菇搬到这里吧！

案例2-2中，幼儿将蘑菇看成像人一样有灵魂的生物，探究蘑菇适合生长的环境。"蘑菇住在哪儿？""蘑菇是不能晒太阳的，要住在蘑菇屋里。"……童言童语反映出儿童思维的泛灵论特点。由此可知，学前儿童思维发展正处于感知运动和前运算阶段，在进行科学教育活动时，要给儿童提供具体形象帮助儿童进行思考。此外，还要多让儿童接触真实事物，积累丰富表象，扩大认知范围。

3. 教育启示

根据皮亚杰的认知结构和认知发展理论，学前儿童的科学认知处于感知运动阶段与前运算阶段，主要依靠感知和动作来适应外界环境，还具有明显的泛灵论特点。他们的认知具有以自我为中心的特点，经常会以自身的感受来认识外界事物，将无生命的事物视为有生命，对自然科学更加有兴趣。此外，皮亚杰将儿童比喻为科学家，他认为儿童是主动学习的学习者。

学前儿童的科学教育活动应考虑儿童的认知特点，在科学教育内容和方法上贴合学前儿童需求，如多选择自然科学的主题，从儿童的实际生活出发，尊重儿童的主体地位，引导儿童发现问题、探索问题并解决问题，激发儿童对科学的热爱和兴趣。此外，要多提供丰富的科学教育环境和主动构建的机会。尽可能地提供可供探索的材料，引导儿童通过与材料的直接接触去感知物体，让儿童有机会亲身体验探索的过程，引导儿童表达自己的观点，鼓励儿童多与他人互动，在体验和沟通中主动构建对科学问题的认知。

（二）维果茨基社会文化理论、"最近发展区"理论及其教育启示

维果茨基是苏联著名的心理学家和教育家，他主要研究儿童心理和教育心理，他的认知发展理论相关内容如下。

1. 社会文化理论

维果茨基强调社会环境对个体认知发展的作用，提出社会文化理论。维果茨基认为，个体的学习是在一定的社会文化背景下进行的，是在与他人的相互交往中，主动构建和发展自己。高级的心理机能来源于外部动作的内化，内在的智力动作也在不断外化为实际的动作，人的活动就是内化与外化的桥梁。

2. "最近发展区"理论

维果茨基还提出了"最近发展区"理论，认为儿童的认知发展是建立在原有基础上，只有当旧知与新知之间有联系但又有一定距离时，学习才会发生。旧知是儿童现有的水平，新知是将要达到的潜在发展水平，两种水平之间的差距就是"最近发展区"。教师在儿童的认知发展过程中，充当脚手架的作用，扮演着"促进者"和"帮助者"的角色，发现不同儿童的不同"最近发展区"，并为儿童搭建合适的阶梯，帮助儿童到达更高的发展水平（见图2-1）。

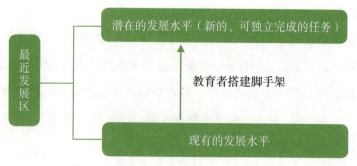

图 2-1　"最近发展区"理论

 案例 2-3

台风"圆规"来了

一天，幼儿在教室里进行自主游戏，窗户边突然传来一阵阵响声。咦，为什么窗帘变成鼓鼓的呢？幼儿好奇地围在窗户旁边，讨论起来。

以恒：呀！窗帘变成了一个大球。

语涵：为什么窗帘会鼓起来呢？

梓豪：我知道，是风吹的！

语涵：但是，平时的风也不会这样子呀。

梓豪：我妈妈说，最近会刮台风。

语涵：老师，台风真的要来了吗？

幼儿对台风产生了浓厚的兴趣，在保证全体幼儿安全的情况下，教师带领幼儿到操场上亲自体验了台风"圆规"来临前的刮风现象。

韬韬：哇，超级大的风！

子墨：树叶都吹下来了。

琳轩：噢，我看到袋子在天上飞！

见状，教师从班上拿来了巨大的黑色塑料袋，让幼儿更加直观地感受风力的存在。看到教师手里的袋子全都变成鼓鼓的，似乎灌满了风，幼儿欢呼雀跃起来！

博博：那我们把风装到袋子里吧！

梓瑞：我也想把风装进袋子里。

> 豆豆、睿睿、扬扬：我们也想！
>
> 于是，幼儿自发形成了一个"抓风"小分队，合力去捕捉周围的风。

案例 2-3 中，教师以幼儿的问题为导向，抓住生活中随机的教育契机，根据幼儿"为什么窗帘会鼓起来呢？"的问题，带领他们到操场亲身体验，在直接感知和游戏中了解台风，相信幼儿一定对大自然有了一番不一样的体验。

3. 概念形成和概念发展研究

维果茨基在《思维与语言》一书中阐述了日常概念和科学概念，揭示了学前儿童思维的特点。

维果茨基提出概念的形成过程分为概念含混期、复合思维时期和概念思维时期。学前儿童处于复合思维时期，他们根据"组成复合体的各成分之间具体的和实际的联系"来认识事物。也就是说学前儿童是通过简单的因果关系或事物表面的属性来总结概念的，维果茨基将儿童用这种方式获得的概念称为"日常概念"。

日常概念与科学概念的区别是，日常概念是儿童在直接经验中积累形成的概念，他们根据事物颜色、大小等相同或相似因素把它们联系起来认识，形成概念；科学概念则是经由教学获得的概念。"儿童自发概念的发展是由下而上的，从较简单的和低级的特性到高级的特性；而科学概念的发展则是从上而下的，从较复杂和高级的特性到比较简单的和低级的特性。"[1]

 案例 2-4

分一分

妈妈买了好多蔬菜、水果回家，有西红柿、红苹果、西蓝花、胡萝卜、青提和青梅。7 岁的哥哥和 4 岁的弟弟都跑来帮忙，但是没过多久就吵了起来。妈妈好奇他们在吵什么。原来，两个孩子对怎么摆放这些蔬菜、水果有分歧。

弟弟：西红柿、红苹果、胡萝卜应该放在一起，它们都是红色的；西蓝花、青提和青梅应该放一起，它们都是绿色的。

---

① 维果茨基. 维果茨基教育论著选 [M]. 余震球，选译. 北京：人民教育出版社，2005：258-259.

> 哥哥：西红柿、西蓝花、胡萝卜都是蔬菜，它们应该放在一起；红苹果、青提和青梅应该放在一起，它们都是水果。

案例2-4中，哥哥和弟弟的分歧就在于他们对事物的认知水平是不同的，弟弟通过事物表面的属性来总结概念，他的这种概念就是日常概念。哥哥的分类方法体现出他已经具备了一定的科学概念。

4.教育启示

根据维果茨基的认知发展理论，在开展学前儿童科学教育活动中，教师要努力做到以下两点。

（1）了解每个儿童的"最近发展区"。教师要充分考虑社会环境对儿童的影响，准确判断儿童当前的认知水平和具有的潜力，在科学教育活动中选择恰当的内容和材料，引导儿童从一个"舒适区"过渡到下一个"舒适区"，协助他们一步步进行科学探究。总之，教师要成为学前儿童科学学习活动的支持者、引导者和合作者。

（2）要根据不同儿童的发展水平搭建个性化的"脚手架"。教师要尊重学前儿童的个体差异性，理解学前儿童在发展水平、能力、经验和学习方式等方面的不同，为儿童提供丰富多元的教育环境，因材施教，在儿童最需要时提供恰当的帮助，并引导儿童在现有水平上进一步发展。搭"脚手架"的方法包括：鼓励、示范、给予部分答案、启发式提问、情感关注、建议、开放式讨论等，方法多元化，具体选择何种方法因人而异。

（三）布鲁纳学习理论及其教育启示

布鲁纳是当代杰出的科学教育家，他提出了发现学习理论，认为学习的实质是一个人主动去探究发现，把同类事物联系起来，并将它们组织成一定结构的过程。这种学习方法要求个体像科学家那样去思考、探究事物，最终理解和掌握知识。

布鲁纳强调学生内部动机的作用，主张用发现式教学法进行教学。发现式教学法主要包括以下四个步骤：（1）根据儿童的好奇心，提出他们感兴趣的问题；（2）围绕问题，提供有利于解决问题的材料；（3）协助儿童对材料进行分析，让儿童通过积极参与和主动思考，提出解决问题的可能途径和方法；（4）引导和帮助儿童验证方法，通过对比，选择最佳途径，解决问题。

根据布鲁纳的学习理论，在开展学前儿童科学教育活动中，教师扮演的角色应该是五个"者"：观察者、发现者、提供者、支持者和引导者。教师细心观察儿童，发现他们的兴趣点，并在适当的时机提供相应的、丰富的材料，协助儿童分析和探究，引导儿童对比分析，找出最优解，最终解决问题。

二、建构主义理论及其教育启示

建构主义是认知理论的一个重要分支。建构主义理论阐述了个体学习过程的认知规律，说明了学习是如何发生的、意义是如何构建的、概念是如何形成的等问题。建构主义将学生看成生成知识的种子，其学习观、学生观和知识观如下。

（一）学习是主动建构过程，学习者是学习的中心

建构主义者认为，世界是客观的，但对客观世界的解释和赋予意义是由个人决定的。个人以自己的经验来解释现实，因此对外部世界的理解也存在差异性。该理论认为，学习者不是被动的知识吸收者，而是主动的知识建构者；主张以学习者为中心，鼓励学习者调动各种资源进行批判性学习和思考。[1]维特罗克提出学习的生成过程，他认为人不是被动地学习和记录信息，而是主动地构建对信息的理解。学习过程包括两方面的构建：一是运用原有经验对新信息进行理解，二是对新信息意义的构建和对原有经验的改造与重组。

（二）强调学习情境的重要性

建构主义理论强调学习情境的重要性，认为学习是与真实情境紧密相连的，学生只有在真实情境中，才能有效地建构知识。

（三）互动与会话是建构知识的重要方式

建构主义认为，个体是基于自己的经验构建对事物的理解。每个人已有经验不同，看待问题的角度也不同，个体对事物的理解只是其中的一个侧面。要使个体超

越自身认知的局限，形成对事物更加丰富的、全面的认识和理解，就必须通过互动、会话。在充分的互动与会话中，集体智慧将自然迸发。

 案例 2-5

台风长什么样子

带着疑惑和猜测，孩子们与家长查找相关资料，有了以下的发现。

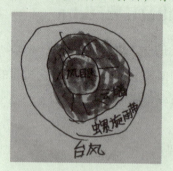

看得见的台风模型：初试

孩子们积极讨论着关于台风的发现，一个小朋友提出："我们看不见台风呀？我们可以做一个台风吗？"于是，孩子们根据从网络了解到的台风知识第一次尝试设计台风模型。

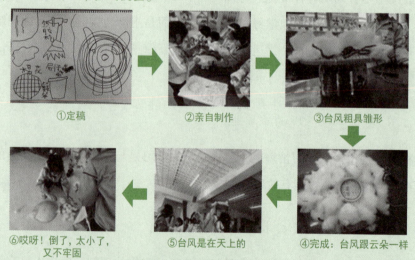

①定稿　　②亲自制作　　③台风粗具雏形

④完成：台风跟云朵一样　　⑤台风是在天上的　　⑥哎呀！倒了，太小了，又不牢固

看得见的台风模型：再试

第一次制作的台风模型倒了，孩子们没有灰心，反而越挫越勇，总结第一次的失败经验，开启了第二次的台风模型制造。

茜钧：我们粘得不稳，掉下来了。

可欣：台风是很大的。

可恩：台风是在天上的，我们把它放在教室上面。

梓玥：我们放不上去。

于是，孩子们互相讨论，设计图稿，并寻找合适的材料，裁剪、制作台风模型旋涡。

①互相讨论，设计图稿　　②寻找合适的材料　　③裁剪、制作台风模型旋涡

⑤再次实验　　④确定位置，寻求老师帮助绑好台风模型

孩子们围着做好的天花板台风模型，开心地欣赏着。这时，又有一个小朋友提出：这个天花板台风模型不够厉害，没有风和雨。于是孩子们提议能不能搭建一个台风模拟室……

案例2-5中，孩子们运用自己现有的生活经验设计台风模型，在此过程中尝试按自己的意愿去探索、商讨、合作，深化了对台风的了解与认识。教师仔细观察孩子们的一举一动，允许孩子们在活动中犯错，体验失败并在失败中不断进行修改、调整。通过一次次动手操作搭建，孩子们体验到成功的喜悦，在自主构建与合作中继续深化对台风的科学认知和探究欲望。

（四）教育启示

基于建构主义学习理论，学前儿童科学教育活动应强调以下方面。

第一，重视学前儿童原有的经验。建构主义学习观主张通过学习者的主动参与实现学习，学习者要基于自身经验，对各种信息和观念进行加工、转换、验证，形成新的认知结构。学前儿童科学教育活动的开展，应当以学前儿童原有的经验为基础，选用适合学前儿童的科学教育内容，引导学前儿童运用原有经验对新信息进行理解和构建。

第二，创设有建构意义的情境。教师要积极创设富有建构意义的真实情境，激发儿童探究兴趣，在真实的社会文化背景下，理解事物的性质、规律，以及事物之间的内在联系，从而实现对事物的深刻理解，并逐步建构自己的知识体系。

第三，在沟通合作中学习。建构主义理论认为，每个学习者都有自己的经验世界，不同学习者原有的经验结构和对世界的理解都不同。学前儿童科学教育活动要取得效果，不能忽视作为学习主体的学前儿童。教师在开展学前儿童科学教育活动时，要成为学前儿童学习科学的指导者、支持者及合作者。教师要创设适宜的学习情景，让学前儿童能够有效沟通、交流、合作，每个学前儿童能够自由、大胆地表达自己的观点，在听取其他学前儿童观点的基础上，发现各自理解的差异性，构建对某一问题新的、更完整的认知。

三、多元智能理论及其教育启示

多元智能理论，也称为"多元智力理论"，是美国心理学家加德纳提出的。传统的智力理论认为，智力是以语言能力和数理－逻辑能力为核心的，加德纳提出了新的智力的定义，即"智力是在某种社会和文化环境的价值标准下，个体用以解决自己遇到的真正难题或生产及创造出有效产品所需要的能力"[1]。

加德纳通过大量实验数据和观察分析，证明人类的思维是多元化的，发现人类至少存在九种智力潜能。他认为，每个人身上都同时拥有九种基本智力，分别是言语－语言智力、音乐智力、逻辑－数理智力、视觉－空间智力、身体－动感智力、内省智力、交往智力、自然观察智力和存在智力。每个人九种相对独立的智力在不同方式和不同程度上有机组合，从而呈现出个体间的智力差异。在现实世界中，每个人的智力各具特点，并受到教育条件和环境条件的影响。

多元智能理论在当前美国及其他许多西方国家教育改革的理论和实践中产生了

---

① 加德纳.智力的结构[M].兰金仁，译.北京：光明日报出版社，1990：24.

广泛的积极影响。多元智能理论对学前儿童科学教育的启示如下。

（一）教师要认识儿童的智力差异性，发现和培养儿童的智力强项

学前儿童科学教育的核心在于探究。儿童在进行探索时，总是以自己的方式去认识世界。每个儿童在探究时运用的智力类型和表现出的智力强项也不尽相同。

在开展学前儿童科学教育过程中，教师首先要接纳每个儿童不同的智力特点，认识到儿童之间智力的差异性；其次要观察识别儿童的智力强项或弱项，掌握不同儿童的擅长领域；最后要根据不同儿童的智力特点，协助儿童扬长避短，在其智力强项方面提供支持，使儿童变得更聪明。

（二）提供多元化的教育环境和操作材料，为儿童创造探索的空间

幼儿园的教育环境也应该是动态的、不断适应儿童需求的。教师要为儿童提供大量的、各式各样的操作材料，让儿童操作、体验、探究，材料要能激发所有儿童各种智力或智力组合，让所有儿童都能找到自己的兴趣点，并在不断的探究活动中发展自己。

（三）采用多元化标准和方式评价儿童

科学教育活动的目的是通过科学探究过程，促进儿童的全面发展。全面发展并不是各个方面齐头并进地发展，而是每个方面在发展水平上存在差异地发展，每个个体都有其优势发展的方面，每个个体智能发展的结构和形态也不同。因此，要建立多元化的学前儿童科学教育评价体系，采用多主体、多维度、全方位的评价方式对儿童科学素养的各个方面进行考察，进而全面地了解儿童的发展状态，并予以针对性的指导，促进儿童全面发展。

四、朴素理论及其教育启示

朴素理论是与科学理论、成熟理论、正规理论相对而言的，也称为"天真理论"。朴素理论是指人们对一组信息、事物、现象等日常的理解。①

---

① 王冬兰. 学前儿童科学教育 [M]. 上海：华东师范大学出版社，2010：9.

儿童常用日常理解和自身经验来解释现象。

 案例 2-6

籽的大猜想

水果餐后，大家都擦干净嘴巴开始进去，但是秋秋吃完水果餐并没有去擦嘴巴，嘴巴周围布满了黑色的小籽，孩子们看到都纷纷讨论起来。

奕臻：你看，秋秋脸上有好多黑色的小点点。

婧文：那是火龙果的籽，我们刚刚吃了火龙果。

晗晗：我最喜欢吃西瓜了，西瓜里面也有黑黑的籽。

希希：那苹果里面有没有黑色的小籽呢？

晨晨：我觉得苹果里面是没有籽的。

诗琪：我觉得橘子里的籽应该是黑色的，圆圆的。

又又：火龙果里面的籽应该是小小的，尖尖的。

那其他水果里有没有籽呢？它们是什么样的呢？幼儿进行了籽的大猜想。

彤彤：樱桃是圆圆的，樱桃的籽应该也是圆圆的。

张桐：梨子上面长了很多黑色的小点点，里面有没有小籽呢？

嘉阳：哈密瓜是大大的，它里面的籽肯定也是大大的。

子言：香蕉是黄色的，弯弯的，香蕉里面应该没有籽的吧？

显而易见，案例 2-6 中，幼儿对水果的认知是较为浅显表面的，其初始理论具有明显的谬误，大致是根据水果外形、大小及颜色来猜测籽的形状、大小、颜色。

为了更好地支持幼儿的学习与探究，教师将家长资源利用起来，让幼儿与家长一起探索水果里的籽。在爸爸妈妈带领下，幼儿参观了周围的水果店，观察比较各种水果的形状、颜色等外形特征，并挑选了自己喜欢的水果，在家里与爸爸妈妈一起进行验证和比较，寻找探究不同水果里的籽，了解认识不同水果里面的籽。幼儿在寻找水果里面的籽时，发现了水果更多的"秘密"：水果是可以切成不同形状的，水果的果肉是各种颜色的，大部分水果都有籽，水果里面的籽有大有小。

经过猜想和后续探究，儿童对水果籽的认识进一步深化了，也增强了科学的探究精神和思辨精神。

根据上述朴素理论的介绍，我们应该做到两个方面。

第一，尊重儿童的朴素认识。儿童对科学现象的理解是基于他们的现有水平进行的，教师应尊重儿童的探索精神和思考精神，并根据儿童的现有水平提供恰当的帮助。

第二，引导儿童表达、升华自己的朴素理论。当儿童对某一现象的判断处于随机水平时，表明儿童在这一方面尚未建立理论。当儿童总是做出某一方面的解释（预测、判断）时，表明儿童在这方面具有理论。教师应通过一系列教育活动，将儿童的朴素认识引导出来，鼓励儿童组织语言，清晰完整地表达自己的认识和观点。在此基础上，教师带着尊重对儿童的理论提出挑战。教师的挑战会使儿童的认知在原有经验基础上不断得到改造、升级。儿童在捍卫自己理论的过程中，需要不断解释和证明自己的理论，这个过程是对儿童科学思辨能力的极大锻炼。

认知发展理论、建构主义理论、多元智能理论及朴素理论从不同侧面和不同角度解释了学前儿童的认知水平及思维特点。这些理论都强调尊重儿童的天性，儿童有着与生俱来的好奇心和探究欲望。儿童通过探究来学习，在探究中成长。开展学前儿童科学教育活动，要尊重学前儿童现有水平，搭好脚手架，用朴素的语言引导学前儿童积极探究问题，寻找解决问题的方法，建构其对科学现象的理解。灵活综合的方法，能有效激发学前儿童对科学的兴趣，形成初步的科学素养。

活动案例 2-1

小班实验操作型活动："站立"的小胶囊

设计意图

《幼儿园教育指导纲要（试行）》指出：幼儿的科学教育是科学启蒙教育，重在激发幼儿的认知兴趣和探究欲望。因此，本次活动的主要环节就是让幼儿在游戏情境中实际操作，探索寻找让小胶囊"站立"的材料，并尝试去记录。让幼儿在实际操作中感受实验的乐趣和科学的魅力，并体验到探究的快乐。

活动目标

1. 通过操作活动，初步感知磁铁可吸铁的现象。
2. 能用语言表达自己的发现并记录探索的过程。
3. 体验探索的乐趣。

活动准备

1. 实验用具每人一套：胶囊、磁铁、小钢珠、豆子、小木棍、塑料珠子。

2. 记录表、油性笔。

活动过程

（一）创设情境，奇妙激趣（激发幼儿兴趣，引发大胆猜测）

1.导语：欢迎大家来到魔法王国，我是魔法王国的国王，今天我给你们带来了一个小魔术。（展示小胶囊"站立"在磁铁上）

提问：小朋友，你们看，小胶囊怎么了？它是怎么"站立"的？

2. 幼儿尝试让小胶囊"站立"在磁铁上。

教师：你们想试一试吗？

追问：为什么我的胶囊可以"站立"，你们的为什么站不起来呢？（引导幼儿发现教师手中的胶囊里有东西）

小结：我的小胶囊里有魔法材料，所以能使小胶囊"站立"。而你们手上的小胶囊是空胶囊，所以不能"站立"。

（二）猜测操作，感知磁铁可吸铁的原理

观察现象，大胆猜测（探索胶囊中的魔法材料）。

1.出示各种材料，引导幼儿进行初步猜测。

提问：这里有许多材料，哪个材料会是魔法材料呢？（幼儿表达自己的猜测）

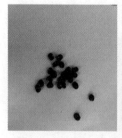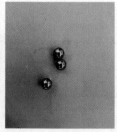

2.幼儿操作，将不同的材料放进胶囊里，并进行"站立"小实验，发现胶囊里

的魔法材料。（记录操作结果）

3. 分享交流。

小结：磁铁能吸住铁质物品。魔法材料是小钢珠。胶囊内放入小钢珠，会让小胶囊"站立"在磁铁上。

（三）结束部分

幼儿进行魔术表演，自由展示小胶囊在磁铁上"站立"。

案例评析

幼儿有着与生俱来的好奇心和探究欲望，自出生之日起就开始对周围生活的环境产生了浓厚兴趣。选择这个操作性、探索性较强的科学活动"'站立'的小胶囊"，能够吸引幼儿的注意力，充分调动幼儿进行科学探究的积极性。

在本次活动中，为了使幼儿一直保持浓厚的兴趣，教师在教学中注意设置问题情境，激起幼儿探索发现的冲动，带着问题进行探索活动，有效调动幼儿参与学习的积极性。对于幼儿在活动过程中生成的问题，即幼儿提出其他不一样的想法时，教师应当给予积极的回应与有效的指导，提升课堂应变能力和专业水平。

科学小实验：
静电气球

主题 2　教育学理论基础

教育活动的开展需要在教育理论指导下进行。在众多教育理论中，蒙台梭利教育理念、谢尔曼科学游戏论、全面和谐发展理论、陶行知生活教育理论及陈鹤琴"活教育"理论对儿童教育影响深远，为学前儿童科学教育活动奠定了教育学基础。

一、蒙台梭利教育理念及其教育启示

玛丽亚·蒙台梭利（Maria Montessori，1870—1952）是意大利第一位女医学博士，是一位伟大的儿童教育家。她毕生致力于儿童教育研究，创办了举世闻名的"儿童之家"，形成了独特的儿童教育理念和方法，她的教育理念曾风靡全球，至今仍然具有鲜活的生命力。蒙台梭利出版了包括《童年的秘密》《有吸收力的心灵》《发现孩子》等一系列教育著作，这些著作极大地推动了现代学前教育的改革和发展，被称为"幼儿园的改革家"。

（一）蒙台梭利教育理念

蒙台梭利终其一生都在研究幼儿教育，虽然她没有将自己的理论做过系统的整理和归纳，但她的教育理念具有鲜明的特征。研究蒙台梭利教育的国内外学者，将蒙台梭利教育理念进行总结与归纳，主要有如下几个方面。

1. 教育要培养儿童的独立性

儿童存在与生俱来的"内在生命力"，儿童的成长有其内在的规律，蒙台梭利赞同这样的观点："生长，是由于内在的生命潜力的发展，使生命力显现出来，它的生命力量是按照遗传确定的生物学的规律发展起来的。"[1] 蒙台梭利首先阐述了儿童生长发育的规律，其次论述了儿童心理发展的规律。刚出生的婴儿只能躺在摇篮里，母亲只需要给其食物、让其休息，其就能逐步学会走路和说话，婴儿的这种成长变化就是内在潜力的自然展现。同理，婴儿的心理发展也有其内在规律，只要给婴儿创造适宜的环境，运用科学的方法，就能促使婴儿建构出注意力、记忆力、

---

① 董宝良：陶行知教育论著选 [M]. 北京：人民教育出版社，1991：549.

想象力和意志力等心理能力。

蒙台梭利十分重视培养儿童的独立性与自主性。她认为，谁若不能独立，谁就谈不上自由，必须引导儿童个体自由最初的积极表现，使儿童可能通过这种活动走向独立。父母和教师不要因为方便自己而替儿童把有利于其独立的活动都做了，这是不必要的帮助，会堵塞儿童生命发展的道路，会窒息儿童自发的活动和独立自主意识。

2．儿童是成人之父

蒙台梭利直言，是儿童创造了成人，不经历童年，不经过儿童的创造，就不存在成人。对于这句话，很多人的理解可能有偏差。并不是说儿童创造了现有的成人，而是说儿童通过吸收周围世界的材料，通过自我教育，将自己塑造成未来的成人。

儿童是具有生命力的、能动的、发展着的、活生生的人，不是成人进行灌注的容器，也不是可以任意塑造的蜡或泥。教育者或父母应该仔细观察和研究儿童，了解儿童的内心世界，揭示儿童的自然发展进程及规律性，热爱和尊重儿童，在儿童自由和自发的活动中，帮助儿童在身体、智力、精神和个性方面自然发展。

教师扮演的角色应该是一个敏锐、被动但积极的观察者。在观察儿童时，要避免打扰儿童的自由活动，必要时要让自己像不存在一样，敏锐而安静地观察儿童自然表现的行为，分析其行为背后的内在动机，以便为儿童提供适当的帮助。

3．自由的纪律

纪律必须通过自由获得。蒙台梭利在幼儿教育实践中，一直致力于帮助幼儿建立积极主动的纪律观念，培养幼儿形成内在的、积极的纪律意识，而非外部的、强制的纪律。这种纪律不仅限于学校环境，而且扩展到社会。

什么样的人是守纪律的人？当一个人是自己的主人，在需要遵从某些生活准则的时候，他能控制自己的行为，他就是一个守纪律的人。在教室里心无旁骛、专心致志做自己事情的孩子，是一个守纪律的孩子。在传统教育中，当教师在场时，学生老实端坐在座位上不动；当教师离开时，马上就乱成一团，不是真正的守纪律。

这里说的自由，不是想干什么就干什么，而是有限度的自由。儿童的自由应在维护集体利益范围之内，不能冒犯或干扰他人，没有不礼貌和粗野行为，而是表现出良好的教养。

为了让儿童认识到真正的纪律，并长久地遵守纪律，教师要让儿童分清楚好和不动、坏和活动，不要将两者混淆。教师要通过引导儿童开展各种有益于身心的活动来让儿童形成内在纪律，而不是强迫儿童坐在座位上不动。

可以说，儿童自由的纪律是在有秩序的活动中逐步形成的。

4. 奖惩无用论

蒙台梭利教育中的一个巨大创新是奖惩无用论，这与传统教育大相径庭。蒙台梭利认为，外在的奖励和惩罚对于儿童的心理发展有害而无益，会破坏儿童的内在发展动机。

蒙台梭利在著作中举了一个例子，有一位刚接触蒙台梭利教学法不久的教师，给"儿童之家"的一个孩子奖励了一枚用白色缎带做成的希腊式银质十字奖章，把奖章挂在这个孩子的脖子上；让另一个孩子坐在教室中间最显眼地方的一把扶手椅上，让他接受惩罚。得到奖章的孩子，在教室里忙碌地工作着，来回搬东西，十字奖章掉落在地上，可他却不予理会，继续自己的工作。受罚的孩子捡起银质奖章，提着缎带摇晃着，对那个孩子说："你知道掉了什么吗？"那个孩子转过身无所谓地瞟了一眼那个小玩意，用表情表达出一点也不在意的态度。受罚的孩子说："你真的无所谓吗？那让我戴吧！"在得到允许之后，这个受罚的孩子将奖章戴在了脖子上，开心地欣赏奖章的光泽和样式。原来得到奖章的孩子则继续忙碌着他的工作。

可见，外在的奖励与惩罚并不能达到我们预期的效果。奖章能够满足受罚的孩子，但不能满足内心充盈、积极主动、愉快工作的孩子。享有自由和守纪律的人，追求的不是外在的奖励，而是从他的内在生命中产生的人类的力量、自由的源泉和积极性。

对于影响他人，又没有意识到自己错误的孩子，也不能用传统的惩罚手段，如体罚、责备等，而应是首先由医生检查，如果检查证明是正常的孩子，就让这个孩子坐在教室角落的一张小椅子上，让他看着其他孩子忙碌地工作。教师无须多言，孩子会渐渐明白，成为这些忙碌工作中的孩子中的一员，是多么开心和让人骄傲的事，他会期待像其他孩子一样工作，逐渐学会自主遵守纪律。

5. 吸收性心智和儿童发展关键期

蒙台梭利指出，儿童是具有精神胚胎（也称"星云"）的个体，是带着巨大潜力出生的。在童年期，儿童的心智像海绵一样吸收各种概念和信息，让他们能快速了解和学习新事物。他们有一种能够吸收知识的心理，能自己教育自己。

像一个饥饿的人需要食物一样，儿童的心理发展也需要心理营养。成人应该关注和关心儿童，让儿童从事有趣的活动，让他们在与周围环境互动的过程中吸收心理营养。如果让儿童沿着一条自己可以组织自己行为和建设自己心理生活的道路前进，那么一切都会安然无恙，儿童的各种"疾病"将消失，无论是生理的还是心理的，都会趋于正常。

蒙台梭利强调儿童内在的敏感性。她认为儿童期是一个持续发展的关键期（敏感期），在这个时期，儿童能以惊人的方式从环境中感知事物，他们容易学会每件事情，对一切都充满了活力与激情。关键期（敏感期）就是在不同的发展阶段，儿童对某种事物或活动特别感兴趣，主动观察与模仿，学习特别容易而有效，在关键期实施教育，事半功倍。

蒙台梭利根据对婴幼儿的观察，归纳出儿童的九大关键期（敏感期）：感官敏感期、秩序敏感期、语言敏感期、对细小事物的敏感期、动作敏感期、社会规范敏感期、文化敏感期、书写敏感期和阅读敏感期。

6. 有准备的环境与工作成长论

蒙台梭利认为，幼儿的吸收心理是不断从环境中摄入营养的。在人生的初期，我们必须尽力使环境变得趣味盎然和富有吸引力。儿童心理对"粮食"的需求甚至超过了生理对"粮食"的需求。在儿童成长的一系列连续发展阶段，其周围的环境都对其成长起着重要作用。提供儿童自由活动的场所，有助于儿童自我训练和自我发展。

蒙台梭利提出，教师要为儿童提供有准备的、适宜的环境，这种环境要能够吸引儿童去工作。教师必须让教室干净整洁，所有教具光洁干净且分层次有序摆放，让儿童一进入这个环境中，就被环境吸引和带动。此外，教师本身在仪容上要富有吸引力，保持整齐、清洁、沉稳而有庄严感。在儿童还没有形成秩序，对工作还未产生兴趣时，教师需要想发设法诱使儿童，教师要用自己像火焰一样的热情和温暖去感染、振奋、鼓舞儿童。

遵循内部向导的指引，儿童将会忙于从事某种给他们带来宁静和欢乐的活动（每个人的活动各不相同），蒙台梭利称这些活动为"工作"。工作不同于游戏，它是真实的、生活中的活动，而非虚拟的、想象的。观察发现，当儿童对一件工作着了迷的时候，他会一次又一次地重复相同序列的动作，直到他感到满足为止。

在蒙台梭利教学法中提供的教具，具有自我教育的功能。儿童在从事某项工作时，可以通过教具本身得到反馈，避免了被成人指出错误而产生自卑感和缺乏自信心，这也是蒙台梭利强调的儿童可以自己教育自己。通过一系列活动，儿童的心智得到逐步发展和成熟，逐步走向正常化。

（二）蒙台梭利教育的现代科学意义

蒙台梭利教学法的创立至今已有 100 多年的历史。如今，蒙台梭利教育理念仍然具有现代科学意义。今天的学校教育，要借鉴性地参照和运用蒙台梭利教学法中优秀的部分，相比操作蒙台梭利教具，更重要的是将蒙台梭利教育精神灵活运用于实际教学中。

1. 教师要成为一名敏锐的观察者

学习蒙台梭利坚持不懈、耐心观察的精神和本领，观察儿童的兴趣点，及时提供适宜的情境以促进儿童心理发展。教师要学会观察，敏锐捕捉幼儿感兴趣的主题，发掘生活中的科学教育契机。

2. 教师要成为环境的提供者和创造者

在蒙台梭利教育中，儿童是学习的主角，是自身成长的建设者，教师是儿童成长的参与者。教师的任务是发现儿童的心理需求，并及时提供儿童心理发展需要的材料和环境。当发现儿童的兴趣点之后，教师要抓住科学教育契机，为儿童提供科学探究的材料和环境，并适当提供帮助和支持，推进儿童科学探究走向深入。

3. 要充分利用儿童发展的关键期

蒙台梭利提出儿童发展的关键期（敏感期），这个理论已经得到心理学界的认同。抓住儿童的敏感期，教育将事半功倍。教师要仔细观察，当发现儿童对某种活动特别有兴趣时，要及时给予儿童需要的材料，而不是按照学校既有的教学计划开展教学。

4. 教师要效法蒙台梭利的科研精神和发明精神

在引导幼儿进行科学探究时，本着实事求是的精神，引领幼儿探究事物的真相。在遇到困难挫折时，坚持不懈寻求解决问题的办法，让幼儿通过科学探究活动逐步养成科学精神。

二、谢尔曼科学游戏论及其教育启示

（一）科学游戏论

迈克尔·谢尔曼（Michael Shermer）将科学视为一种有规则的游戏，认为人们应该能够将科学方法用于人类生活，变成好玩的游戏，并在日常生活中和孩子一起进行科学游戏。[①] 他的科学游戏论基本观点如下。

1. 科学是一种有规则的游戏

谢尔曼认为，科学与我们的生活密切相关，科学是一个供人了解世界的游戏，这种游戏必须遵循一系列规则。他将这些规则归纳为以下九条：诚实、不可作弊、亲自操作不盲从权威、根据过去的发现改进科学游戏、尽量寻找"合乎自然"的解答、争辩必须有依据、科学界没有一件事是可以完全肯定的、科学是没有秘密的、科学家都勇于认错。

2. 将科学方法运用于生活之中

科学不是高深的理论，而应该是一种思考方式和生活方式，每个人都可以运用科学的方式去思考生活中的问题。每个儿童都是科学家，他们充满了好奇心，喜欢刨根问底。教师要教儿童在游戏中做科学式的思考，在日常生活中进行科学探究，使科学成为生活的一部分。

3. 提供丰富的科学环境，多种方式鼓励儿童开展科学探究

谢尔曼选取了有关物理学、天文学、化学、生物学、地球科学及心理学的36个问题来代表科学思想的主要范畴，比如，光是什么颜色的？为什么会有四季？为什么会燃烧？雨是从哪儿来的？你的身体和头脑如何知道冷热？他认为，教师和家长可以和儿童一起进行科学研究，准备一些工具和材料，如温度计、秤等度量仪器，放大镜、磁铁、指南针等一般科学器材，显微镜等特殊科学器材，让儿童能亲手做做科学实验，亲身参与探究生活中这些现象的奥秘，这样的科学探索意义重大。在进行科学探究时，教师和家长要鼓励儿童大胆提问、仔细观察、提出并验证假设，像科学家一样去探究问题的真相。

---

① 刘占兰. 学前儿童科学教育 [M]. 2 版. 北京：北京师范大学出版社，2008：290.

（二）科学游戏论的教育启示

谢尔曼的科学游戏论对科学教育提供了独到的见解和具体的实践策略，他的理论对学前儿童科学教育活动的启示如下。

第一，科学不是科学家的专属，科学贴近我们每个人，与日常生活紧密相连，科学是一种精神和态度，是一种思考方式。每个儿童都是天生的科学家，他们有很多奇思妙想，我们要尊重、敬畏儿童，保护、激发儿童的好奇心，学会引导和帮助儿童在日常生活中用科学的思考方式探究各种现象，培养儿童的科学探究兴趣和科学素养。

第二，提倡采用游戏的方式开展学前儿童科学教育活动。幼儿天生爱游戏，游戏也是幼儿身心发展的客观要求。我们在开展学前儿童科学教育活动时，要考虑如何使幼儿像做游戏一样进行科学探究，在充满趣味的科学活动中，获得科学知识，养成科学的思考方式，并内化为科学精神。

三、全面和谐发展理论及其教育启示

苏霍姆林斯基（1918—1970）是苏联著名教育理论家和教育实践家，他提出学校的主要任务是培养全面和谐发展的人，认为要实现全面发展，就要使智育、体育、德育、劳动教育和审美教育深入地相互渗透和互相交织，使这几方面教育呈现为一个统一的完整过程。[①]

幼儿全面发展教育是以适合幼儿身心发展特点的方式、方法实施的以促进幼儿在德、智、体、美等方面全面和谐发展的教育。全面和谐发展是针对片面发展而言的。对幼儿实施全面发展教育是我国幼儿教育的目标，也是我国幼儿教育法规规定的幼儿教育的任务。《3—6岁儿童学习与发展指南》明确提出，幼儿教育是以幼儿后继学习和终身发展奠定良好素质基础为目标，以促进幼儿德、智、体、美各方面的协调发展为核心。

当今社会，科技经济发展日新月异，知识更新速度越来越快，社会发展对人的

---

① 苏霍姆林斯基. 帕夫雷什中学 [M]. 赵玮等，译. 北京：教育科学出版社，1983：9.

素质要求越来越高。未来社会需要的是全面发展的、具有竞争力的人。

教育要从娃娃抓起。学前教育肩负着培养新世纪人才的使命，要培养德、智、体、美、劳全面发展的人，为将来的教育目标奠定人才基础。苏霍姆林斯基说，教师不仅仅是知识的传播者，更是"塑造一代新人的雕塑家"。教师不仅要重视知识的教育，还要重视对儿童责任心、好奇心、意志力、自信心等素质和能力的培养。要培养完整的人，要发展人的个性、主动性和情感。在学前儿童科学教育活动中，不仅要重视儿童的认知发展，还要重视儿童的整体发展；注重激发儿童对科学探究的兴趣，培养儿童进行科学探索的积极性和主动性，引导儿童独立探索，不怕挫折，坚持不懈，勤于思考，乐于合作。

四、陶行知生活教育理论及其教育启示

陶行知（1891—1946）是我国现代教育史上杰出的人民教育家，他认为教育要和国家大事相结合，一生致力于人民教育、民族解放和社会改革事业。他在创办晓庄实验乡村师范学校的过程中，结合中国国情与世界教育潮流，创造了生活教育理论体系。

此外，陶行知看到儿童科学教育的重要价值，主张科学要从小教起，让科学"下嫁"，主张科学教育从幼儿期开始，从培养"科学的小孩子"去"创造科学的中国和科学的民族"，并采取多种方式从事科学教育工作。主持编辑一套"儿童科学丛书"，来代替当时学校正在使用的自然科学教材，作为儿童学习科学、玩科学把戏和做科学小实验的指南。在进行科学教育时，陶行知也主张从生活教育出发，选择贴近幼儿生活的科学教育内容，采用适合幼儿的科学教育方法。

（一）生活教育理论

什么是生活教育？陶行知说："从定义上说：生活教育是给生活以教育，用生活来教育，为生活向前向上的需要而教育。从生活与教育的关系上说：是生活决定教育。从效力上说：教育要通过生活才能发出力量而成为真正的教育。"[①]生活教

---

① 董宝良. 陶行知教育论著选 [M]. 北京：人民教育出版社，1991：549.

育理论的核心思想包括："生活即教育""社会即学校""教学做合一"。

1. 生活即教育

陶行知认为，生活决定教育，过什么样的生活就受什么样的教育，生活是教育的中心，教育来源于生活。教育要以生活为中心，从生活出发。同时，教育对生活具有反作用，教育能改造生活。我们要用前进的生活来引导落后的生活，要大家一起来过前进的生活，受前进的教育。[①] 教育的目的是更好地生活，教育的起点应扎根生活，教育的内容应随生活变化而不断发展，教育的方式应通过生活这个媒介来开展，教育必须与生活相结合才能发挥作用。要真正实现"生活即教育"，最重要的就是养成持续不断地学习的习惯，即终身教育。

2. 社会即学校

陶行知主张学校教育的范围不在书本，而应扩大到大自然、大社会和群众生活中去。陶行知指出，要使以"死书本"来施行"死教育"的"死学校"得到根本改造，就必须"开笼放雀"，将学校与社会打成一片，彻底拆除学校与社会之间的那道高墙。凡是生活的场所，都是我们教育自己的场所，那么，我们失掉的是鸟笼，而得到的倒是伟大无比的森林了。[②]

陶行知殷切嘱咐教师，"领导小朋友冲锋到大自然里去追求真知识"，"解放小孩子的空间，让他们去接触大自然中的花草、树木、青山、绿水、日月、星辰以及大社会中的士、农、工、商、三教九流，自由地对宇宙发问，与万物为友，并且向中外古今三百六十行学习"。[③] 简言之，在进行科学教育时，要秉承"处处是生活，处处是教育"的教育理念。

3. 教学做合一

陶行知生活教育理论的教学方法论是"教学做合一"。"教学做合一"是对传统灌输式教学的批评，他反对教师把学生当成容器，反对以教师、书本为中心；主张以做为中心，教师根据做的方法教，学生根据做的方法学，"教学做"就是一种生活的三个方面。陶行知的教学方法克服了书本知识与生活实践相脱离的弊端，让

---

① 董宝良.陶行知教育论著选[M].北京：人民教育出版社，1991：463.
② 华中师范学院教育科学研究所.陶行知全集：第3卷[M].长沙：湖南教育出版社，1985：27.
③ 华中师范学院教育科学研究所.陶行知全集：第3卷[M].长沙：湖南教育出版社，1985：524–529.

教与学都围绕生活展开，有利于实现教育向前、向上的教育目的。

陶行知说："我们提倡科学，就是要玩科学的把戏。科学的小孩子是从玩科学的把戏中产生出来的。"[①] 可见，陶行知强调科学教育的方法就是"做"，就是"行动"。

（二）生活教育理论的教育启示

2001 年，教育部印发的《幼儿园教育指导纲要（试行）》中明确指出：科学教育应密切联系幼儿的实际生活进行，利用身边的事物与现象作为科学探索的对象。陶行知先生的生活教育理论与纲要精神异曲同工，他倡导的教育主张，可以创造性地运用于学前儿童科学教育活动中。

1. 大力开展学前儿童科学教育，着力培养幼儿科学探究精神

要从小培养幼儿对科学的兴趣。相比掌握科学知识，对科学探究的兴趣等情感态度的养成对幼儿来说更重要。教师要对生活充满热爱，对科学充满好奇，善于引导幼儿发现生活中的科学现象，并通过游戏的方式引领幼儿走进科学之门。如自然界的季节更替等现象，为什么会有春、夏、秋、冬四季的轮转？四季的特点分别是什么？每天吃的瓜果蔬菜是怎么生长出来的？教师要利用幼儿对生活中各种现象的好奇心，发掘幼儿的科学探究兴趣，养成幼儿的科学探究精神。

2. 发掘生活中的素材作为科学教育内容，创设丰富的科学教育环境

根据生活教育理论，学前儿童科学教育活动的开展需要从生活出发，在日常生活中发掘问题。教师要善于从生活中稀松平常的现象中发掘科学教育活动内容，随时随地以润物细无声的方式引领儿童去观察、发现、体验生活中的科学，激发儿童的探究兴趣。坚持生活即教育，用科学的视角看待生活，在生活教育中提高儿童科学素养。

陶行知生活教育理论主张把教育融入生活，将生活引进教育。教师在布置教室时，既可以为儿童布置一个丰富的科学教育环境，设立科学区，在区域中专供科学教育的材料，如磁铁、指南针等，让儿童可以亲身体验一些科学现象；也可以在不同区域渗透科学教育内容和材料，如设置自然饲养区，让儿童体验喂养动物的乐趣，

---

① 华中师范学院教育科学研究所.陶行知全集：第 3 卷 [M].长沙：湖南教育出版社，1985：579.

学习科学喂养动物的方法。通过全方位布置，为儿童创设丰富的科学教育环境，让儿童沉浸在科学的世界里，动手动脑，不断尝试，不断探索，在教师的支持鼓励和与同伴的交流互动中，获得真知。

3. 拓宽科学教育视角，引领儿童从学校走进社会，动手"做"科学

陶行知主张，学校教育的范围不在书本里，而是存在广阔的自然、社会和生活中。儿童科学教育不能仅仅限制在幼儿园，而是利用大自然和社会中的一切资源。如春天可以安排采茶、制茶活动，带领儿童到茶园采春茶，观察茶叶的生长过程；到制茶厂观摩制茶工艺，了解茶叶保存技术；还可以让儿童亲手泡茶，直观了解茶叶在不同温度下的形态变化。通过一系列活动，让儿童了解茶叶里的科学知识。生活中处处藏着科学，教师要善于发现生活中的科学教育契机，运用各种科学教育材料，提高儿童对科学探究的兴趣。

五、陈鹤琴"活教育"理论及其教育启示

陈鹤琴（1892—1982）是我国近现代著名幼儿教育家，是我国近代学前儿童教育理论和实践的开创者，被誉为"中国的福禄贝尔"和"中国幼教之父"。1919年，美国留学回国之后，他投身教育事业，任南京高师，主讲教育学、心理学和儿童心理学。他以长子为主要研究对象，运用近代科学方法，对其进行长达808天的系统观察和文字记录，探索总结中国儿童心理发展和教育规律。1923年，他创办了我国第一所实验幼稚园——鼓楼幼稚园，进行幼儿教育实验，经过长期的教育实践和探索，于20世纪40年代初期提出"活教育"理论体系，这也是由我国学者提出的第一套系统的教育理论和方法体系。

（一）"活教育"理论

什么是"活教育"？陈鹤琴为了将当时的"死教育"变为前进的、主动的、有生气的"活教育"，提出了要使教师"教活书，活教书，教书活"，使儿童"读活书，活读书，读书活"的教育主张，并把这一教育主张定义为"活教育"。[①]"活教育"

---

① 唐淑，钟昭华. 中国学前教育史 [M]. 北京：人民教育出版社，1993：278-279.

理论体系包括目的论、课程论和方法论。

1. 教育目的是做人，做中国人，做现代中国人

陈鹤琴说："活教育的目的就是做人，做中国人，做现代中国人。"[①] 儿童是祖国的未来，对儿童的教育首先要教儿童做人，培养儿童热爱祖国的情感。

2. 大自然、大社会是活教材

陈鹤琴明确指出："书本上的知识是间接的、死的，大自然、大社会才是我们活的书，直接的书。"[②] 他提出的"活教育"课程论，主要观点如下：（1）课程应为目标服务；（2）课程内容的选择应注重儿童的生活环境，以大自然大社会为中心；（3）课程结构以儿童健康活动、儿童社会活动、儿童科学活动、儿童艺术活动和儿童文学活动组成的"五指活动"为基本成分；（4）课程实施应采用"整个教学法"、游戏式和小团体式教学。[③]

3. 做中学，做中教，做中求进步

陈鹤琴指出，"活教育"方法论的基本原则是"做中学，做中教，做中求进步"。[④]他说："凡是儿童自己能够想的，应当让他自己想。"[⑤] 陈鹤琴"活教育"的教学方法强调实践，通过实践获取直接经验，在实践中探究、反思、进步。

（二）"活教育"理论的教育启示

陈鹤琴提出的"活教育"理论对学前儿童科学教育具有指导实践意义。

1. 科学教育目的要体现民族性和时代精神

学前儿童科学教育要培养具有民族精神和时代精神的幼儿。在科学教育活动中，要讲好中国科学故事，让儿童了解中国科学发展历史和中国科学家的故事，培养儿童热爱祖国、热爱科学的品质和情感。

2. 科学教育内容要利用大自然、大社会等一切"活教材"

根据学前儿童心理发展规律和思维发展特点，在进行科学教育活动设计时，要

①　陈鹤琴. 活教育理论与实践 [M]. 上海：华华书店，1949：45.
②　陈鹤琴. 活教育理论与实践 [M]. 上海：华华书店，1949：5.
③　张传燧，戴文静. 陈鹤琴教学法特色研究 [J]. 学前教育研究，2006（3）：14-16.
④　陈鹤琴. 活教育理论与实践 [M]. 上海：华华书店，1949：52.
⑤　陈鹤琴. 陈鹤琴教育文集：下卷 [M]. 北京：北京出版社，1982：655.

善用大自然、大社会中的一切"活教材"。从身边的生活入手，选择儿童喜闻乐见的素材进行科学探究，激发儿童的探究兴趣。生活中处处有科学，进行科学教育一定不能离开现实的自然环境和社会环境。

3. 突出儿童主体地位，鼓励儿童动脑、动手，在游戏中探究科学

在积极、主动、专注的心理状态下，学习效果最好。在学前儿童科学教育活动中，教师要将儿童作为活动的中心，教学目的、教学内容和教学方式要围绕儿童展开。针对儿童喜欢游戏和动手操作的特点，要创设让儿童动手尝试和探索的环境与机会，让儿童能亲身体会、反思，在不断体验中探究科学。

《3—6岁儿童学习与发展指南》明确指出，科学教育活动应是让幼儿通过科学探究和学习数学，去发展思维能力。科学教育需要为学前儿童营造一个探索的环境，让他们通过观察、实验、测量等方式去了解自然和生活，从而培养科学素养。[①] 开展学前儿童科学教育活动，要以儿童为中心，借鉴蒙台梭利教育理念、谢尔曼科学游戏论、全面和谐发展理论、陶行知生活教育理论及陈鹤琴"活教育"理论中有益的部分，灵活运用，如此才能实现幼儿科学教育目标，培养具有科学素养的人。

活动案例 2–2

中班实验操作活动：我会造纸

设计意图

纸是生活中常见的物品，生活中每天都会接触到各种各样的纸。幼儿对纸产生了兴趣，他们提出：纸是从哪里来的呢？于是，展开了一场探索"纸"之旅，让幼儿知道中国有四大发明，而造纸术是中国古代四大发明之一；通过此次活动，让幼儿感悟古代人的聪明才智，同时产生节约用纸的意识。

活动目标

1. 了解纸的由来，知道造纸术是中国古代的四大发明之一。

2. 通过观察、实验，让幼儿知道纸的特性及用途。

3. 探索造纸的过程，使幼儿产生节约用纸的意识。

---

① 施燕. 学前儿童科学教育与活动指导 [M]. 上海：华东师范大学出版社，2014：74–101.

活动准备

各种各样的纸、《纸的由来》PPT、胶水、造纸框、水盆、搅拌棒、水、笔。

活动过程

（一）了解纸的特性及用途

1. 出示各种各样的纸，引导幼儿观察纸的不同特征及用途。

2. 提问：纸有什么用？你用过哪些纸？

3. 小结：纸的种类很多，常用的有蜡光纸、皱纹纸、图画纸、宣纸、书写纸等。纸的用处很大，写字、画画、包装等需要纸，我们学习、生活和工作都离不开纸。

（二）了解纸的来历

1. 出示PPT，讲解纸的由来。

2. 介绍蔡伦及造纸术。通过故事的形式向幼儿介绍蔡伦改造造纸术的经过。

3. 讨论：听了蔡伦造纸的故事，你有什么想法？

（三）体验造纸的过程，产生节约用纸的意识

我们了解了纸的由来，想不想尝试自己造纸？造纸要用到什么工具呢？

1. 分组讨论，并画一画需要用到的工具。

2. 收集所需的材料，准备造纸。

3. 探索造纸的步骤：撕纸—浸泡—再撕—打捞—沥干水分—晾晒。

（四）小结

小朋友们，我们制作一张纸，需要那么多的步骤，而且造纸的原材料是树木，如果树木都被砍伐了，会怎么样呢？

活动延伸

今天我们体验了造纸的活动，请小朋友们跟爸爸妈妈讨论，乱砍树木的后果是什么？怎么才能做到节约用纸？

案例评析

纸在生活中随处可见。选择"我会造纸"这个操作性、探索性较强的科学活动，能够吸引幼儿的注意力，充分调动幼儿进行科学探究的积极性。

在前期的经验中，纸的活动贴近幼儿的生活，幼儿也非常愿意去了解各种纸张，在做手工的时候愿意去使用它，也知道各种纸的特性，初步达到了教学的目标。在造纸的过程中，教师要注意让幼儿充分了解造纸流程，防止幼儿消极等待，并准备充足的工具，确保幼儿顺利动手操作。

主题 3　学前儿童科学教育未来发展趋势

随着社会经济发展变化，学前儿童科学教育的发展可能会呈现出以下趋势。

一、目标过程化

在当今飞速发展的时代，学前儿童科学教育的目标将由传授知识转变为运用多种方式促使儿童主动探究，在主动探究中发展主动性和创造性，从而为其终身发展奠定坚实的基础。

教师将会将注意力放在引导儿童从生活中最真实的感兴趣的问题出发，运用多学科经验主动参与式学习，从而产生对科学的兴趣，带着问题意识展开探究，形成科学的态度和思考方式，获得科学方法，培养科学精神。

二、内容综合化

科学教育的内容是实现学前儿童科学教育的载体，内容的选择直接影响教育方式方法和教育结果。

宏观上，将来的儿童科学教育，眼光不仅仅聚焦于幼儿园，而是着眼于大自然、大社会这样的科学课堂；关注点不仅仅是现代科技，也链接中华传统科技，如体验扎染技术、日晷计时等。家庭、学校和社会将进一步加强联系与合作，汇集家庭资源、园本资源和社会资源，共同为学前儿童的科学教育提供丰富多元的教育内容和集体智慧，为学前儿童的发展提供源源不断的资源。

微观上，科学教育内容选择的范围，更注重内容的科学性与启蒙性，兼顾可接受性与趣味性，注意预成性和生成性的结合。

三、方法儿童中心化

中外心理学家和教育学的理论都有自己的侧重点，但共同点是他们都以儿童为中心，主张儿童是主动学习的信息建构者，是科学探究中的主角，主张教育要从一切有利于儿童的角度出发，采用儿童喜欢的方式开展教学，教师成为儿童发展的合作者、支持者。在科学教育活动中，教师努力看见儿童，看见儿童的发展阶段，看见儿童之间的差异，看见儿童的不同需求，给予儿童个性化的支持。

教师的职责是根据学前儿童的特点，选择合适的方式方法，如主题活动法、参与体验法、兴趣引导法、早期阅读法、STEM 教育模式等，一切为儿童发展服务，在幕后做好服务和支持工作。此外，在科学主题、内容、材料的选择上，也都是以学前儿童为中心，一切围绕如何引导学前儿童认识自然、热爱自然，促进学前儿童心智和科学素养的提高而进行。

总之，在进行学前儿童科学教育活动时，要灵活运用相关心理学和教育学理论，本着一切从儿童出发，一切为了儿童发展的初心，综合地、创造性地运用理论指导科学教育实践，才能发挥科学教育的深层价值。

拓展阅读

维果茨基及其最近发展区理论

维果茨基（Lev Vygotsky，1896—1934）是苏联著名的心理学家，他主要研究儿童发展与教育心理，着重探讨思维和语言、儿童学习与发展的关系问题。由于他在心理学领域做出的重要贡献而被誉为"心理学中的莫扎特"，他所创立的文化历史理论不仅对苏联，而且对西方心理学产生了广泛的影响。

维果茨基将最近发展区定义为"实际的发展水平与潜在的发展水平之间的差距。前者由儿童独立解决问题的能力而定，后者则是指在成人的指导下或是与能力较强的同伴合作时，儿童能够解决问题的能力"。他将学生解决问题的能力分成了三种类别：学生能独立进行的、即使借助帮助也不能表现出来的、处于这两个极端之间的借助他人帮助可以表现出来的。他明确指出了教学与发展之间的关系，教学促进发展，教学应该走在发展的前面，"良好的教学走在发展前面并引导之"。

最近发展区是社会文化理论的核心概念之一，它阐明了个体心理发展的社会起源，突出了教学的作用，教学应走在发展前面；彰显了教师的主导地位，教师是学生心理发展的促进者；明确了同伴影响与合作学习对儿童心理发展的重要意义；启发了对儿童学习潜能的动态评估。

精准备考

（一）单项选择

1. 根据皮亚杰的认知发展阶段论，3～6岁幼儿属于（　　）阶段。【2012上半年《保教知识与能力》真题】

　　A. 感知运动　　　　　　　　B. 前运算

　　C. 具体运算　　　　　　　　D. 形式运算

2. 有的幼儿擅长绘画，有的幼儿善于动手操作，还有的幼儿很会讲故事。这体现的是幼儿（　　）。【2013上半年《保教知识与能力》真题】

　　A. 能力类型的差异　　　　　B. 能力发展早晚的差异

　　C. 能力发展速度的差异　　　D. 能力水平的差异

3. 教师拟定教育活动目标时，以幼儿现有发展水平与可以达到水平之间的距离为依据，这种做法体现的是（　　）。【2016上半年《保教知识与能力》真题】

　　A. 维果茨基的"最近发展区"理论

　　B. 班杜拉的观察学习理论

　　C. 皮亚杰的认知发展阶段论

　　D. 布鲁纳的发现教学论

4. 陶行知的教育理论注重"教学做合一"，强调（　　）。【2014年上半年《保教知识与能力》真题】

　　A. 做是中心　　　　　　　　B. 学是中心

　　C. 教与学是中心　　　　　　D. 教是中心

5. 幼儿学习的基础是（　　）。【2014年下半年《保教知识与能力》真题】

　　A. 直接经验　　　　　　　　B. 课堂学习

　　C. 间接经验　　　　　　　　D. 理解记忆

（二）论述分析题

1. 简述加德纳的多元智能理论的主要观点、智能种类及教育启示。【2014 下半年《保教知识与能力》真题】

2. 情境分析。【2015 上半年《保教知识与能力》真题】

情境一：

一天晚上，莉莉和妈妈散步时，有下列对话：

妈妈：月亮在动还是不动？

莉莉：我们动它就动。

妈妈：是什么使它动起来的呢？

莉莉：是我们。

妈妈：我们怎么使它动起来的呢？

莉莉：我们走路的时候它自己就走了。

情境二：

在幼儿园教学区活动中，教师给莉莉出示两排一样多的纽扣，莉莉认为一一对应排列的两排一样多。当教师把下面一排纽扣聚拢时，她就认为两排不一样多了……

（1）莉莉的行为表明她处于思维发展的什么阶段？举例说明这个阶段思维的主要特征及表现。

（2）幼儿这种思维特征对幼儿园教师开展科学教育活动有什么启示？

3. 活动设计。

某幼儿园的院子里有几种高大的树，也有一些比较低矮的灌木。请你结合院子里的这些资源，设计一个题为《幼儿园的树木》的中班科学教育主题活动方案，要求写出活动名称、活动目标和主要环节。【2015 年上半年《保教知识与能力》真题】

答案与解析

第三单元　学前儿童科学教育的目标、内容、方法

学习目标

（一）知识目标

（1）理解学前儿童科学教育活动目标确立的依据。

（2）学习学前儿童科学教育活动目标的层次结构与区别。

（3）学习学前儿童科学教育活动各层次目标的内涵与内容。

（4）理解学前儿童科学教育活动内容选择的依据。

（5）明确不同年龄阶段学前儿童科学教育内容范围。

（6）理解学前儿童科学教育活动内容选择的要求和方法。

（7）学习学前儿童科学教育活动的教育方法。

（二）能力目标

（1）能灵活制定不同层次的幼儿园科学教育活动目标。

（2）能科学选择合适的学前儿童科学教育内容。

（3）掌握并灵活运用学前儿童科学教育的教育方法。

（三）情感目标

（1）提升对活动目标制定、活动内容和教育方法选择的认同感。

（2）端正对相关知识正确科学设计及运用的态度；了解儿童科学教育活动的目标结构。

（3）形成细致、严谨、认真负责的职业态度。

思维导图

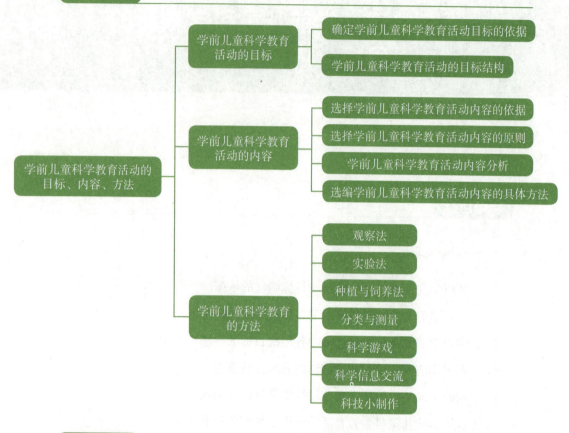

情境导入

情境 1

2022 年，我国成功举办北京冬奥会，寒假返校后幼儿园中班的夏老师发现小朋友经常聚在一起谈论自己在假期观看冬奥会项目的感受，有些小朋友带着北京冬奥会的吉祥物冰墩墩和雪容融来到幼儿园，更是激发了其他小朋友的讨论热情。有一天，在户外活动区，夏老师发现冬冬、小翔、乐乐三个人聚在一起，拿着一根木棍，手持一个带把手的圆形积木，正模拟"冰壶"比赛的场景，因此夏老师以此为契机开展了一个题为"探索冰壶的秘密"的科学探索活动，小朋友们参与热情高涨，最后班级还形成了一个冬奥会的主题活动。

情境 2

午餐过后，小班的林老师带着班级的小朋友一起在幼儿园散步，大家一起唱着

《一起去郊游》开心地走着，春天里的幼儿园充满了生机：小鸟叽叽喳喳地唱着动人的春日乐章；小草冒出嫩绿的小脑袋，急迫地想要看看这美丽的幼儿园。在经过幼儿园自然角的小水池时，明明突然蹲下来，开心地呼喊着："你们看，你们看，这是蝌蚪！"其他小朋友纷纷围了过来，大家都好奇极了，观察了好一会儿后，明明问："能不能把小蝌蚪捞起来拿回班里的养殖区？"大家都一致同意，小朋友们合作小心翼翼地把小蝌蚪捞了起来，成功在班级里给小蝌蚪安了一个新家。每天小朋友们到了班里后就急匆匆地跑到养殖区观察小蝌蚪有没有发生新的变化，兴致可高了。林老师给小朋友打印了观察记录表，让小朋友根据自己的观察进行记录，小朋友还主动拿着自己的记录本回家和爸爸妈妈分享。

思考：

以上两个情境中，你是否能感受到教师的教育智慧？他们是如何根据幼儿的实际生活制定学前儿童科学教育活动的目标？如何选择适宜的学前儿童科学教育活动内容？以及如何引导幼儿采用合适的学前儿童科学教育方法进行科学探索？

知识梳理

《幼儿园教育指导纲要（试行）》指出，儿童是主动学习者，在科学教育活动中，他们是主动的探索者、研究者和发现者，知识经验的主动建构者。教师是儿童的探究活动的支持者和引导者。"教育生活内容要贴近生活，选择幼儿感兴趣的事物和问题，有利于拓展幼儿的经验和视野。"

学前儿童的科学教育活动是有目的、有计划、有组织的教育活动。教育目标指明了教育活动的方向和归宿，增强教师组织教育活动的目的性和组织性，是开展教育活动的首要依据，是评价教育活动的重要标准。教育活动内容是实现教育目标的载体，教育方法是学前儿童科学教育目标能否实现的重要影响因素。本单元全面地从学前儿童科学教育活动目标确定的依据、学前儿童科学教育活动的目标结构、学前儿童科学教育各类目标的内涵与要求、学前儿童科学教育活动内容选择的依据、学前儿童科学教育活动内容范围、学前儿童科学教育活动内容选择的要求和方法、学前儿童科学教育活动的教育方法等方面进行理论与实践的阐述，便于学习者领会和掌握相关内容，为后面章节的学习奠定基础。

主题1　学前儿童科学教育活动的目标

一、确定学前儿童科学教育活动目标的依据

（一）以学前儿童认知发展特点为基础

1. 感觉发展特点

在视觉上，随着幼儿视敏度的发展，幼儿视力越来越好，对于事物细微差别判断的能力增强；辨色能力发展到能辨认混合色与近似色，还能运用各色颜料调出需要的颜色，能对常见颜色进行命名。在听觉上，幼儿听觉感受性不断增强，听觉辨别能力增强，实现视听协调。幼儿言语听觉在发展，肤觉的感受性也在提高，刺激幼儿乐于探索和操作。

2. 知觉发展特点

在形状知觉上，幼儿对于形状的判别难易顺序为：圆形、正方形、三角形、长方形、半圆形、梯形、菱形和平行四边形，圆形最易被幼儿掌握。从平面图形过渡到认识常见立体图形，且能正确命名。

在空间方位知觉上，先以自身与为中心辨别上下、前后、左右逐渐过渡到能以其他客体为中心辨别上下、前后、左右。幼儿左右方位知觉发展较慢，学前晚期儿童能做到以自身为中心辨别左右，对于以客体为中心辨别左右仍不够灵活。

对于抽象的时间，幼儿知觉能力较弱，幼儿认识时间需要借助把熟悉的、有兴趣的事件作为参照物，遵循"由近及远、从已知到未知"的规律，例如，一天、一周、一个月，幼儿先掌握的是一天；昨天、今天、明天，幼儿先掌握的是今天。

3. 记忆发展特点

幼儿整体记忆能力增强，以无意识记为主，有意识记初步发展，机械识记多于意义识记，但是意义识记效果更好。

4. 思维发展特点

以具体形象思维为主，抽象逻辑思维初步发展。具体形象思维是一种依靠事物具体形象、表象以及表象的联想进行的思维。具体形象思维的特点是具体性和形象性。因此，幼儿在学习中更多依赖自己的生活经验，来理解和解释自然界的事物与

现象，也是自我中心的表现。

（二）着眼于当代社会发展需要

学前教育培养的是社会主义建设者和接班人，因此教育目标的确立从社会发展的宏观角度出发进行顶层架构，只有根据我们目前的社会发展现状确定需要培养什么样素质的社会成员才能更好地适应与推动社会的发展，当代社会有以下三方面的特点。

1. 信息技术的广泛应用

21世纪，是信息化时代、数据化时代，信息技术的应用让我们的生活发生了翻天覆地的改变。信息时代的到来，加快了知识的更新速度，知识的快速迭代改变了传统的知识获得与学习模式，学习知识的途径变得丰富了，获取知识的成本变得低了，应用性知识变得更为迫切，单纯的学校教育已难以让我们有效适应信息化时代带来的巨大变革。我们必须拥有自我学习的能力，终身学习，不断获取新信息和新知识，才能不断改变自己的知识结构，适应社会的发展。

学前教育作为人一生教育的起点，要担负起培养终身可持续发展需要的基础素质的任务。因此，在学前儿童科学教育上，我们要改变以往以结果为取向的教学模式，激发幼儿学习的兴趣和欲望，引导幼儿掌握科学探究的方法，不过度关注知识学习的结果和数量，重点培养幼儿获取知识的能力和创造力。培养能自主发现问题，敢于直面问题，尝试探究解决问题的人。

2. 科学技术的突飞猛进

中国是科技大国，科技的应用在我们日常生活中无处不在，幼儿一出生就面对这样的环境，我们难以让幼儿脱离科技带给我们生活的改变。而在认识身边环境的时候就伴随着认识科技技术的应用，幼儿教育的内容来源于生活，使学前儿童认识科技就是我们每天做的事。让幼儿体验到生活中需要科学，科学就在身边，树立对于科学技术积极的态度：尊重科学、学习科学、应用科学。

3. 人类生存环境问题突出

科技在高速发展的同时，也造成了很多负面影响，其中环境问题就是最突出的表现。现代大工业生产造就了前所未有的物质文明，也给环境带来了前所未有的破坏。生态环境的严重破坏，使人类生存受到威胁。我国的环境问题主要表现为：水土流失严重；沙漠化迅速发展；草原退化加剧；森林资源锐减；生物物种加速灭绝；地下水位下降，湖泊面积缩小；水污染明显加重；大气污染严重；废渣存放量过大，垃圾包围城市；环境污染向农村蔓延。在终身教育背景下的现代学前儿童科学教育应培养学前儿童关注自然、关注社会，以及帮助学前儿童形成与自然的和谐关系和初步的责任感。学前儿童科学教育的目标要重视培养学前儿童尊重自然、热爱自然、保护自然的意识，同时也要注意培养儿童关注周围社会生活中的科学技术，萌发初步的社会责任感。

（三）遵循政策法规文件的指导精神

《幼儿园教育指导纲要（试行）》和《3—6岁儿童学习与发展指南》是我国在幼儿教育阶段的政策法规文件，具有非常强的权威性和指引性。该纲要是幼儿园开展教育教学的指南针，指导幼儿园科学教育活动的开展，它明确规定了开展幼儿园科学教育的总目标和指导要点，我们要深入学习此纲要的指导思想和基本要求，根据儿童发展的实际需要，制订教育计划和组织教育活动，进一步更新教育观念，提高教育技能。《3—6岁儿童学习与发展指南》在此纲要的基础上，明确规定了开展幼儿园科学教育的总目标和要求，目标部分分别对3～4岁、4～5岁、5～6岁三个年龄阶段幼儿应该知道什么、能做什么，大致可以达到什么发展水平提出了合理期望，指明了幼儿学习与发展的具体方向，提出了幼儿学习科学的核心是激发探究兴趣、体验探究过程、发展初步的探究能力三个方面。

（四）依托幼儿园科学教育活动的特性

1. 活动目标的长远性

幼儿园科学教育活动的目标定位在于激发探究兴趣、体验探究过程、发展初步探究能力。科学教育追寻的是让幼儿经历科学、体验科学、理解科学、喜欢科学，而不单单是静态的科学知识。静态的科学知识会随着时间的推移慢慢被淡忘，而科学的探究热情、探究能力会随着不同的情境不断被加强与运用。因此，幼儿园科学教育活动的目标不应该追求短暂的知识数量的增加，而应该是长远的科学素养的培养。

2. 活动内容的生活化和生成性

激发幼儿探究周围事物的欲望，对周围事物保持浓厚的探究热情是幼儿科学教育活动的重要目标之一。这一目标决定着幼儿生活周围的事物是幼儿科学教育活动内容选取的主要途径。幼儿科学教育活动内容选取自幼儿生活世界，这就意味着这样的科学活动内容是幼儿可感知的、可操作体验的，是幼儿生活中熟悉的事物，符合幼儿以具体形象为主的思维特征，最有利于对幼儿开展有效的科学活动。教师还要善于从幼儿感兴趣、需要的，尤其是在生活和学习过程中产生和发现的问题与现象，生成幼儿科学教育活动。如"我家乡的秋天""神奇的静电""奇妙的水"等。

3. 活动过程的探索性

科学的本质在于探究，自然科学本身崇尚实证的方法。学前儿童天生好奇、好问，对于未知有极强的探究欲望。好奇是探究的内在动机，探究能满足好奇。学前儿童的思维以直觉动作思维、具体形象思维为主，学习方式与成人不同。通过感官观察、动手操作和动脑思考，才能获得真正内化的科学知识。因此，科学探究是学前儿童科学教育的核心。在科学教育中，如果没有学前儿童的探究过程，就不存在科学教育的过程。学前儿童科学教育过程是在教师指导下学前儿童自主探究的过程。幼儿的探究一般经历产生疑问—进行猜想—进行验证三个环节。

4. 活动方式和教学方法的多样性

幼儿科学教育活动方式分为集体活动、小组活动、个别活动。根据不同的需求和情境采取不同的活动方式。幼儿科学教育活动不局限于室内的活动室，室外的探索和学习机会更多，因此，幼儿园科学教育活动是渗透幼儿一日生活中的，让幼儿在不断的体验中感知科学、体验科学。幼儿园科学教育活动通过多种教学方法让幼儿获得多元化体验，幼儿可以通过观察、参观、调查、统计、游戏、记录、交流、小实验、阅读等方法的相互结合，运用不同的探究方法，更深入地体验探究内容，激发探究热情。

5. 活动结果的经验性

幼儿园科学教育活动是一种可以回顾的活动历程，这种"难以忘记的学习"体验，奠定了对于探究内容的经验性，幼儿依靠自己的亲眼所见、亲身所感建构起自己的科学经验，形成对周围事物的初步认知。科学经验是指学前儿童在科学探究过程中，通过亲自操作、凭自身感觉器官获取的具体事实和第一手经验。幼儿通过自我探索形成的科学经验，是最低层次的科学知识，它是与具体事物和现象联系在一起的，离开了具体的事物和现象不可能获得科学经验。这些零散不完整的科学经验，是幼儿认识事物的必经之路。科学经验能为学前儿童形成抽象的科学概念提供大量的概括材料。最后，通过教师根据幼儿已有经验和学习的兴趣、特点，灵活、综合地安排和组织各方面的科学教育内容，使幼儿获得相对完整的科学活动经验。

二、学前儿童科学教育活动的目标结构

学前儿童科学教育目标体系，是纵向层次和横向结构形成的矩阵式网络结构。学前儿童科学教育的目标，从上到下一般可以分为四个层次，即幼儿园科学教育的总目标、年龄阶段目标、单元目标和活动目标，称为"纵向层次"。幼儿园科学教育分类目标包括科学情感与态度目标、科学知识与能力目标、科学方法与策略目标，称为"横向结构"。

（一）学前儿童科学教育活动的总目标

学前儿童科学教育活动总目标是学前儿童教育总目标的有机组成部分，既是学前儿童教育总目标在学前儿童科学教育领域的具体体现，又是学前儿童科学教育目标体系中概括层次最高的目标。学前儿童科学教育总目标是根据教育方针、教育目的以及学前教育总目标制定的，是指学前儿童在教师不同程度的指导下进行科学学习时应获得的发展。[①] 学前儿童科学教育总目标原则性地指出了科学教育的范围和方向，是学前儿童科学教育总的任务要求。

我国基础教育科学强调的三维目标分别是知识与技能、过程与方法、情感与态度。《幼儿园教育指导纲要（试行）》对我国幼儿园科学教育活动的总目标做了规定，分别是科学情感和态度、科学方法和策略、科学知识和能力，与我国基础科学内涵三要素一致。根据该纲要规定，幼儿园科学教育活动的总目标是：

第一，对周围的事物、现象感兴趣，有好奇心和求知欲；

第二，能运用各种感官，动手、动脑，探究问题；

第三，能用适当的方式表达、交流探索的过程和结果；

第四，能从生活和游戏中感受事物的数量关系并体验到数学的重要和有趣；

---

① 张俊.幼儿园科学教育 [M].北京：人民教育出版社，2004：69.

第五，爱护动物、植物，关心周围环境，亲近大自然，珍惜自然资源，有初步的环保意识。

（二）学前儿童科学教育总目标的分析

《幼儿园教育指导纲要（试行）》中对于科学教育总目标的界定始终围绕着科学的情感和态度、科学探究的过程和方法、科学经验和知识能力这三维目标。《幼儿园教育指导纲要（试行）》关于科学目标的表述中，第一点、第四点和第五点可归入"科学的情感和态度"，主要激发学前儿童的好奇心、兴趣和求知欲，能在日常生活中感受科学的存在和重要性。培养学前儿童关爱环境的积极情感和态度，以及尊重事实的科学态度。第二点、第三点可归入"科学探究的过程和方法"，培养幼儿善于发现问题、勤动脑思考、乐于动手操作、敢于表达交流的科学探究方法。"科学经验和知识"这一要素在而各个目标中均有体现，例如，"感受事物的数量关系"相对来说是比较明确的数学知识目标。在科学探索活动和日常生活中，幼儿周围环境中的每件物品都是以一定的形状、大小、数量和方位存在，教师可以充分利用这些生活素材让儿童积累数学感性经验，感受事物的数量关系。

（三）学前儿童科学教育活动的年龄阶段目标

学前儿童科学教育各年龄阶段目标是在幼儿科学教育总目标的指引下，根据各阶段幼儿的年龄特点制定的目标，对幼儿园科学教育活动目标的设计具有更直接的指导意义。关于学前儿童各年龄阶段目标，结合幼儿认知发展特点，《3—6岁儿童学习与发展指南》做了较为细致和全面的描述。

《3—6岁儿童学习与发展指南》将3～6岁幼儿科学领域的教育目标分为"科学探究"和"数学认知"两个方面，其中"科学探究"方面在《3—6岁儿童学习与发展指南》的划分为"目标1　亲近自然，喜欢探究"、"目标2　具有初步的探究能力"和"目标3　在探究中认识周围事物和现象"，具体内容见表3-1至表3-3。

表 3-1　目标 1 亲近自然，喜欢探究

阶段	3～4 岁	4～5 岁	5～6 岁
表现	1.喜欢接触大自然，对周围的很多事物和现象感兴趣。 2.经常问各种问题，或好奇地摆弄物品。	1.喜欢接触新事物，经常问一些与新事物有关的问题。 2.常常动手动脑搜索物体和材料，并乐在其中。	1.对自己感兴趣的问题总是刨根问底。 2.能经常动手动脑寻找问题的答案。 3.在探索中有所发现时，感到兴奋和满足。

表 3-2　目标 2 具有初步的探究能力

阶段	3～4 岁	4～5 岁	5～6 岁
表现	1.对感兴趣的事物能仔细观察，发现其明显特征。 2.能用多种感官或动作去探索物体，关注动作产生的结果。	1.能对事物或现象进行观察比较，发现其相同点与不同点。 2.能根据观察结果提出问题，并大胆猜测答案。 3.能通过简单的调查收集信息。 4.能用图画或其他符号进行记录。	1.能通过观察、比较与分析，发现并描述不同种类物体的特征或某个事物前后的变化。 2.能用一定的方法验证自己的猜测。 3.在成人的帮助下能制订简单的调查计划并执行。 4.能用数字、图画、图表或其他符号记录。 5.在探究中能与他人合作与交流。

表 3-3　目标 3 在探究中认识周围事物和现象

阶段	3～4 岁	4～5 岁	5～6 岁
表现	1.认识常见的动植物，能注意并发现周围的动植物是多种多样的。 2.能感知和发现物体和材料的软硬、光滑和粗糙等特性。 3.能感知和体验天气对自己生活和活动的影响。 4.初步了解和体会动植物和人们生活的关系。	1.能感知和发现动植物的生长变化及其基本条件。 2.能感知和发现常见材料的溶解、传热等性质和用途。 3.能感知和发现简单物理现象，如物体形态或位置变化等。 4.能感知和发现不同季节的特点，体验季节对动植物和人的影响。 5.初步感知常用科技产品与自己生活的关系，知道科技产品有利也有弊。	1.能察觉到动植物的外形特征、习性与生存环境的适应关系。 2.能发现常见物体的结构与功能之间的关系。 3.能探索并发现常见的物理现象产生的条件或影响因素，如影子、沉浮等。 4.能感知并了解季节变化的周期性，知道变化的顺序。 5.能初步了解人们的生活与自然环境的密切关系，知道尊重和珍惜生命，保护环境。

（四）学前儿童科学教育活动年龄阶段目标分析

《幼儿园教育指导纲要（试行）》给出了"五大领域"科学教育的总方向；《3—6 岁儿童学习与发展指南》结合小、中、大班幼儿认知发展特点的差异，明确了三

个年龄阶段幼儿的学习和发展具体目标，让我们明确每个发展目标下小、中、大班幼儿应该达到的不同水平，反映了不同年龄阶段儿童教育目标的差异性、递进性，有利于教师快速找到幼儿的"最近发展区"，制定合理的教学目标。同时，学前儿童发展是一个连续的过程，学前儿童科学教育的年龄阶段目标之间是具有连续性的，随着年龄的增长从简单到复杂、由浅入深，最终实现科学教育的总目标。如案例3-1。

 案例 3-1

神奇的磁铁

小班

情感目标：初步产生探索磁铁奥秘的兴趣。

认知目标：认识磁铁，初步了解磁铁吸铁的特性。

技能目标：能积极探索，乐意表达自己的发现。

中班

情感目标：产生探索磁铁奥秘的兴趣，愿意动手操作。

认知目标：进一步感知磁铁的特性，发现其隔物吸铁的现象。

技能目标：能运用磁铁隔物吸铁的原理解决实际问题。

大班

情感目标：进一步提高探索磁铁奥秘的兴趣，感受探索不同材料进行与磁铁发生反应的快乐。

认知目标：感知磁铁的两极，初步了解同性相斥，异性相吸的磁性原理。

技能目标：能通过观察、比较与分析，发现并描述不同种类物体的特征或某个事物前后的变化。

（五）学前儿童科学教育活动的单元目标

单元目标是指对单元学习结果（期望学前儿童在完成单元学习方案中设计的学习活动后，发生的变化或达到的行为状态）所做的规定，学前儿童科学教育活动的单元目标是科学教育年龄阶段目标的具体化及分段性目标。[①] 划分单元目标的方式有两种：一是以"时间单元"的形式把目标划分为学期目标、月目标、周目标等；二是以"主题活动"的形式，围绕贴近儿童生活的某一中心内容即主题作为组织课程内容的主线组织科学教育教学活动。根据一组相关联的科学教育活动目标有机组织起来，构成主题或单元。在幼儿园科学教育活动开展的实际情况中，主题科学活动开展得更为广泛，并且主题科学活动常常结合时间单元灵活开展。

1. 以"时间"为单元的学前儿童科学教育目标

以"时间"为单元的学前儿童科学教有目标是指，以某一具体时间段为单元幼儿需要达到的目标，如月科学教育目标、周科学教育目标等。如案例 3-2。

 案例 3-2

幼儿园大班 6 月科学教育目标

1. 喜欢和同伴一起探索问题的解决办法，感受合作的快乐。

2. 学习雷雨天气形成的原因及自我保护办法。

3. 初步掌握正确使用温度计及测量、记录的简单技能。

4. 通过观察、触摸，感知不同材料绳子的不同特性，了解它们的用途。

5. 对比观察不同树叶的脉络，进行记录和比较。

6. 学习光的折射原理，了解光的折射在生活中的应用。

2. 以"主题活动"为单元的学前儿童科学教育目标

主题活动打破学科的界限，注重资源的整合。幼儿园科学教育活动的主题是丰富多样的，主题的内容可以为动物、植物、季节、自然现象、人的活动、节日、交通规则、交通工具等。如案例 3-3。

 案例 3-3

幼儿园中班主题活动"汽车的奥秘"的单元科学教育目标

1. 了解各类车的名称，特征及功能。

---

① 施燕. 学前儿童科学教育 [M]. 上海：华东师范大学出版社，1999：48.

2. 尝试对各类汽车进行分类，统计。

3. 感知车与人们生活的关系。

4. 喜欢探究汽车轮子的作用。

5. 学习看安全标志，遵守交通规则。

（六）学前儿童科学教育的具体活动目标

幼儿园科学教育活动目标是指通过一次或一系列科学教育活动期望幼儿获得的某些发展，所能达到的教育效果，它是单元活动目标的具体化，是结合幼儿的实际发展水平提出的具体可操作的目标。幼儿园科学教育目标只有细化成幼儿科学教育具体活动目标，才能应用到具体的科学教育过程中，才能落实到幼儿的发展上。

1. 幼儿园科学教育活动的三维目标内涵

认知目标（科学知识经验）：在科学教育活动中，幼儿具体要学习的知识经验，认识周围世界的感性经验。在撰写目标时，常用关键词为"认识、了解、学习、感知、体会、观察"等。

技能目标（科学的思维方式和方法）：在认知学习过程中，探索周围世界和学科学的方法，或者基于获得的知识进行应用。在撰写目标时，常用关键词为"掌握、应用、动手操作、表达、检验、解释、说明、归纳、对比、操作"等。

情感目标（情感与态度）：在科学教育活动过程中，幼儿所表现出来的情感态度和情绪表现。在撰写目标时，常用关键词为"喜欢、关注、爱护、感兴趣、乐于、形成、养成、热爱、坚持、树立、保持"等。

2. 拟定科学教育具体活动目标的注意事项

（1）教育活动目标应与总目标、年龄阶段目标保持一致。幼儿园科学教育活动总目标、年龄阶段目标和具体活动目标是具有整体性、系统性和一致性的，总目标是风向标，年龄阶段目标和具体活动目标是它在不同阶段的细化，具体的教育活动目标的内容和要求要与总目标的精神内涵相统一。它们三者之间既相互联系，又相互独立。

（2）预设目标与生成目标相结合。幼儿园教育活动是有目的、有组织、有计划的，在开展科学教育活动前，目标的预设计是必需的。预设目标是教师根据幼儿园科学教育总目标、该年龄段目标、幼儿身心发展的特点及班级幼儿的实际水平，并结合本次活动内容的具体特点对幼儿提出的全面且恰当的要求。预设目标设计强调预先计划性。生成性目标又叫"展开性目的"，是指在教育情境中随着教育过程的展开而自然生成的活动目标，关注的不是由外部事先规定的目标，而是强调教师根据活动的实际进展提出相应的目标，强调儿童、教师与教育情境的交互作用。生成目标强调过程性、连续性和互动性。在活动过程中，幼儿并不是机械地按照教师的预设进行活动的，而是中间存在各种各样的变数。教师应该根据儿童当时的关注点、兴趣、疑问点等及时进行调整，抓住教育契机，调整预设目标，促进幼儿的最大化发展。

（3）具体活动目标的制定要具体、可观察。活动目标是教学过程的指引，影响教师设计活动环节、选择教学方法，是评价教学质量的标尺。具体活动目标区别于总目标、年龄阶段目标，它的根本特征在于直接指导实践，所以具体活动目标应该是具体、有针对性、可观察、可测量的，便于进行教育评价。如案例3-4。

 案例 3-4

大班科学活动"旋转的纸片"

一组目标：

1. 感知不同的纸片在旋转时的特点；

2. 能运用图表记录探究活动；

3. 喜欢参与科学活动，感受动手操作带来的快乐。

二组目标：

1. 探究、发现各种形状的纸片在快速转动时都会呈现出圆形；

2. 能在探究过程中讨论、交流、记录不同纸张转动的过程和结果；

3. 乐意针对问题做进一步的探究，体验探究的乐趣。

对比分析两组目标，一组目标1："感知不同的纸片在旋转时的特点"，"特点"是一个很空泛的概念，纸片在旋转的过程中体现的具体是什么特点？目标2："能运用图表记录探究活动"，这里的"探究活动"都是很概括性的表述，在探究过程中可以记录的信息非常多，具体让幼儿记录的信息应该是核心的、关键的。目标3："喜欢参加科学活动，感受动手操作带来的快乐"，科学活动是整个领域的范围，幼儿在本次活动中喜欢探究的具体问题是什么，没有针对性。二组目标1："探究、发现各种形状的纸片在快速转动时都会呈现出圆形"，提炼出纸片转动的规律是"圆形"，具体、明确。目标2："能在探究过程中讨论、交流、记录不同纸张转动的过程和结果"，重点让幼儿记录不同纸张转动的过程和结果。目标3："乐意针对问题做进一步的探究，体验探究的乐趣"，强调幼儿是针对问题进行进一步探索的意识。因此，对比得出，二组目标更具体、可操作，能有针对性地指引活动的组织过程。

（4）活动目标的主体要一致，以幼儿为主体更优。教育活动包含了教师的"教"和幼儿的"学"两个方面的互动。在表述活动目标时，既可以从教师的"教"这一角度出发，即活动目标的主体是教师，也可以从幼儿的"学"这一角度出发，即活动目标的主体是幼儿。无论从哪个角度表述活动目标，其主题都应保持一致。而幼儿是科学教育活动的主体，目标的定位理应以"幼儿"为主语，有利于教师基于幼儿的视野把握学习的目标，避免以成人的标准要求幼儿。如案例3-5。

 案例3-5

中班科学活动"神奇的静电"

活动目标：

1.（幼儿）对摩擦产生静电感兴趣，喜欢一起合作探索静电的产生。

2.（幼儿）充分感知，观察不同材料摩擦产生的静电现象。

3.（幼儿）通过合作探索，以自己的方式记录下不同材料摩擦产生的静电现象。

（5）活动目标要完整，注重幼儿的全面发展。具体活动目标的制定遵循基础科学活动目标的制定原则，分别从情感与态度、科学知识与经验、科学方法和技能进行预设，幼儿的发展是整体的，包含了"知、情、意、行"的发展，因此在每次活动中，科学全面的活动目标是包含三个维度的目标：情感目标、认知目标、能力目标。

主题 2 学前儿童科学教育活动的内容

一、选择学前儿童科学教育活动内容的依据

（一）基于幼儿认知发展水平

皮亚杰的认知发展理论强调，教学内容和教学目标的选择应该适合幼儿的"最近发展区"，不同年龄阶段的幼儿身心发展特点差异大，而幼儿的学习主要来源于他们自身的感性经验，只有符合幼儿认知发展水平的内容才能激发他们的探究欲望和学习兴趣。科学知识往往存在学习的递进性，特别是数学，知识是环环相扣、由浅入深的，前面认知结构的建立为后面新的探索提供了条件。因此，学前儿童科学活动内容的选择必须以幼儿认知发展的程度为基础。

（二）根据政策文件精神

由于幼儿教育阶段没有统一的课程标准，因此幼儿园教育内容的选择具有极强的灵活性，但并不是盲目选择。《幼儿园教育指导纲要（试行）》《3—6 岁儿童学习与发展指南》这两个重要的法令性文件，是我们开展科学教育的核心引领，广大学前教育工作者和家长开展学前儿童科学教育应以这两个文件为重要依据。《幼儿园教育指导纲要（试行）》明确规定了幼儿园开展科学教育的内容和要求，《3—6 岁儿童学习与发展指南》更是在该纲要基础上对幼儿园开展科学教育的内容进行了明确划分，给我们的实践提供了直接指引。

（三）符合学前儿童科学教育活动的目标

学前儿童科学教育活动内容是实现科学教育活动目标的载体，科学教育内容的选择必须服务于科学教育活动目标，才能保证目标的实现。结合幼儿的实际情况、幼儿园的环境资源，学前儿童科学教育活动的每项目标可以通过多种内容、多种形式来实现，在内容的选择上仍然有较大的空间，需要每位教师灵活地根据实际情况进行选择和组织。

（四）遵循科学自身的规律和特点

"科学是人对客观世界的认识，是反映客观事实和规律的知识"，"科学是反映客观事实和规律的知识体系"，"科学是动态的活动"。科学知识不会随着人的主观意愿而改变，我们要尊重客观规律，实事求是。因此，在选择科学教育活动内容时，内容本身必须符合事物发展的自然规律，把科学、准确的信息传递给幼儿，帮助幼儿养成良好的科学习惯。

二、选择学前儿童科学教育活动内容的原则

（一）趣味性和可接受性原则

趣味性是指科学教育活动内容的选择需要满足幼儿的兴趣。例如，幼儿在玩滑梯的时候，观察到从滑梯上滑下来的时候头发都竖起来了，便乐此不疲地重复。教师发现后，引导幼儿进行观察，并在班级开展"神奇的静电"科学探索活动。可接受性是指科学教育活动内容的选择需要符合幼儿认知发展规律，在"最近发展区"范围内。例如，某幼儿园教师组织了"有趣的海绵宝宝"小班科学活动，内容是"感知海绵有弹性"，并且要求幼儿"初步学习猜想和验证"的方法。对于小班幼儿来说，以直觉行动思维为主，操作性的探索、游戏能符合小班幼儿认知发展特点，而对结果的验证，幼儿难以完成，内容超出小班幼儿的认知发展水平。

（二）科学性和启蒙性原则

科学性是指幼儿科学教育的内容应符合科学的原理，不能违背科学事实。科学教育内容不单单是科学知识，还包括儿童探索科学知识的方法和途径。科学知识是指内容是正确的、符合客观事实的，不是迷信的；后者要求儿童用客观的方法获取科学知识，而不是通过主观臆测、捏造信息等方式影响结果。例如，水的浮力是幼儿难以理解的抽象概念，我们可以通过在水中放置一些能够漂浮的物体，让幼儿观察它们向上浮的过程，从而获得关于浮力的科学经验。在开展浮力的探索过程中，我们用的方式是科学的、正确的。启蒙性是指幼儿科学教育提供给幼儿的科学内容

应是一种粗浅的科学知识，不能超越幼儿认知发展水平，能有效激发儿童的好奇心和探索欲。例如，小班幼儿在探索颜色变化时，目标在于让幼儿感受色彩变化带来的乐趣和愿意探索色彩变化，并非让幼儿记住不同颜色混合在一起会形成什么新颜色，记住刻板的单一知识结果。因此，学前儿童科学教育内容的选择需要做到科学性和启蒙性相结合，在传递科学知识的同时保证对幼儿进行科学启蒙。

（三）广泛性与代表性原则

广泛性是指幼儿科学教育的内容应是丰富多彩的，自然科学涉及丰富多彩的科学内容，生物的、非生物的，如自然现象、动植物、物理现象、化学现象等。这些科学知识遍布幼儿生活的方方面面，都能激发幼儿强烈的好奇心和探索欲，存在各种各样的教育契机，儿童科学探索具有广泛性。代表性是指幼儿科学教育的内容应是有选择的，能使幼儿对科学知识的各个方面都有最基本的了解，掌握其最基本的结构，是某领域具有代表性的内容。学前儿童科学教育内容的广泛性和代表性是相互联系、密不可分的，在广泛的范围中考虑内容的均衡性和代表性。例如：动物，生物学中有关动物的知识点有很多，对于不同地域下，如海洋中的动物、陆地上的动物、空中飞的动物等，幼儿在生活中观察到的、感兴趣的动物是不同的，要从众多的动物中选择能有效激发幼儿已有经验和探索欲望的，才是兼具广泛性和代表性的。

（四）地方性与季节性原则

地方性是指科学教育内容应根据当地的自然环境和文化背景进行选编，做到因地制宜、因时制宜。在遵循地方性原则的时候，由于观察、操作的是幼儿熟悉的身边事物，能有效激发幼儿热爱家乡的情感。例如，北京冬奥会过后，全国各地的幼儿园开展了丰富多彩的与冬奥会相关的主题活动，例如，画冰墩墩、雪容融，了解冬奥会体育项目，制作冬奥会纪念物，体验冬奥会火炬传递等。季节性是指根据季节变化选编科学教育的内容。不同的季节，自然界会有不同的气候特征，人类会有不同的生产活动等。注重从当地的自然和社会资源中挖掘、选择有价值的教育内容，根据当地季节变化特点，恰当地选编教育内容。例如，北方冬天下雪，可以开展探索认识雪的形态结构特点、雪的形成与融化、冰雕等探索活动。

（五）时代性与民族性原则

时代性是指根据时代的发展、科学的进步，选择科学教育内容，使选择的内容跟上时代的发展。时代发展的烙印无时无刻影响着幼儿生活的方方面面，如出行有电梯、有高铁和地铁，扫地有扫地机器人，洗碗有洗碗机等，幼儿学习的内容来源于生活，这些都属于幼儿身边新鲜的学习素材，能让幼儿更好地拓宽视野，了解他们的生活环境。民族性是指在选编科学教育内容时，要注重弘扬传承传统文化，弘扬文化自信。中华民族上下五千年文明，有非常多的科技发明、传统工艺值得让全世界的人知晓，需要我们在教育中传承，如丝绸、陶瓷、茶叶等。

三、学前儿童科学教育活动内容分析

《幼儿园教育指导纲要（试行）》在学前儿童科学教育领域提出了七条"内容与要求"，《3—6岁儿童学习与发展指南》将科学领域主要分为两大部分，即科学探究和数学认知，并且在每一部分结合小、中、大班（3～4岁、4～5岁、5～6岁）的幼儿发展特点明确幼儿学习与发展的具体方向，提出了阶段性学习任务，便于教师和家长操作实施。

学前儿童包含了两个年龄阶段0～3岁儿童和3～6岁儿童，根据《幼儿园教育指导纲要（试行）》《3—6岁儿童学习与发展指南》的主要精神和学前儿童科学教育的目标，两个阶段学前儿童科学教育活动内容具体范围如下。

（一）0～3岁儿童科学教育的内容范围[①]

0～3岁儿童生活的范围小，接触的人和事物也比较少，他们对周围生活的各种事物是感到陌生的，但又是非常好奇的。根据其认知特点，科学教育的内容选择应该从最常见、最简单、接触最多的方面入手，让他们首先感知、熟悉最常见的人，感知、体验、发现最常见的事物，具体内容范围如下。

（1）感知、辨认亲近人的声音，能转向发出声音（叫他/她名字）的方向。

---

① 上海市0—3岁婴幼儿教养方案 [EB/OL].（1998–08–16）[2022–10–04]. http://www.age06.com/Age06Web3/Government/ImgFontDetail/6a1155d0–d97e–416c–b2c9–d2f2cb86ab26.

（2）能注视或会指认周围生活环境中熟悉的人、物，能叫出周围生活环境中熟悉的人、物的称呼或名称。

（3）观察人主要的感觉器官：视觉（眼）、听觉（耳）、嗅觉（鼻）、味觉（舌头）、触觉（手、脚），能指认五官，能用手做简单的模仿动作，能尝试探索、感受其各自的功能。

（4）尝试用动作、表情或简单的语言来表达自己的愿望、要求。例如，1岁左右的幼儿想要买玩具的时候，可以用手指玩具；想要拍球的时候可以张开手做拍球动作。2～3岁的宝宝可以用语言来表达："我要""我想去…""这是什么，那是什么"等。

（5）知道自己的姓名、性别、年龄。

（6）在成人的带领下愿意接触大自然，如进行沐浴阳光、呼吸新鲜空气等户外活动等，喜欢温顺的小动物、花草。

（7）通过视觉、触觉等辨别他们周围生活环境中常见物体的形状、大小、颜色、冷热、软硬等差别明显的特征。

（8）通过玩水使宝宝感受水、喜欢水。知道渴了的时候喝水，水能解渴。

（9）能在1～3个物体的范围进行按物点数。

（10）能按顺序有节奏地念数词，如"1、2、3""4、5、6"。

（11）能辨认特征明显的形状，例如，圆形、三角形、方形（"方形"是正方形、长方形的统称）。

（12）可结合日常的生活经验了解时间（昼夜）、空间（上、下，内、外）等明显的不同，例如，早晨是太阳升起的时候，晚上是太阳下山的时候等。

（13）能初步了解人、物、事之间的简单关系。例如，知道爸爸、妈妈、爷爷、奶奶和自己是一家人。

（14）能笼统比较物体的数量，例如，能分辨一堆糖果和几颗糖果谁多谁少。

（15）能对日常生活中常见的物体进行配对，例如，小猫喜欢吃鱼。

（二）3～6岁儿童科学教育的内容范围

《幼儿园教育指导纲要（试行）》"科学"领域中，提出的内容和要求有：
（1）引导幼儿对身边常见事物和现象的特点、变化规律产生兴趣和探究的欲望；

（2）为幼儿的探究活动创造宽松的环境，让每个幼儿都有机会参与尝试，支持、鼓励他们大胆提出问题，发表不同意见，学会尊重别人的观点和经验；（3）提供丰富的可操作材料，为每个幼儿运用多种感官、多种方式进行探究提供活动的条件；（4）通过引导幼儿积极参加小组讨论、探索等方式，培养幼儿合作学习的意识和能力，学习用多种方式表现，交流、分享探案的过程和结果；（5）引导幼儿对周围环境中的数、量，形、时间和空间等现象产生兴趣，建构初步的数概念，并学习用简单的数学方法解决生活和游戏中某些简单的问题；（6）从生活或媒体中幼儿熟悉的科技成果入手，引导幼儿感受科学技术对生活的影响，培养他们对科学的兴趣和对科学家的崇敬；（7）在幼儿生活经验的基础上，帮助幼儿了解自然、环境与人类生活的关系，从身边的小事入手，培养幼儿初步的环保意识和行为。

依据《幼儿园教育指导纲要（试行）》和《3—6岁儿童学习与发展指南》的主要精神，中国教育科学研究院刘占兰老师和华东师范大学周欣老师将幼儿对周围事物与现象的认识概括为七个方面的主要内容：常见的动植物，常见的物体和材料，常见的物理、化学现象，天气与季节变化，科技产品与人们生活的关系，自然环境与人及人们的关系，数学认知。[①]

1. 常见的动植物

认识常见的动植物及其特征是幼儿认识生命体特征的重要经验。关键经验包括：动植物的多样性、动植物生存和生长变化的基本条件、动植物对环境的适应性、动植物的生长周期与繁殖等。因为，我国地域广，地方性特点比较强，各地典型的、代表性的动植物不同，教师可灵活地选择与把握，以作为幼儿探究和认识的对象。主要包括下以四个方面。

（1）能说出常见动、植物的名称，通过饲养、护理等方式观察、发现其典型的外部特征，知道其主要用途，观察、了解动物的生活习性。关注和思考动、植物的外部特征、习性与生活环境对动植物生存的意义。如兔子的长耳朵具有自我保护的作用，植物种子的形状有助于其传播等。

（2）注意并发现动、植物的多样性。引导幼儿发现动物、植物是多种多样的，不同的动物或植物是不同的，例如，植物不同，根、叶子是不同的，有不同的茎、花和果实，有不同的生长环境，需要不同的阳光、水、温度和土质等，仅就一种动物或植物而言也是多种多样的（如动物就有大小、高矮之分，有毛、无毛之别，温顺与凶悍不同等）。动物、植物种类很多，动物有昆虫、鸟、兽、家禽、家畜等；植物有花草树木、蔬菜等。

（3）感知和初步发现动植物的生长、变化规律。能用不同的方式进行记录（数字、图标、照相、图画等其他符号），交流、分享观察中的有趣现象、新发现，体验其中的愉悦感。

（4）关注、体验和探索动植物与人、与自然环境，动物与动物、植物与植物及动物与植物的关系。

动物、植物与人类的关系：引导幼儿关注在日常生活中人们是怎样利用动物、植物的（食用、观赏等），又是怎样保护动物和植物的（和谐相处等），不保护动物、植物造成的后果（如生态环境遭到破坏，出现沙尘暴给人们带来的危害等）。

动物、植物与自然环境的关系：引导幼儿发现动物、植物的生存与生长离不开空气、阳光、水、土壤；不同的动物、植物生长环境是不同的，有的生长在陆地上，有的生长在水里，有的生长在暖和的地方，有的生长在寒冷的地方等；动物、植物随着季节的变化而改变，如有的植物春天播种秋天收获，有的动物有冬眠的现象。

动物与动物、植物与植物及动物与植物之间的关系：使学前儿童了解动物间是"朋友"或"天敌"的关系，例如，鳄鱼与牙签鸟是"好朋友"，老鹰是鸡、狮子是鹿的天敌等。动、植物间是友好的关系，例如，兔子—草—粪便。

2. 常见的物体和材料

常见的物体和材料主要分自然物体和人造物体两大类，常见的材料包括沙石、泥土、水、纸、木盒、各种金属物体。而对物体和材料的认识主要从三个方面入手，即特性、性质与用途和结构与功能之间的关系。特性方面包括认识物体和材料的形状、颜色、硬度、光滑度、纹理和质地等。各地具有代表性、可探究的物体不同，可灵活地进行选择。

（1）自然物体。

①水是儿童日常生活中不可缺少的部分，他们喜欢探索水、喜欢玩水，对水有着深厚的感情。有关儿童对水的认识主要有以下几方面的内容。

a. 探索、感受水是无色、无味、透明的，探索水是流动的。

b.探索水有浮力（有的东西浮起来，有的东西沉下去等），可以采用不同的方法使浮在水面上的东西沉下去，或者使沉在水里的东西浮起来等（如怎样让橡皮泥球浮在水面上）。

c.通过实验使儿童懂得水在不同的条件下有三态变化：液体、气体、固体。

d.通过实验、游戏、讨论等形式知道水对生命及在人们生活中的重要作用，如探索、观察不浇水的花的变化情况等。

e.知道哪些现象是节约用水，哪些现象是浪费水，教育儿童节约用水从自我做起，保护水源。

f.观察、发现日常生活中哪些现象是水的污染，对水中的动物、植物的影响是怎样的，如工业污水流进江河对鱼的生存环境造成了很大的破坏，从而使鱼的生存受到很大威胁等。

②了解沙、石、土的简单关系：知道沙、土是由岩石变化而来；在沙、石上不适合生长植物，肥沃的上壤是植物生长的宝地。

a.通过实验、游戏等探索发现沙、石、土的特性，知道其各自的主要用途。知道地球上覆盖着大量的沙、石、土。

b.教育儿童珍惜土地，合理利用、保护自然资源。

③空气是生命体生存的必要条件，但是由于空气本身具有抽象性的特点，幼儿理解会比较困难。空气就在我们的周围，虽然我们看不见、摸不到它，但是我们离不开它，幼儿探索空气方面主要有以下内容。

a.体验和证实空气是看不见、摸不到的：我们的周围到处都有空气。

b.探索、发现空气的流动，例如，风是怎样形成的，可通过实验、游戏的方式进行。

c.知道动物、植物、人类的生存、生长、离不开空气。动物、植物的生长与空气的关系，例如，植物的生长可以净化空气，使空气更加清新等；人类生活与空气的关系，例如，保护空气、污染空气等。

d.知道有关空气的其他现象。

④用墨镜等观察太阳，知道太阳的形状：通过图片等观察太阳的颜色；通过实验等感受太阳的光与热；通过实验使儿童了解阳光是人、动物、植物等生长不可缺少的。

通过望远镜或肉眼来观察月相的变化等，并用自己喜欢的方式进行记录。通过观看录像、VCD 等知道人类能乘坐宇宙飞船到达太空，中国人杨利伟第一次成功登上了太空，以激发儿童的爱国热情、自豪感。

观察夜空的星星，知道星星有很多，离我们很远，不停地闪烁等。

（2）人造物体。在幼儿生活的周围，人造物体很多，如学习用具、各种建筑等，可以引导幼儿观察、讨论它们的主要外形特征，推测和证实它们的主要用途等。

3. 常见的物理、化学现象

（1）常见的、有趣的物理现象。常见的物理现象主要是指光、声音、力等物体和材料的形态、位置、变化条件等，包括物体的运动、常见的物理现象及其产生的条件、影响因素等。

①多种多样的光。

a. 光是大自然普遍存在的现象，而且与人们的生活紧密相连，儿童探索和发现光的现象是必要的。

b. 探索和发现光源。光源既有来自自然方面的（如阳光、闪电等），也有人类制造的（如各种类型的灯光、火光等），它们所发出的光是不同的。

c. 知道光在人类各种活动中是非常重要的。探索、发现光和影子的关系。

d. 探索和发现光的反射及折射现象。可以用多种工具例如日常的生活用品（如小镜子、用透明无色的瓶子底代替凸透镜）、玩具（如望远镜、放大镜、万花筒等）、各种光学仪器（如三棱镜、平面镜、凸透镜、凹透镜）进行探索。

e. 探索多种颜色的形成，了解颜色是光反射的结果。

②美妙的声音。

a. 在我们生活的周围有各种各样的声音，可供儿童感受的、可探索的、有关声音方面的内容包括：能够辨别噪声与乐音、发出音响的物体及其代表的意义，如优美动听的律动曲子是教师弹钢琴时发出的声响等。

b. 能探索出不同物体发出不同声音的方法；能辨别出哪些声音属于自然界的，哪些声音属于人类自身发出的，哪些声音属于机械的。

c. 探索声音的传播。探索的方式须从儿童的认知特点出发，可通过实验的方式进行，也可通过游戏的方式进行。

③感受冷、热现象。儿童对于物体冷、热的生活经验是不同的，可以结合日常生活的经验，让儿童进行探索。有关热的探索主要有以下内容。

a.感受物体的冷热。使儿童知道有的物体热，有的物体冷。

b.学习用自己的感觉器官（用眼睛看，用手试摸等）来判断物体的冷热。学习用温度计来判断物体的冷热。

c.探索物体由热变冷、由冷变热的方法。

d.知道天气有冷有热。讨论、发现或感受不同地方的人冬天都是怎样保温取暖的，夏天是怎样散热解暑的，并根据各地的情况认识、了解几种常见的取暖或散热产品。

④探究、体验力。事物永恒地存在于自然界中，它们之间的相互运动产生了力。力的表现形式是多种多样的，有推力、拉力、浮力、重力、摩擦力、弹力、吸引力、电力、风力等，这些力时刻存在于人们日常生活的周围，所以应让儿童探索、发现、体验感受这些力，获得初步的感性经验。主要内容如下。

a.通过实验、操作感受力的大小，探索、发现力与运动的关系及不同大小、方向的力和运动的关系。如皮球、轮胎、竹筒等物体滚动时可能会出现的状况（可能走直线，在与其他物体发生碰撞时就会不走直线）。

b.探索感受事物各种力的现象（推力、拉力、浮力、重力、摩擦力、弹力、吸引力、电力、风力）。

c.感受体验力的平衡。可通过玩跷跷板、平衡架或天平等进行。

d.探索省力的方法，如滑轮、倾斜面、杠杆等。

e.探索各种机械，发现其各自的作用。

⑤有趣的磁。学前儿童对于磁的认识主要是磁铁及有关磁铁制品，包括以下内容。

a.能够区别不同大小、不同形状的磁铁，知道磁铁能够吸铁。大班的儿童还可以探索不同磁铁的磁力，其磁力的大小是不同的。

b.探索、发现磁铁与磁铁之间吸引与排斥的现象。探索的方式可通过游戏或实验的形式进行。探索、发现日常生活中磁铁的应用。

⑥电在人们日常生活中的应用越来越广泛。儿童学习电主要有以下内容。

a.初步了解各种电的来源。静电是摩擦产生的，日常生活中的电是发电厂通过电线输送来的，电动小玩具的跑动是电池作用的结果。

b.通过探索各种家用电器、电动玩具等的功能，初步了解电在日常生活中的重要作用。

c.初步了解安全用电的常识，避免事故的发生。能正确对待废旧电池，不随处乱扔、随意丢弃。物理现象有很多，教师可以灵活地进行选择和使用。

（2）奇妙的化学现象。在日常生活中简单的、安全的、有趣而奇妙的化学现象较多，我们可以将这方面的内容纳入学前儿童科学教育中，让他们去探索、发现。例如，在夏天蚊子出现的时候，观察点燃的蚊香出现的气味对蚊子有什么影响；让儿童观察切开的土豆、苹果等，过一段时间会发生什么样的变化；点燃的蜡烛会出现什么情况；探索手脏后用香皂洗手的过程；在节日来临的时候，带领儿童观察、欣赏五颜六色的焰火；拍照时，相纸出现的彩色图案；儿童喜欢喝的酸奶是牛奶经过发酵制成的；懂得吃药治病、吸烟有害身体健康的道理等。

4. 天气与季节变化

天气与季节变化的认知对于幼儿来说有一定的难度，所以在了解天气与季节变化时，重点是让幼儿感知、体验和发现其与动植物与人们生活的关系。主要包括：感知、体验和认识常见的天气特点及其与人们生活、动植物生长变化的影响；感知、体验和发现不同季节的特点和周期性的变化及其对动植物和人的影响。具体内容如下。

（1）一年有四季，春、夏、秋、冬，季节变化是有周期的，地方不同，季节的典型特征、变化不同。概括来说，儿童探索发现季节变化现象的内容主要有：观察、感受、体验、发现天气变化状况，能用自己喜欢的方式进行记录、报告、预测等。

（2）风：可通过实验探索发现风的产生；知道风有大小、冷暖等之分并和日常生活相结合感受不同情景下的风；知道风在日常生活中的重要作用（风力发电等）；台风、沙尘暴、飓风等给人们带来的危害等。

（3）云：观察云在天空中的多变性，观察云在不同天气时的表现与变化，云有厚薄之分。

（4）雨：知道雨的种类，有大雨、小雨、急雨、暴雨、雷雨等；观察比较雨的不同；知道雨在不同季节对于植物生长的意义，如春季适时的雨有利于播种，秋季雨过多不利于秋收等。知道夏季常见的天气现象有雷雨、冰雹、彩虹等。

（5）冰、雪、霜：知道冰、雪、霜等是冬天常出现的天气现象；通过实验或游戏观察体验冰、雪、霜；了解冰、雪、霜在日常生活中的现象及作用，例如，北方的冰灯、冰雕、树挂，观察窗户上霜的现象及变化等。

（6）知道一年有四个季节，每个季节的名称、顺序及其典型特征，例如，天气的情况、季节与季节的变化发展状况等。

5. 科技产品与人们生活的关系

科技产品已经被广泛地运用于人们生活的各个领域，必须让幼儿感知和了解常用的科技产品与自己生活的关系，知道科技产品的利弊。

（1）感受日常生活中的科技用品。

a. 家用电器：讨论电视机、电冰箱、洗衣机、电饭煲、空调等家用电器的主要用途，学会简单的使用方法，感受它们给人们的生活带来的方便。

b. 现代通信工具：讨论电话、手机、计算机、网络等主要用途，感受它们给人们的生活带来的便利。

c. 现代交通工具：了解、讨论各种汽车、火车、摩托车、电车、地铁等交通工具给生活带来的方便和对环境造成的污染等；或者根据常见物质、材料的特性和物体的结构特点，推测和证实它们的用途。如带轮子的物体方便移动、不同用途的车辆有不同的结构等，以及安全驾驶、遵守交通规则等常识。

d. 现代农用工具：认识拖拉机、脱粒机、播种机、抽水机等，知道现代农用工具减轻了农民的劳动负担，增产又增收。

e. 科技玩具：能探索各种科技小玩具，会正确使用；能进行拆卸、组装等。

（2）了解、熟悉著名的科学家，感受、体验科学家的探索、发明、创造的过程。通过讲故事、看图片等熟悉科学家的故事，通过自己动手制作科技小"产品"，粗略地感受科学家的发明创造的探究过程，能尝试使用小工具，能进行小制作，例如，用磁铁制作"会走动的小鸡""小风车"等，体验制作的过程，感受成功的喜悦，即使制作不成功，儿童积极参与的过程就是有意义的学习过程了。

（3）提高儿童的环保意识，培养其环保行为。21世纪，科学技术的高速发展给现代人的生活带来了极大的便利，但与此同时，由于乱砍伐森林，破坏草原，工厂排出大量的污水、废气、废渣，各种垃圾的存在，大气臭氧层被破坏，地震，山体滑坡，火山爆发等人为的和自然的原因，造成许多危害人类生产、生活、身体健康以致影响生存环境的问题和负面影响。为了维护生态平衡、保护人类赖以生存的环境，我们应从小培养儿童的环保意识和环保行为。具体有以下内容。

a. 常生活中或通过看电视、录像、动画、画册等让儿童感受诸如"雾霾天气""沙尘暴""白色污染"等给人们的生活和生活环境带来的不便与污染。

b. 尝试从力所能及的事做起，从自身做起，从小事做起，如自己不乱丢果皮纸屑，不随意伤害小动物，不折花草等植物，看见流水的水龙头要关闭，看见地上有易拉罐、果皮等主动捡起来等，做一个节约资源、保护环境的"小卫士"。

c. 通过散步、短途旅行等方式感受、发现环境的绿化、美化，陶冶儿童的情操。

d. 通过专门设计的科学教育活动、游戏等体验、感受环保的重要性。如"我们的家园——地球""爱鸟周""绿色的森林""清洁工""世界环境保护日"等。

6. 自然环境与人及人们生活的关系

（1）观察人主要的感觉器官，视觉（眼）、听觉（耳）、嗅觉（鼻）、味觉（舌头）、触觉（手、脚）；能探索、感受其各自的功能；体验风、雨、阳光等对感觉器官的影响。

（2）初步了解人的差异性及种类，如男女之别，不同种族，不同肤色，不同发色，五官特征，体形之别等。

（3）认识人基本的外部结构，发现并感受其各自的功能。人的外部结构主要包括头、颈、四肢、躯体、皮肤等，引导幼儿感受其各自的功能。

（4）初步感受和体验人的生理活动与心理活动。生理活动包括呼吸、消化、血液循环、排泄等，例如，让幼儿体验在静态、动态情况下呼吸的变化状况是怎样的，人不呼吸的时候有什么感受等。心理活动包括情绪、想象、记忆等，知道情绪不同，表现形式也不同（高兴与微笑，伤心与哭泣等），学会控制消极情绪，发展积极情绪。引导幼儿体验自然环境不同，对人心情的影响等。

（5）初步了解人体的生长、发育、衰老是一个自然的生命发展过程。

（6）教育幼儿从小珍爱生命，锻炼身体，预防疾病，养成良好的生活、卫生习惯等。

（7）了解人与自然环境的关系。

（8）了解食物、空气和水是人生长发育的基本条件，这部分内容也可结合动物、植物、非生物等进行，使学前儿童知道人生活在自然环境中，应该与大自然和谐友好地相处，培养儿童热爱大自然的情感。

7. 数学认知（具体内容详见第五章）

学前儿童对于数学的认知是一个逐步发展与建构的过程，让幼儿感知生活中数学的有用和有趣，感知和理解数、量及数与量的关系，感知形状与空间关系，具体为集合、数、量、形、空间与时间等。

四、选编学前儿童科学教育活动内容的具体方法

学前儿童科学教育内容范围很广，可谓"面面俱到、包罗万象"，需要教师在遵循学前儿童科学教育内容选择的基本原则基础上对内容进行合理的组织与编排，组织与编排学前儿童科学教育内容的方法很多，主要有以下两种。

第一，伦理的组织法。以成人的立场为立场，以教师的观点为观点，注重教材内容的逻辑性和系统性，由简到繁、由易到难、由浅到深，计划和组织性强。不顾幼儿的需要，把内容分为片段，片段之间互相连接，形成有规律的排列，分期教学。其优点是能使学习者获得系统知识及训练理论的思考，但忽视了幼儿的能力、兴趣和需要，易使幼儿感到乏味，不适合幼儿学习。

第二，心理的组织法。以幼儿为本位，以幼儿的观点为观点，根据幼儿的经验、能力、兴趣和需要组织内容。以幼儿的经验为教材的出发点，逐渐扩大其范围，不必顾及内容本身系统的完整性。其优点是学习容易，能适合幼儿的能力、兴趣及需要。但是在学习过程中幼儿难以形成系统的知识经验，对于教师来说，精准捕捉幼儿的兴趣、经验难度较大。[①]

根据幼儿认知的发展特点，心理的组织法更适合幼儿认识事物的模式，因此，在我国，幼儿园阶段学前儿童科学教育的内容组织和编排更多采用此方法。目前，幼儿园中常用的具体方法如下。

（一）以季节为主线选编学前儿童科学教育活动内容

"春、夏、秋、冬"的四季流转，大自然中的植物、动物、人类活动、自然现象等伴随着发生相应的变化，具有内在的逻辑性和关联性，以季节为主线编排科学教育内容是使用较为普遍的方法，容易形成教学内容的学习网络结构。例如，大班科学教育内容"好玩的夏天"，围绕夏季这一主题，先让幼儿感受、探索夏天的特征；引导幼儿对春天和夏天进行比较，感受季节的差异；观察比较在夏天人们生活的变化；了解夏天盛产的蔬菜、水果、花卉等；夏天天气炎热，如何避免中暑，夏天动物

---

① 夏力. 学前儿童科学教育活动指导 [M]. 上海：复旦大学出版社，2009：50.

的生活方式会发生什么变化等。季节的变换，带给幼儿的是生活环境的变化，儿童生活在其中，有着切身的感受，易于理解和接受，所以以季节为主线选编学前儿童科学教育活动内容是符合学前儿童实际的。例如，北京综合教育实验小组进行的幼儿园大班自然教育教材体系，是以四季为主线进行教学内容编排，如图3-1所示。

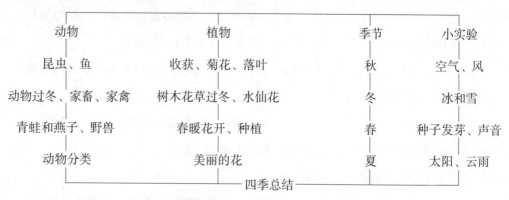

图3-1 幼儿园大班自然教育教材体系

资料来源：夏力.学前儿童科学教育活动指导[M].上海：复旦大学出版社，2009：50.

（二）采用单元式选编学前儿童科学教育的内容

单元式选编是指学前儿童科学教育内容是以一个"类"为单元组合教材，强调内容本身的纵横联系。以3～6岁儿童的科学教育内容为例，将幼儿3年的科学教育内容编排成若干个单元，每个单元从内容到形式都注重体现知识的系统性与幼儿发展的连续性。每个单元又突出一个重点，围绕重点设计多种活动内容和形式。这些单元之间纵向自成体系，横向互相联系。从纵向来看，是现有知识内容与原有与之相关的知识、经验的联系。从横向来看，是事物与事物之间的联系，即外部联系，不同类别的知识间也是相互联系的，每个单元的幼儿科学教育过程都是循环往复、螺旋上升的发展过程。例如，图3-2"电"的教育内容。

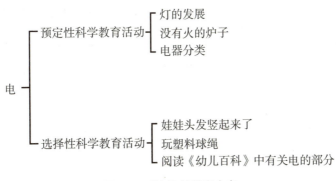

图 3-2　"电"的教育内容

资料来源：夏力 . 学前儿童科学教育活动指导 [M]. 上海：复旦大学出版社，2009：50.

（三）以五大范围为依据选编学前儿童科学教育活动内容

施燕教授的《学前儿童科学教育》将学前儿童科学教育活动内容分为五大范围，即人体、动植物、生态与环境、自然科学现象、现代科学技术。学前儿童科学教育的内容非常广泛，上至天文地理，下至动植物、人体、科技、化学等，以季节和单元为主线编排内容有明显的局限性，难以涵盖周全的内容。以五大范围为依据选编学前儿童科学教育活动内容弥补了上述两种方法的不足，并且限定内容范围编排，能较好地将科学教育的内容进行归类，这种方法便于操作，容易掌握。如表 3-4。

表 3-4　小班第二学期科学教育内容

范围	课程内容
生物与环境	1. 耳朵听一听　　2. 可爱的小鸡　　　3. 鸡的一家　　4. 鸡的一生 5. 蛋宝宝找家　　6. 可爱的小猫　　7. 美丽的金鱼
非生物与环境	1. 沙　　2. 玩水
自然科学现象	1. 夜晚的天空　　2. 太阳光和影子　　　3. 多变的云　　4. 吹泡泡 5. 它们变了　　6. 找春天
现代科学技术	1. 玩纸　　2. 纸的游戏
数学	1. 看灯——找不同　　2. 放大镜——找相同 3. 贴一贴（或找朋友）——分类游戏 4. 过马路——区分上下、左右、前后、里外、先后 5. 比较长短　　6. 小动物排队——排序 7. 快乐的六一（或青蛙与荷叶）——对应比较　　8. 娃娃家——区分 1 和许多

资料来源：夏力 . 学前儿童科学教育活动指导 [M]. 上海：复旦大学出版社，2009：51-52.

以上三种方法都是以教师预先安排为主，在选编过程中虽然强调充分考虑幼儿的兴趣、能力和需要，但是在教学活动开展中存在很多变化，幼儿的兴趣也会发生转移，要注重活动内容的生成和预设相结合的问题，以幼儿的实际发展为依据灵活调整。

科学小实验：
倒不出来的水

主题 3　学前儿童科学教育的方法

　　学前儿童科学教育的方法，是指教师和儿童在科学探索活动中，为完成教育目的采用的具体方式和手段。学前儿童科学教育的方法包括两种意义：一种是教师在组织儿童科学活动时，指导儿童学科学的方法；另一种是儿童在科学活动中采用的学习方法，即教法与学法。学前儿童科学教育活动常用的方法有观察、实验、种植与饲养、分类与测量、科学游戏、科学信息交流、科技小制作等。

　　确定某种方法作用为科学活动的主要方法应考虑三个方面的因素：一是科学教育活动的目标和内容，二是不同年龄儿童的认识能力和动手能力，三是幼儿园的客观环境条件。

一、观察法

（一）观察的概念

　　认识来源于经验，科学开始于观察。观察是一切科学活动的基础，没有观察就没有科学。观察是人类认识世界的重要途径，人对客观世界的认识是从感知觉开始的。观察是人的感官在大脑的指导下进行的有意识、有组织的感知活动。学前儿童科学教育观察的方法是指教师有目的、有计划地组织和启发幼儿运用多种感官，去感知客观世界的事物与现象，使之获得具体的印象，并在此基础上逐步形成概念的一种方法。

　　在科学教育中，观察是学前儿童认识世界、增长知识、发展能力的主要方法之一，也是学前儿童科学教育的基本方法。观察法被广泛应用于科学实验、分类、测量、科学游戏等其他方法中。观察主要有两种方式：一种是借助感官进行的直接观察，另一种是通过仪器进行的间接观察。

（二）观察的类型

　　观察的类型有多种划分方法：以观察的对象进行划分，可以分为个别物体的观察和比较性观察；以观察的时间进行划分，可以分为间或性观察和长期系统性观察；

以观察的空间进行划分，可以分为室内观察和室外观察（也称"实地观察"）。现介绍其中最主要的几种观察类型。

1. 个别物体的观察

个别物体的观察是指幼儿对特定的某一物体、自然现象、科技产品等进行的观察。幼儿通过有目的地运用各种感官，与周围某一事物或现象的直接接触，了解它的外形特征、属性、习性等。如观察乌龟、花朵等单个或某一类事物，观察晴天、雨雪等天气现象。在对个别物体（或现象）进行观察的过程中，通过对物体的观察，可以帮助幼儿获得有关物体的以下信息：物体的外形特征，如物体的形状、颜色、大小；观察对象的味道、软和硬、轻和重、粗糙和光滑等物理特性、物体的外部结构和功能；物体的生活、生长习性和特点；物体相对的静态和动态；个别物体的存在与周围环境的关系；等等。

对个别物体的观察是最基本的观察技能，它是其他各种观察的基础。因此，个别物体的观察在各年龄班均可进行。例如，小班的"神奇的海绵"，中班的"啄木鸟的嘴巴"，大班的"树叶的秘密"等。

2. 比较性观察

比较性观察是指幼儿同时观察两种或两种以上的物体并进行比较，以找出物体间的异同点。在观察过程中，通过比较分析、判断和思考，比较精确、细致、完整地认识事物。这种方法能帮助幼儿较快地发现事物的特征，有利于幼儿分类能力的发展和概念的形成。例如，马和驴的比较性观察、高铁和飞机的比较性观察等。通过比较性观察使幼儿发现物体间的不同点，找出相似点；学习以两样物体的相应部分和整体进行比较，在此基础上挑选出同类物，并进行分类。比较性观察要求对事物进行比较分析，需要较复杂的认知活动，因此它仅在小班后期与中班、大班进行，更小的年龄不适合运用。而且，各年龄班在进行比较性观察时难度不同，中班比较物体明显的不同点；大班比较物体的细微差别以及物体的不同点和相同点，并尝试分类。

3. 间或性观察

间或性观察是指间隔一定的时间，带领幼儿对某个物体或现象进行的观察，形成对观察对象的阶段性认识，通过每次观察，逐步加深对观察对象的认识，如表3-5所示。

表 3-5 认识啄木鸟的间或性观察

第一次	第二次	第三次
明显特征和习性：嘴巴、脚、尾巴	隐蔽的主要特征：舌头	与人类活动的关系：树木的"外科医生"

间或性观察在小、中、大三个年龄班均可采用，但根据间或性观察的要求及幼儿的年龄特征，其更适合在大班开展。

4. 长期系统性观察

长期系统性观察是指幼儿在较长的时间内，持续地对某一物体或现象进行系统观察，对其质和量两方面的发展变化过程有较完整的认识。长期系统性观察，有助于幼儿了解动、植物的生长过程，发现事物的变化和直观地了解自然界各种因素间的相互关系、因果关系和自然界的发展规律。如对青蛙进行的长期系统性观察，是对青蛙卵→蝌蚪→青蛙的整个生长过程进行系统的、比较持久的观察，如图 3-3 所示。长期系统性观察对幼儿的知识经验、认知水平要求较高，小班幼儿难以实现，适合中、大班幼儿，且主要在大班进行。

图 3-3 蝌蚪的成长之旅

5. 室内观察与室外观察

室内观察和室外观察的主要区别在于观察时的观察地点不同，根据观察对象的特点和幼儿园的实际条件选择合适的观察地点，例如，文物、标本的观察一般是在室内，城市建筑、参观菜地更适合在户外，条件允许的情况下应尽量多让幼儿进行室外观察，使他们尽可能多地接触自然、体验自然，获得丰富的感性经验。

（三）观察活动的指导

1. 尽可能提供实物、实景

实物、实景是指真实的事物与景象。幼儿的思维是具体形象的，提供实物、实景更能刺激幼儿的感官，使观察的效果达到最优。三维的实物比二维的照片更形象生动，幼儿通过看一看、摸一摸、闻一闻等方式获取丰富的感性经验。

例如，观察春季的自然景象，让幼儿走到户外，观察小草从地下钻了出来，把大地染成了绿色；树木抽出新的枝条，长出嫩绿的小叶子；农民伯伯变得繁忙，忙着春耕播种。幼儿通过亲身体验获得了对春天的生动感受。

2. 调动幼儿的多种感官参与观察

客观事物的出现总是以整体的形式刺激我们的感官，包含大小、颜色、气味、形状、冷热、声音、软硬等属性形成对客观事物的综合知觉。因此，观察是多种感官的协同活动。但是，幼儿的整体感知能力较弱，教师应该在观察过程中引导幼儿调用各种感官参与观察活动，通过看一看、摸一摸、闻一闻、试一试，有些东西还可以尝一尝，使大脑接收的信息来自视觉、听觉、嗅觉、味觉、运动觉各种途径，在大脑皮层建立多通道联系，从而使幼儿从物体的不同角度对其属性有一个比较完整的认识，既学习了观察的方法，也发展了幼儿的感知能力及观察力，能用看、闻、听、尝、触摸等感觉来认识自然。例如，在观察柠檬时，小朋友通过看一看柠檬的颜色和形状，摸一摸柠檬的外表，闻一闻柠檬的香味，尝一尝柠檬的味道，获得对柠檬的感性经验。

3. 引导幼儿从多角度观察事物

客观事物各有各的姿态，各有各的色彩。人们对事物的认识会因为观察角度的差异而发生变化，3～6岁幼儿自我中心的思维特点较为突出，认识事物的角度会更加狭隘和片面，要形成对观察对象科学、全面的认识，除了调动各种感官参与观察活动外，还要引导幼儿从多种角度观察事物。引导幼儿对观察对象先有一个整体、大致的认识，先了解观察对象的全貌，再着重观察它的主要方面，接着观察值得注意的细节，最后注意观察各个部分和各种现象之间的联系，使幼儿对观察的事物有一个比较完整、清晰的认识。在静态和动态条件下进行观察也有不同的判断，教师为幼儿提供条件，让幼儿观察事物的静态和动态。事物的静态比较容易观察，能观察得较细致；而事物的动态，能使幼儿观察到对象动态过程中的变化。一般在观察动物时，两种观察可以结合进行。

4. 指导幼儿学习观察方法

幼儿观察事物较笼统，不够精确，重要原因就在于幼儿缺乏观察的方法，主要是凭借主观感受来进行。授人以鱼不如授人以渔，越是复杂的事物越需要有严谨的观察步骤。在组织幼儿观察过程中，我们要根据观察对象的特点，有目的、有计划地教给幼儿一些最基本的观察方法。在幼儿阶段，主要是学习顺序观察法、比较观察法和典型特征观察法。

顺序观察法，就是根据观察对象外部结构的特点，有顺序地进行观察，如从上到下或从下到上，从左到右或从右到左，从整体到局部或从局部到整体，从明显特征到不明显特征，从外到里等有顺序、有层次地细心观察，使幼儿对观察对象有整体的、较全面的认识。比较观察法是同时观察两种或两种以上的事物，对相似事物中的不同因素、不同事物中的相同因素进行对照和辨别的一种方法。典型特征观察法是从事物的明显特征入手，然后再引导幼儿对事物的全部进行观察的一种方法。例如，认识刺猬，刺猬的典型特征是除肚子外全身长有硬刺，当它遇到危险时会卷成一团，变成有刺的球。

5. 指导幼儿学习做观察记录

幼儿思维是具体形象的，抽象概括能力、记忆力和语言表达能力较弱，记录观察信息，能使幼儿关注探究过程和事物的变化，把抽象的信息变为具体的图表，有助于幼儿在尊重客观事实的基础上得出结论。教师应该根据幼儿的年龄特点，提供合适的观察记录表，引导幼儿用图文的方式把观察过程记录下来，帮助幼儿分析观察过程，理解观察结果。

二、实验法

（一）实验的含义

实验是指在人工控制现象发生的条件下，对现象进行感知和测量的方法，它是科学实践的重要形式，是获取信息和检验理论的基本手段。学前儿童科学教育中的实验方法是在人为控制条件下，教师或幼儿利用一些材料、仪器或设备，通过简单演示或操作，对周围常见的科学现象加以验证的一种方法。实验的操作和演示过程是简便易行的，带有游戏的性质。实验能帮助幼儿理解一些简单的科学现象和知识，培养幼儿对科学的兴趣和求知欲望。在实验过程中，能充分调动幼儿学习科学的积极性、主动性。同时，通过实验，也能培养幼儿的动手操作能力，并且让幼儿体验到科学探究的本质。由于实验是在教师创设的特定条件下进行的，因而可以弥补在自然条件下观察的局限性。幼儿科学教育中的实验与成人科学实验不同，有其自身的特点：

第一，实验用的材料简单易收集，不要求像成人的实验那样，利用很正规和精密的仪器；

第二，重复前人的实验，不要求有新的科学发现，往往是一些有关事物明显的、表面的因果关系；

第三，实验内容和操作方法以及对变量的操纵与控制比较简单，幼儿在较短时间内就能看到实验结果；

第四，实验常采用游戏的形式，幼儿是在有趣味的活动中，生动活泼地进行科学的探索。

（二）实验的类型

根据实验的不同目的，实验方法可以分为两种：探索性实验和验证性实验。探索性实验是指人们根据一定的目的，创造一定的条件，探索前所未知的自然现象或物质性质的实验。其特点是，在实验前人们对研究对象并不了解。验证性实验是指对研究对象有了一定的了解，并形成了一定认识或提出了某种假说，为验证这种认识或假说是否正确而进行的一种实验。

在学前儿童科学教育过程中，大多数实验属于验证性实验。只是从幼儿年龄特点、认知水平来看，虽然幼儿进行的大多数是验证性实验，但是他们对实验内容并不了解，是社会已知但对幼儿来说却是前所未知的内容，因此，也可以把它认为是探索性实验。

根据实验过程中的实际操作者，可以把实验分为教师演示实验和幼儿操作实验两种。结合实际，教师演示实验并"不符合幼儿自主建构知识的原理"，但是在科学教育中教师演示实验是有必要的，需要在实践中灵活运用，反对以教师演示实验替代幼儿操作实验。

教师演示实验是指由教师操作实验的全过程，幼儿观察实验的过程、现象、变化和结果的一种形式。根据实验内容不同，教师演示实验的运用也有不同，比较多见的是先由教师进行演示实验，让幼儿观察实验，并提出需要幼儿思考的问题，然后再由幼儿进行实验操作。教师演示实验就成了幼儿实验前的示范。

幼儿操作实验是由幼儿亲自动手操作并参加实验的全过程。主要用于操作比较容易、简单、带有游戏性质的实验。幼儿自己动手操作，充分摆弄材料、仪器，充分观察实验过程中的现象和变化，还可以反复操作，多次尝试，满足幼儿的好奇心和探索的欲望，幼儿在实验过程中学习和掌握了一些简单实验的方法，如测定方法、实验条件控制的方法、记录方法等，并且学习了将实验得到的感性材料经过分析、抽象去得出结论。因此，在条件许可的情况下，应尽可能让幼儿有实验操作的机会。

（三）实验活动的指导

1. 为幼儿的操作实验提供必要的用具、材料和操作时间

幼儿的思维特点是具体形象的，他们对于周围物质世界的认识依赖自己的感性经验，他们需要通过对材料的操作和探索建构知识体系。教师要为儿童提供充足、多样的材料，幼儿的操作材料应当简单、环保，便于操作使用。例如，在"沉浮"的实验中，教师为每组的幼儿（4～5人）准备一个盛水的容器，又为每个幼儿准备一份有各种材料（木块、塑料、铁块、玻璃等）的材料包。满足每个幼儿探索的需求，切实参与到实验中。实验结果的变化需要时间，不同的操作步骤可以导致不同的结果。充分的时间能保证幼儿反复进行实验活动，并在操作过程中探究、发现、提出问题，自己找出问题的答案。因此，在实验过程中，教师要灵活把控实验时间，保证幼儿能充分进行探索。

2. 指导幼儿使用工具和材料并学习操作技能

幼儿精细动作的发展尚未完善，对于实验工具的操作和使用能力较弱，缺乏灵活性。对于材料的特性把握不足，较难判断材料的使用量。尽管幼儿的操作实验一般都较简单且有趣，但在实验中的某些环节，或在某些材料的使用上，幼儿仍会遇到不同的困难。因此，需要教师根据实验内容的难度和个体差异，给予不同程度的

指导。例如，指导幼儿使用玻璃器皿，需要轻拿轻放，倒取液体的时候需要控制手的力量保持平衡。在实验过程中，还应引导幼儿通过观察，注意实验材料、方法、操作过程中的变化和实验结果，使幼儿既能了解实验结果，又能学习实验方法。

3. 明确实验规则，注意安全卫生问题

幼儿的人身安全是开展科学活动的前提条件，实验规则对于保证幼儿实验成功起了重要作用。在实验开始前，教师要清楚介绍实验规则，指导幼儿安全使用实验工具和材料，保证幼儿操作的安全性。如果有的活动不适宜幼儿操作，则改由教师演示实验，以保证幼儿的安全。实验初期，教师应经常给幼儿提示实验的过程以及实验操作应注意的事项。在实验过程中，保持实验环境的干净整洁，养成良好的卫生习惯也是必不可少的要求。

（四）教师演示实验的注意事项

教师演示实验在具体的操作中，有多种方式，如教师示范、教师与幼儿合作示范等。

1. 开展预备性实验

实验过程中的变量是多样的，要保证正式实验能按照教师的预设有序开展，必须进行预备性实验，才能有效把控实验时间、检验实验仪器和材料的情况，避免活动时发生意外而影响实验效果。针对预备性实验过程中出现的问题进行调整，同时通过预备性实验预测幼儿开展实验过程中可能出现的问题，并考虑如何解决。

2. 保证每个幼儿看清演示过程

教师的实验演示是掌握实验操作方法的重要途径，教师开展实验演示前需要充分考虑能否保证每个幼儿清晰地看到教师的演示。因此，教师实验演示的位置、实验仪器的大小与摆放、幼儿座位的安排等都要便于幼儿观察，以保证每个幼儿都能看清教师演示的步骤及操作过程中出现的特性及变化。根据幼儿的年龄特点，要随着实验的进程逐步出示仪器、材料，不要一下就把仪器材料全部出示，以免分散幼儿的注意力。

3. 演示与讲解、提问紧密配合

实验过程中脱离不了教师操作步骤的演示，演示过程中教师的操作和实验对象变化是无声的，幼儿思维是具体形象的，抽象概括能力较弱，在实验过程中需要借助语言帮助幼儿感知和理解实验过程的变化。同时，语言的刺激能有效激发幼儿的关注，维持幼儿的注意力。教师的演示与讲解、提问要紧密配合，教师在演示时需要做到：动作熟练，操作速度慢，而且规范，在实验效果上做到现象明显，使幼儿能较清晰地看到实验的结果。教师应边演示边讲解和提问，启发幼儿在观察和思考的基础上回答问题，理解知识。讲解一定要简明，提问要富有启发性，例如，在"沉与浮"的实验中，教师这样问幼儿："发生洪灾时，我们人会沉到水里，可以想什么办法不让自己沉下去？"通过对不同物体的沉与浮的观察，启发幼儿联系生活实际进行探索。

 案例 3-5

科学小实验：魔法变色花

活动目标

1. 对探索花朵颜色的变化充满好奇和想象。

2. 知道植物的茎是植物的营养器官，运输养料到植物的各个部分。

活动准备

两枝浅色带茎的花，相同的透明瓶 2 个，蓝色墨水。

实验操作

1. 在两个透明瓶内注入相同量的水，在其中一个透明瓶内滴入几滴蓝色墨水。

2. 将两支花分别放入透明瓶内，几天后观察花朵颜色的变化。

指导建议

1. 提供给幼儿的花朵颜色尽量是浅色的。

2. 注意引导幼儿每天观察茎及花朵的变化，并做好记录。

拓展与替代

可在自然角用芹菜、香菜等易观察的植物做实验，引导幼儿观察并记录。

三、种植与饲养法

（一）种植与饲养的含义

种植是栽培植物，而饲养则是指喂养动物。学前儿童科学教育中的种植方法是指幼儿在园地、自然角（或用泥盆、木箱等）种植花卉、蔬菜和农作物等的活动。学前儿童科学教育中的饲养方法是指幼儿在饲养角喂养和照管习性温顺的动物的活动。

种植与饲养的方法既是学前儿童科学教育的方法，也是幼儿喜爱的活动。在种植与饲养的过程中，幼儿对对象进行观察、分类、比较、记录……促进了幼儿认知能力的发展，并学习了一些简单的劳动技能，培养了幼儿手脑并用的能力。因为儿童年龄小，种植、饲养的技能不同，教师应帮助幼儿选择合适的内容，同时鼓励幼儿自主探究。使幼儿在亲身体验的过程中由浅入深地了解事物，充分发挥想象力和创造力。而且，通过种植与饲养培养幼儿爱护动植物，关爱生命的心理。

（二）种植与饲养的类型

1. 常见植物的栽培管理

常见植物的栽培管理主要包括：常见植物的播种、管理、收获等内容，如参加选种、浸种、移栽、浇水、松土、除草、追肥，收获、留种等工作。

（1）水养植物。水养植物就是把植物的一部分浸泡在水里，在短期内，它便会萌发、生根、长茎叶，甚至开花。水养生物主要有以下品种。

①种子：蚕豆、绿豆、红豆、扁豆、花生、芝麻、蓖麻、西瓜籽、丝瓜籽、南瓜籽、水稻、小麦、谷子、玉米等。

②蔬菜：油菜心、白菜心、黄芽菜心、卷心菜心、芹菜、萝卜、土豆、大蒜、洋葱、芋艿、慈姑等。

③树枝：杨树、柳树、悬铃木、松树、水杉等。

④花卉：菊花、月季花、迎春花、白玉兰、水仙花、蔷薇花等。

（2）盆栽与园地植物。盆栽植物是指在泥盆里、园地放置湿润的、富有养料的泥土，然后下种或扦插。

（3）无土栽培。无土栽培也是水养植物的一类。普通的水养植物，是把植物的根放在一般的水里；无土栽培，是为了更好地控制给植物的养料，将植物生长需要的各种营养成分，按植物生长所需的比例进行搭配并制成溶液，在容器中放入一些洁净的玻璃球或沙子，然后将植物栽培在溶液中，这样能保证植物生长所需的营养。无土栽培能使幼儿观察到植物生长的全过程。

（4）温室技术。植物的生长离不开一定的光照、气温和营养。在自然状态下，植物生长所需的最佳要求有时很难达到，而且不容易控制。在现代种植技术中，人们利用了温室技术。温室一般有透明的屋顶，可以接受充足的阳光。由于温室是密封的，能使温度保持在一个较高的水平，并可以使用人工装置调节温度。通过这些措施，可以使室内生长的植物基本不受外界自然条件的影响，而较快、较好地生长。在幼儿园里，也可以搭建简单的温室，如用塑料薄膜搭建的"小小温室"，在天气比较冷的时候，让幼儿在"温室"内外种植相同的植物，比较种植效果。

2. 常见动物的饲养管理

常见动物的饲养管理主要包括：帮助收集饲料、喂养、管理，学习简单的饲养技能，并观察小动物的外形特征、动作和生活习性，培养爱护小动物的感情。例如，饲养乌龟、小鸟、金鱼等。

（1）家禽。家禽身体比较小，也比较温顺，深受幼儿喜爱，而且养起来比较容易，不易死亡。家禽包括鸡、鸭、鹅，比较起来，饲养鸡是最简单的一种。

（2）家畜。家畜各有不同，在幼儿园里比较适合饲养小兔、豚鼠、猫等。虽然小兔的饲养比较难，对饲料要求比较高，但是因其外形可爱而深受幼儿的青睐。

（3）鸟。鸟是幼儿园经常饲养的一种动物，由于小鸟的叫声清脆好听，形象可爱，幼儿也十分喜欢饲养。幼儿园经常饲养的鸟有鹦鹉、飞雀、鸽子等。

（4）昆虫。昆虫是幼儿最喜欢的动物之一，世界上有许多种昆虫，虽然幼儿不能叫出它们的名称，但凡是看到昆虫，幼儿总会研究一番。蝈蝈、蚕、七星瓢虫、知了、蚂蚁、蟋蟀等都是幼儿园经常饲养的昆虫。

（5）水生动物。水中饲养的鱼、龟、虾、蟹、泥鳅、蝌蚪等都是幼儿观察的对象，这些在水中生活的动物，比较容易饲养，有的甚至可以一段时间不进食也不会死亡。所以，除了虾比较难存活一些，其他动物是非常适合幼儿饲养的。

（三）种植与饲养活动的指导

1. 选择合适的内容

幼儿年龄小，种植、饲养技能差，因此，要根据幼儿的年龄特征以及动植物本身的特点选择种植、饲养的内容。具体来说，在选择种植的植物时，应选择一些易生长、易照顾，对种植的土质肥料要求不高、生长周期相对较短，容易观察到不同阶段变化的植物。对于小班幼儿，比较适宜的植物是较大粒的种子，如扁豆、玉米、牵牛花籽等。中、大班幼儿除了可以种植较大粒的种子以外，也可以种植一些颗粒相对较小的种子，如蚕豆、豌豆、蓖麻，还可以以植株的方式进行种植。

在选择饲养的动物时，应选择一些比较温顺、对饲料要求不高，不易死亡，而且对幼儿没有伤害（包括不会传染病菌）的小动物。例如，金鱼、小蝌蚪、蚕、兔子等。

2. 种植、饲养的过程应和幼儿的认识活动相结合

在科学教育中运用种植与饲养方法主要是为了学习科学。因此，在活动过程中要注意结合种植与饲养过程，指导幼儿观察对象及种植与饲养的工具。例如，在饲养蚕的过程中，指导幼儿观察蚕的外形特征、生活习性、生长过程等，观察蚕是怎么进食桑叶的，是怎么行进的，又是怎么蜕皮的……同时，还应让幼儿认识桑叶的主要特征，了解桑叶与其他树叶的不同之处。又如，在种植花卉时，指导幼儿认识使用的工具与种植的器皿小铲和花盆，让幼儿了解花盆底为什么有个小洞，尝试一下，如果花盆底没有洞，植物会怎样，以此使幼儿的认识更全面、更完整。教师要利用各种机会，因势利导，帮助幼儿扩大知识面，满足好奇心，鼓励思考，发展求知欲，提高认知水平。

3. 鼓励幼儿的自主探究

幼儿是饲养动物的主人，应坚持以幼儿为主的种植、饲养。教师教给幼儿种植与饲养的方法和技能，进行观察和记录，切记不能包办替代。幼儿只有自己动手实践，才能在操作中感受到自己的力量。遇到困难时，教师要引导幼儿克服困难，培养幼儿的责任感，这样才能使整个过程成为幼儿亲身体验的过程，让幼儿由浅入深地了解事物，充分发挥想象力和创造力。

4. 爱护动植物，关爱生命

在种植与饲养活动中，幼儿是通过与动植物的亲密接触获得对对象的了解的，

这本身就是生命教育的过程。学前儿童科学教育要培养幼儿热爱动植物、热爱自然的种子，产生关爱生命的情感。在饲养活动中，可以通过照顾小动物的过程，让幼儿了解动物也是有生命的，培养幼儿形成"动物是人类的朋友，地球是人类和动物共同的家，人和动物要和谐生存，就要从关爱动物做起"的意识，激发幼儿关爱动物的情感，产生保护动物的行为。

在具体的种植与饲养活动过程中，由于幼儿年龄小，无论是心理特点还是手眼协调，抑或是控制手部力量的能力来看，都会发生无意伤害动植物的行为。例如，在给植物拔草的时候不小心把植物也拔掉了；又如，本想轻轻地抚摸一下小动物，结果因为抱得太紧把小动物弄疼了。

 案例 3-6

中班科学活动：蚕宝宝养成记

南瓜班的小朋友从小班到大班养过很多次蚕宝宝，但是从来没有非常仔细地了解过它们，这次小朋友向老师提议，要给蚕宝宝做一次成长日记！

蚕宝宝刚来南瓜班的时候特别小，黑黑的像芝麻一样，一片桑叶它们能吃很久。

自由活动时间小朋友都很喜欢去看蚕宝宝，因为他们的拥挤和"过度喜爱"使一些蚕宝宝受伤了，所以他们决定制定"班级养蚕公约"。

因为要想养好蚕宝宝，首先必须了解它们，所以小朋友回家和爸爸妈妈一起做足了功课，将收集来的资料和班级小朋友一起分享。

蚕宝宝在不经意间长大了，原来的"屋子"变得有些拥挤了，他们决定每个小组给蚕宝宝设计一个美丽可爱的家，进行分组饲养。

周末，蚕宝宝单独待在教室让小朋友很是担心，所以小组选出了每周的"养育之星"，可以把蚕宝宝带回家，他们都觉得周末能把蚕宝宝带回家是件令人兴奋的事情！

蚕宝宝长大了，它的身上长出了很多花纹，小脚也变大了，小朋友利用放大镜仔细观察它们，并进行记录。

蚕宝宝的"食量"越来越大了，为了给它们提供新鲜充足的桑叶，他们每天都会缠着爸爸妈妈一起去给蚕宝宝找食物。

今天他们测量了身高和体重，他们也想给蚕宝宝测量一下，看看它们有多长，对比之前长长了多少呢？

哇！他们的蚕宝宝开始结茧啦！有不同颜色的茧，他们还给它们搭建了方便结茧的架子呢。

小朋友身上穿的有种叫丝绸的面料就是用蚕茧做成的，按照古老的抽丝剥茧方法，小朋友抽出了第一根金色的蚕丝。

有蛾子从蚕茧里出来了，小朋友都不敢相信，这是原来养的蚕宝宝，它们长出了小翅膀和触须。

在饲养过程中发生了一件令人难过的事情，蛾子留下了它们的小宝宝死去了，小朋友把蛾子放在院子里埋葬了。

四、分类与测量

（一）分类

分类亦称"归类"，是指将一组物体按照特定的标准进行分类的过程。属性相同的各种事物共同组成的一个群集称为"类"，如鸭子、公鸡等可统称为"家禽"，家禽就代表事物的一个类别。客观事物是互相联系的，它们之间存在着不同关系，其中一种关系就是类别关系。

学前儿童科学教育中分类的方法，是指幼儿把具有某一个或几个共同特征的物体聚集在一起，以学习科学的一种方法。分类建立在观察的基础上，根据观察结果对物体进行分析、抽象、概括，形成概念，进行分类。对于地球上的事物人类难以用数量具体衡量，通过分类能有效地把繁杂的事物进行划分，有助于我们的认识和理解，分类是获取和分析信息，简化信息有效、经济的方法。幼儿用分类的方法整理自己观察到的东西。在分类过程中，幼儿可以了解多种物体的特性，从而帮助幼儿把周围事物进行抽象与概括，有助于幼儿探索事物之间的联系和关系，使认识活动类化、简化。

1. 分类类型

在学前儿童科学教育中，常用的分类类型有挑选分类、根据特定的标准分类、根据自己确定的标准分类等三种。这些分类类型对幼儿认知水平的要求是不同的，在不同的年龄阶段、不同的活动中，可以采用不同的分类类型。

（1）挑选分类。挑选分类是指从许多物体中将具有某一种（或几种）共同特征的物体挑选出来，成为一类，一般用于小班。例如，从许多绿豆中挑选出"红豆"、"从许多夏天的衣物中挑出冬天的衣服"。

（2）根据特定的标准分类。根据特定的标准分类是指幼儿根据活动的特定要求学习分类。一般依据的要求有：

物体的外部特征，如大小、厚薄、形状，颜色等；

物体的材料，如木制品、针织品、塑料制品、纸类等；

物体的用途，如餐具、学习用品、交通工具等；

事物之间的联系，如医院和医生，球拍和球等。

（3）根据自己确定的标准分类。根据自己确定的标准分类是指幼儿灵活根据物体的各种特征和自然属性确定分类标准进行分类。如分花朵，幼儿自己设立分类标准，或按颜色分，或按长短分，或按种类分……

2. 分类活动的指导要点

（1）提供幼儿充分摆弄和操作材料的机会。

（2）提供幼儿充分的感知材料，引导幼儿细致观察，在观察的基础上进行分类。

（3）帮助幼儿明确分类的标准并鼓励幼儿自己确立分类标准。

（二）测量

测量是指用量具或仪器测定物体的尺寸、角度、几何形状或表面相互位置的过程的总称，也包括用仪表来测定各种物理量的过程。通过测量认识事物或事件的量化信息，对不同事物或事件进行比较。幼儿园中常用的测量内容有：大小、长度、高度、体积、容量、温度、轻重。

1. 测量的类型

（1）观察测量。观察测量是指通过眼睛、手等感官观察来测量物体。例如，通过目测（眼睛）来测量物体的大小、粗细、长短等；通过手来测量水的温度；用手掂量物体的轻重等。观察测量依赖人的感官为主，但是感官的测量不够精确，对于差异较小的事物进行对比，幼儿难以进行区分。

（2）非正式量具测量。非正式量具测量也称"自然测量"，指不采用通用、标准的量具，而是运用一些自然物，如木棍、积木、绳子、手指、手臂、步长等作为量具，对物体进行直接测量的方法。在幼儿阶段，由于幼儿年龄小，对掌握标准的计量单位有困难，所以较多地用非正式量具进行测量。尽管测量工具不是严格的标尺，在测量过程中也要把正确的测量方式教给幼儿。

（3）正式量具测量。正式量具测量是指以通用的标准量具对物体进行测量。适合幼儿使用的测量工具主要有尺、天平、温度计、钟表、秤等。

2. 学前儿童科学教育测量活动的指导要点

学前儿童科学教育中的测量包括以下几方面的内容：测量物体的长度、高低、粗细、厚薄、宽窄，测量物体的轻重，测量物体的温度等。进行测量活动，重在培养幼儿的测量意识。学前儿童的测量活动并非让幼儿进行"标准化"的测量，而是通过测量的方式认识周围事物，了解不同事物的区别与联系。因此，要鼓励幼儿以自己的方式进行自然测量。

（1）教给幼儿学习运用科学测量的方法。无论是用非正式量具进行测量还是用正式量具进行测量，幼儿都需要学习正确的测量方法，培养科学测量的意识与习惯。由于测量技能本身的要求，幼儿对于测量的方法、技能还难以掌握，因此，需要教师给予方法指导。

（2）在用正式量具测量时，量具要精确。正式量具之所以称为"正式"，是因为它的精确性。但幼儿用的量具要经常进行校正，才能保证它的标准性，如天平等。教师不能以幼儿年龄小，还不完全识别计量单位为借口，而让幼儿使用不精确的量具。

（3）教给幼儿记录测量结果的常用方法。测量过程中涉及计数，通过记录能及时、有效地记录测量过程，幼儿常用的记录方法有图画记录和表格记录，以形象、生动的方式帮助幼儿进行理解。

 案例 3-7

自然测量之旅：篮球场的奥秘

活动目标

1. 乐意用测量的方法解决生活中的问题，对运用不同的测量工具进行测量感兴趣。

2. 学习自然测量的正确方法，初步认识测量工具和测量结果的关系。

3. 能灵活运用不同的测量工具进行正确测量。

活动准备

篮球、雪糕筒、绳子、积木、彩色笔、书、呼啦圈等。

活动过程

1. 幼儿对如何测量篮球场进行讨论，确定测量的内容和测量工具，制定观察表格。

2. 幼儿自主选择不同的测量工具（脚印、双手、篮球、雪糕筒、绳子、积木、笔、彩色书、呼啦圈等）进行测量，进行观察记录。

3. 教师根据幼儿自由测量的结果进行总结与点评，介绍自然测量的正确方法。

4. 幼儿再次运用自由测量中使用的测量工具进行再次测量，对测量结果进行对比。

5. 选择新的测量工具进行测量，感受不同的测量工具和测量结果之间的关系。

6. 教师组织分享会，让幼儿分享测量过程和结果。

7. 教师进行总结：引导幼儿理解测量单位越小，测量的物体中包含的单位数量就越多。

活动延伸

幼儿回家后对家里的各种物体自由选择测量工具进行测量，填写测量记录表，回到幼儿园后与老师与小朋友进行分享。

五、科学游戏

学前儿童科学游戏，是指运用自然物质材料，包括水、石、沙、土、竹、木、树叶、贝壳、果实等和有关的图片、玩具、科技产品等，把科学知识蕴含在游戏中，是一种教育性和游戏性相结合的活动，能激发幼儿浓厚的学习兴趣，形成初步的科学经验。

（一）科学游戏的类型

学前儿童科学游戏内容丰富、有趣，按照活动类型可分为以下几个类型。

（1）感知游戏：幼儿充分运用感觉器官，多角度感知，认识自然物体的自然属性和功能。

（2）操作性游戏：根据游戏规则，幼儿通过操作玩具或实物材料，获得科学经验与技能，包含分类、排序、配对等游戏。

（3）情景性游戏：根据幼儿学习的需要，创设游戏情境，在情境中让幼儿观察、思考，积累科学知识。

（4）运动性游戏：寓科学教育内容于体育运动的游戏，通过身体的活动，挖掘其中的科学知识，促进幼儿的学习。

（5）竞赛游戏：以发展幼儿思维敏捷性和灵活性为特点，以竞赛判别输赢的游戏。竞赛游戏适合在中、大班开展，能够满足幼儿日益增长的求知欲和好胜心。

（6）智力游戏：运用科学与数学知识的结合促进幼儿智力发展、掌握科学知识。

（二）科学游戏的选编与指导

（1）科学游戏的科学性。教师在为幼儿选择，或者创编科学游戏时，要保证游戏内容知识是准确的，符合科学教育的目的。

（2）科学游戏的趣味性。科学游戏的趣味性是指科学游戏能有效激发幼儿学习兴趣，具有趣味性。其内容要有趣、开展形式要有趣，能给幼儿带来快乐。

（3）科学游戏的活动性。科学游戏的活动性是指游戏的结构应该是幼儿的探索过程，在活动中发展学习科学知识，让幼儿在做中学、学中做。

（4）科学游戏的规则性。科学游戏是一种规则游戏，在设计游戏时，要考虑幼儿的年龄特点，其规则应简便易行，帮助幼儿理解规则，保证游戏的顺利开展。

案例 3-8

小班科学游戏：有趣的多米诺骨牌

设计意图

根据《3—6 岁儿童学习与发展指南》：科学、真诚地接纳幼儿多方面的探索行为，鼓励幼儿积极动手操作，进行重复性的游戏动作。小班幼儿的年龄特点决定了他们喜欢重复单一的游戏动作，在游戏中，积极思考、动手操作。在反复游戏的过程中不仅锻炼幼儿的手眼协调能力，充分发挥其思维和想象能力，在动手动脑的过程中体验操作成功的成就感，获得游戏乐趣，发展幼儿的综合能力。

活动目标

1.在生活中找寻不同物品进行游戏。

2.在不断地重复搭建和推倒的过程中，锻炼幼儿的耐心。

3.通过游戏活动，体验游戏的乐趣，帮助幼儿获得成就感。

活动准备

若干包面巾纸；若干大小相近的书、积木；其他可以玩的物品。

游戏过程

1.寻找合适的游戏材料。

2.教师展现棋牌的多米诺骨牌效应。

3.幼儿自由探索不同物品如何实现多米诺骨牌效应。

4.幼儿分享游戏过程。

活动延伸

幼儿回家后寻找不同的游戏材料和爸爸妈妈继续进行游戏。

六、科学信息交流

科学信息交流是指幼儿将获得的有关周围环境的信息，以语言的或非语言的形式进行表达和交流。幼儿在感知与体验过程中，获得的大量关于客观世界的丰富信息，以及他们的感受，需要通过各种方式（图画、手势、语言等）向身边的同伴、家长、教师进行表达与交流，提出自己的困惑。通过科学信息交流，使幼儿感知周围世界的第一印象在脑中形成的表象，又通过语言或其他方式表现出来，这样不仅使幼儿对事物的理解更清晰，也有助于幼儿语言的发展；既促进了幼儿与幼儿之间的交往，又促进了师幼之间进行有效沟通，使教师能及时了解幼儿的学习情况，也使教学及时得到反馈。

（一）科学信息交流的类型

1. 语言方式

科学信息交流中的语言方式包括描述和讨论。描述是指在教师的指导下，幼儿用语言向同伴或成人讲述自己在科学探索中的发现、质疑等。由于语言发展和知识经验存在局限性，小班幼儿在交流时多用描述的方式。讨论是指幼儿与幼儿、幼儿与成人之间通过口头语言，表达、交流自己在科学探索中的发现。讨论应以描述为基础，幼儿不但可以向教师和同伴表述自己的各种发现、疑问和想法，还可以交流自己使用的科学探索的方法以及在科学探索过程中感受到的情绪体验等。

2. 非语言方式

科学信息交流中的非语言方式包括图像记录、手势、动作、表情等。图像记录指幼儿在对周围事物进行观察后，用各种不同的方式（数字、表格、绘画等）记录下他们的发现、认识、感受与体验。因其需要具有一定的绘画技能，所以主要在中、大班进行。手势、动作，表情也是科学信息交流的非语言方式。当幼儿在科学探索中遇到一些难以用语言表达的物体或现象，或情绪高涨时，常常用手势、动作、表情等来进行交流，作为语言的补充。

（二）科学信息交流的指导要点

1. 语言方式的指导

给予幼儿充分的描述和讨论的机会，及时鼓励幼儿用语言表达获得的信息。教师可以通过参与交流和讨论或做一名忠实听众的方式引导幼儿进行交流。

指导幼儿学习用简单明确的语言表达、描述有关的科学发现。在交流过程中培养幼儿在理解词意的基础上正确运用词语，培养幼儿正确的发音和良好的口语表达能力。

2．图像记录方式的指导

图像记录要在幼儿获得大量感性经验的基础上进行。教师在幼儿对周围环境进行观察时，应引导他们用各种不同的方式记录下探究的过程、发现以及感受和体验，这是幼儿得出探究结论、分享和交流的基础。这样才能使幼儿的图像记录真实，丰富。

图像记录的形式多种多样，既可以是连续的，也可以是对单独、个别观察的记录；既可以用表格、数字的形式记录，也可以用符号、图形、曲线等形式记录；既可用纸笔记录，也可用印章、粘贴等记录。需要注意的是，在幼儿做记录之后，应让幼儿说明记录的内容，教师可以在幼儿的图像记录上做简短的文字说明，以使记录更加明白易懂，具有保存、研究的价值。

七、科技小制作

科技制作是指幼儿利用一定的材料和工具，通过实际操作，完成某种实物制品的方法。它是对学前儿童开展技术教育的重要方法。随着技术教育在幼儿园越来越受到重视，科技制作活动的开展也越来越普遍。

科技制作能使幼儿获得对技术的直接体验，他们亲历"技术设计"的过程，对技术的本质也有了初步体验。在科技制作活动中，幼儿可以获得一些具体的制作和操作技巧，培养自己的操作技能；还能加深幼儿对有关科学现象的理解。

（一）科技制作活动的类型

科技制作活动可以具体地划分为两种活动：使用科技产品或工具的活动和科技小制作活动。

1．使用科技产品或工具的活动

使用科技产品或工具的活动的主要目的是引导幼儿学习现代科技产品的操作方法或日常生活用品、常见工具的使用方法。其活动模式通常为"观察—尝试操作—交流讨论正确操作"。活动中，教师一般不做演示操作，只是帮助幼儿分析错误操作的原因，总结正确的操作。

2．科技小制作活动

科技小制作活动的主要目的是通过幼儿的制作活动进一步发现科学现象，体验其中蕴含的道理，同时掌握制作的技巧。其活动模式通常为"演示—操作—交流讨论—展示分享"。对于幼儿自己设计的制作活动，不需要教师的分步演示讲解，而要求幼儿按照一定程序规范进行的操作则需要采用分步演示讲解的方法。

（二）科技制作的指导要点

1．为儿童提供适当的制作材料

这里的制作材料既指制作的原材料，也指制作中必需的或可能需要的工具。需要注意的是，制作的原材料应尽量为半成品且具有选择性，即使有的材料看似没有用处，也可能激发儿童的创造性运用，因而应该适当提供。

2．使儿童明确科技制作的目标、方法和评价标准

在科技制作活动中，教师可以通过出示、演示制作的成品，让儿童明确制作的目标和评价标准，知道自己要做什么；教师也可以向儿童讲解或演示制作的步骤和方法，让儿童知道怎样做。不过，教师的演示不能替代儿童自己的操作。

3．要让儿童自己探索制作的方法和技巧

在科技制作活动中，要给儿童主动探索的空间，即要让儿童自己去尝试，通过个人经验（即使是失败的经验）来学习，而不是向幼儿灌输技能、技巧。

 案例3-9

中班科学活动"自制管乐器"

所需材料

PVC管（钻8个孔）、塑料瓶（瓶底和瓶盖钻好孔）、吸管、透明胶、剪刀。

制作步骤

1. 将PVC管从瓶口（孔内）插入直到穿过瓶底的孔；

2. 将塑料袋封住瓶底，并用透明胶将其四周密封固定；

3. 将吸管插入瓶子侧边孔中，对着吸管一头吹气。

科学原理

当对着吸管吹气时，气流经过塑料袋和PVC管口振动而发出声音。

学前儿童科学教育方法种类多样，学无定法，没有"最好"的方法，只有"最合适"的方法，教师需要根据科学教育的目标和内容、幼儿园的客观条件和儿童的认知发展特点选择教育方法。

科学小实验：
吸管搬运工

拓展阅读

国外学前儿童科学教育标准

（一）日本

1989 年，日本修订并颁布的《幼儿园教育大纲》，在该文件中列出的目标有三个方面：

（1）让儿童熟悉周围环境，在与大自然的接触中，培养对各种事物和现象的关心与兴趣；

（2）让儿童自主地同周围环境发生联系，能从中有所发现和思考，并应用到生活中；

（3）在观察、思考和处理周围事物与现象中，丰富儿童对物质的性质、数量、文字等的认识。

（二）英国

英国从 2000 年 9 月开始实施的《基础阶段教育 (3—5 岁) 课程指南》中，共提出了六个学习领域，分别是：个性、社会性和情绪发展，交流语言和读写，数学发展，认识和理解周围世界，身体发展，创造性发展。如"认识和理解周围世界"中的发展目标，其中又包括六方面具体内容：

1. 探索和调查的早期学习目标

（1）运用面部表情、身体动作及声音表示出好奇和兴趣。

表现出对物体的好奇心，观察、摆弄物体；描述物体及事件的简单特征；仔细观察物体和生物，以便发现更多的信息；用各种感知觉去探究物体和材料；观察生物、物体、事件的特征，建立各特征之间的联系。

（2）探究物体。

表现出对事物的发生机制及工作机制的兴趣；根据某一特征对物体进行分类；讨论看到过的事情和正在发生的事情；认识、评价自己的行为方式；注意到变化；仔细观察物体的相同点、不同点、结构及发生的变化；对新事物为什么发生及工作机制提问。

2. 设计及制作技巧的早期学习目标

探索结构性材料：认识到工具可以根据自己的目的来使用；连接物体的各部分去建构，并保持建构物的平衡；开始试着使用一定的工具，了解使用安全问题；利用各种材料，有目的地建构；正确、适当地使用简单的工具和技术；运用多种物体进行建造和建构，选择合适的资源，必要时调整自己的工作；选择所需要的工具和技术去设计、收集、连接他们正在使用的材料。

3. 信息交流技术的早期学习目标

对信息交流技术产生兴趣；知道如何使用简单的设备；在电脑上完成一个简单的程序，及/或在信息交流技术机上实现一个简单的功能；发现并了解技术在日常生活中的应用，运用信息交流技术设计好的玩具来支持自己的学习。

4. 感知时间的早期学习目标

回忆并讨论自己所经历的重大事件；对与自己相似的人的生活表现出兴趣；开始区分过去和现在；认识自己、家人及其他人生活中过去经历的事件和现在发生的事件。

5. 感知环境的早期学习目标

对自己生活的世界表现出兴趣；谈论自己的居住环境和自然界，并就此提出一些问题；注意到当地环境的特点；观察、找出、确认自己的居住地及周围自然界的特征；考察周围环境，谈论自己喜欢和不喜欢的一些特征。

6.文化和信仰的早期学习目标

表达对重要的私人事件的情感；讲述家庭或朋友家的重要事件；意识到他人的文化和信仰；开始认识自己的及他人的文化和信仰。

（资料来源：张俊.幼儿园科学教育 [M].北京：人民教育出版社，2004：81-82，84.）

精准备考

（一）单项选择

1.《幼儿园教育指导纲要（试行）》中的教育目标较多使用"体验""感受""喜欢""乐意"等词汇，这表明幼儿园教育强调（　　　）。

【2015年上半年教师资格证考试】

A.知识取向 　　　　　　　　B.情感态度取向

C.能力取向 　　　　　　　　D.技能取向

2.科学活动中，教师观察到某幼儿能用数字、图表和整理自己观察到的现象，该幼儿最可能的年龄是（　　　）。　　　　【2016年上半年教师资格证考试】

A.6 岁 　　　　　　　　　　B.5 岁

C.4 岁 　　　　　　　　　　D.3 岁

3.教师在区角中投放了多种发声玩具，小班幼儿在摆弄这些玩具时（　　　）。

【2018年上半年教师资格证考试】

A.能概括不同声音产生的条件　　B.对声音产生兴趣，感受不同的声音

C.能描述出玩具是怎么发声的　　D.能描述不同玩具的发声特点

4.按照布鲁姆等人教育目标分类的观点，"了解青蛙的生长发育过程"，属于（　　　）。　　　　　　　　　　　　　　【2019年上半年教师资格证考试】

A.情感目标 　　　　　　　　B.认知目标

C.动作技能目标 　　　　　　D.行为目标

5. 在科学活动"奇妙的气味"中，教师准备了分别装有水、食醋、酱油等液体的瓶子，请幼儿看一看，闻一闻，幼儿在活动中使用了（　　　）方法。

【2021 年上半年教师资格证考试】

A. 实验　　　　　　　　　　B. 参观

C. 观察　　　　　　　　　　D. 讲述

6. 从生活中选择幼儿感兴趣的事物和问题作为教学内容的主要原因是（　　　）。

【2021 年上半年教师资格证考试】

A. 教师容易制作教具　　　　B. 便于教师教

C. 符合家长的希望　　　　　D. 符合幼儿的学习特点

（二）简答题

1. 简述幼儿园科学教育活动的总目标。

2. 简述选择学前儿童科学教育活动内容的原则。

答案与解析

第四单元 学前儿童科学教育活动的设计与组织

学习目标

（一）知识目标

（1）知道学前儿童科学教育活动可分为观察、实验操作、交流讨论、技术制作、游戏等五个类型。

（2）知道五类学前儿童科学教育活动的含义及分类。

（二）能力目标

（1）掌握各类学前儿童科学教育活动的设计方法，并能根据学前儿童的年龄、认知水平等设计恰当的科学教育活动。

（2）能顺利地组织实施学前儿童科学教育活动，并能对学前儿童的科学教育活动进行有效指导。

（三）情感目标

能在学习过程中明白各类科学活动对学前儿童的教育价值，并能在实践中有意识地培养学前儿童的科学探究精神及能力。

思维导图

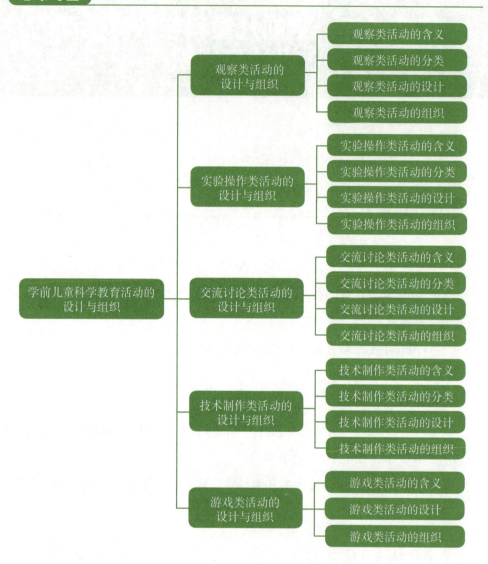

情境导入

阳光下色彩缤纷、漫天飞舞的泡泡，是幼儿十分喜爱的事物，那么吹泡泡的水是什么做的，什么样的水可以做出好玩的泡泡？中一班的小朋友在教师的引导下，开展了一次有趣的科学实验活动"神奇的泡泡"，并填写了自己的研究报告（见图4-1）。

水中加入下列哪种物品可以制作泡泡水?	 猜想	 验证
 盐		
 洗洁精		
 糖		
 沐浴露		
 洗手液		
 洗衣液		

图 4-1　"神奇的泡泡"研究报告

思考:

什么样的科学活动是学前儿童喜闻乐见、乐于参与的? 如何设计和组织、指导学前儿童的乐学教育活动?

知识梳理

要学习设计学前儿童科学教育活动, 首先要根据不同的科学研究方法, 对学前教育中的科学活动进行归纳和分类。一般来说, 我们将学前儿童科学教育活动分为: 观察类活动、实验操作类活动、交流讨论类活动、技术制作类活动、游戏类活动等五种类型。我们需要了解每一类型科学活动的含义及其分类, 并在此基础上针对不同类型的科学活动学习其设计方法, 以及在组织实施不同类型的科学活动时, 应注意的指导要点等, 进而在科学活动的设计与指导过程中, 有意识地培养学前儿童科学探究的精神和态度。

学习了本单元的内容, 我们能较好地掌握不同类型学前儿童科学教育活动的内涵及设计、指导方法, 更好地进行学前儿童科学教育活动。

主题 1　观察类活动的设计与组织

一、观察类活动的含义

观察类活动就是以观察为主要认知手段，让学前儿童探索客观事物、现象的特征，发展儿童的科学认知，培养儿童的科学情感，形成儿童的科学态度，训练儿童的科学方法的一种科学启蒙教育活动。

二、观察类活动的分类

观察类活动一般可分为：一般性（个别物体和现象）观察、比较性观察和长期系统性观察。

（一）一般性（个别物体和现象）观察

一般性观察是指在一定时间内对某一自然事物或自然现象作特定的观察，从而对某一事物的外形特征、生活习性及用途有大致的了解和体会。

（1）观察物体的形状、颜色、大小；

（2）观察个别物体的外部结构和功能及两者之间的关系；

（3）观察个别物体相对的静止状态和运动状态；

（4）观察个别物体的存在与周围世界的关系。

（二）比较性观察

比较性观察：对两种或两种以上的物体或现象进行观察比较，发现并找出它们之间的相同之处与不同之处。

（1）在比较观察中发现自然物和科技产品的相似处与不同处；

（2）要求幼儿学会以两样物体的相应部分和整体性进行比较性观察；

（3）要求幼儿以一种认识过的物体与新的观察对象进行比较性观察；

（4）对两种新的自然物或科技产品进行比较性观察。

（三）长期系统性观察

长期系统性观察是指幼儿对某一自然物或自然现象进行较长时间的观察。它的特点是观察的时间长，对幼儿观察的持久性要求高。一般在引导幼儿观察、探索事物的生长、变化过程时运用。它有益于培养幼儿观察的持久性、兴趣性以及对观察对象的感情。

三种观察联系密切，往往是在幼儿探索周围物质世界过程中联系使用，不可机械分割。

三、观察类活动的设计

（一）活动目标的设计原则

1.要尽量体现行为化和可操作性

所谓活动目标，是指幼儿通过活动应达到的学习结果。这种结果应尽可能用可以观察的行为的形式表现出来，以便根据活动目标的要求设计活动过程，同时也便于对活动的效果加以衡量和评价。

2.要结合活动的具体内容，提出有针对性的目标

幼儿教育的总目标包括三大方面和若干具体内容。一次教学活动，只是实现目标漫长过程中的一步，教师在设计活动目标时，不必也不可能把总目标的所有内容纳入其中；而应该在全面贯彻总目标的前提下，设计针对活动内容特点的目标，突出该活动内容的特色。

3.要结合幼儿的发展水平和具体特点，提出有层次的目标

教师不可能为每个幼儿设计一个目标，但教师应有这样的考虑，即应以不同的目标要求不同的幼儿。在设计目标时，教师也要充分考虑到幼儿的生活经验与发展差异，充分调动幼儿的积极性，发挥其潜能，超越其"最近发展区"而达到下一发展阶段的水平。

4.要具有一定的灵活性，以适应活动过程中可能出现的变化

活动目标不是一个固定不变的框架，而是可以随着活动的开展变动和调整的。

目标是教学活动的行动指南，但不能成为教学活动的束缚。教师预先设计的目标不可能是一个固定的要求，而是应具有相当的灵活性，以适应每个幼儿的个别差异和活动过程中可能出现的变化。

（二）活动材料的选择（结构性与数量）

1. 要考虑材料与活动目标的关系

若是观察的活动就要准备有典型性和代表性的观察对象，必要时还需要提供观察工具；若是分类的活动，则应为幼儿准备分类盒、分类对象，而且分类对象的数量和特征要便于幼儿分类；若是测量的活动，则应准备测量对象和必要的测量工具。只有围绕目标提供材料，才能保证材料在活动中发挥应有的作用。

2. 要考虑材料的结构性

准备材料时除了要考虑活动目标外，也要对材料本身的结构加以考虑。所谓材料的结构性，就是一个或一组材料具有的特征，不同材料之间的联系和关系，材料中蕴含的可探索性、可利用性等。如果材料具有丰富的结构，就能促使幼儿在操作材料的过程中获得更丰富的认识、发现，甚至创造。

3. 要考虑材料的数量

教师在准备材料时，不仅要考虑提供什么材料，还要考虑提供多少材料。只有提供充足的材料数量，才能保证每个幼儿在活动中的操作需要。但是，不同活动对材料数量的要求也不同。有的活动需要提供多样性的材料，但不可能为每个幼儿准备很多，可以采取每组一份材料，组内幼儿相互交换，允许幼儿轮流到各组去进行操作的方法。

（三）活动过程的设计

1. 活动的导入设计

活动的导入设计原则包括明确任务、引起兴趣、简短等，具体有以下几种形式。

（1）幼儿直接操作材料导入。

（2）教师的指令或提问导入。

（3）利用情境表演导入。

（4）环境布置导入。

（5）教师演示现象导入。

（6）通过谜语、儿歌、故事、谈话导入。

2.活动的展开设计

教师活动包括怎样安排幼儿活动，使用什么方法和途径开展活动，如何进行提问和出示教具。总的来说，教师设计的问题应以开放性问题为主，避免限制幼儿的思维。所谓开放性问题，是指问题的答案应具有开放性，而不是固定、唯一的。应该指向幼儿的操作、探索和思考，引发幼儿自由表达自己的想法、发现和经验。例如："请你试一试、玩一玩，等一会儿告诉大家，你发现了什么？"这样的问题可以引导幼儿客观、真实、自由地表达他们在操作过程中的发现，每个幼儿的回答都可以不一样，便于相互之间交流各自的发现，获取广泛的经验。

3.活动的结束设计

（1）教师在和幼儿一起总结并评价这次活动后结束。

（2）提出要求或建议，让幼儿在结束以后继续探索，或在今后的生活中注意观察。

（3）以幼儿展示或摆弄自己的制作成品结束。

（4）以绘画、唱歌或跳舞等方式结束。

（5）迁移幼儿的学习经验。

四、观察类活动的组织

（一）准备工作

1.确定观察内容，选择观察对象

对于观察对象，最好给幼儿提供实物进行观察，使幼儿置身于自然环境中，获得的认识更具体、更真实。

2.熟悉观察对象，确定观察地点

根据观察内容特点和资源条件来确定是在室内还是室外进行观察，教师要掌握相关的知识与技能，最好是在活动前让幼儿熟悉观察对象。

3. 制订观察计划

在观察活动开展前，教师需做好相应的准备和计划，如观察的事物是什么、可通过哪些方式进行观察、获得了哪些学习经验（事物的各种特征）等。

（二）观察类活动的组织要点

1. 交代观察任务和要求，激发幼儿的观察兴趣

在幼儿开始观察前，教师要明确观察的任务和要求，对幼儿进行有目的的指导，讲清楚观察的内容。

2. 教给幼儿相适应的观察方法

（1）有序观察法（顺序观察法）。

（2）比较观察法。

（3）典型特征观察法。

3. 提出问题，引导幼儿观察

问题要有启发性、具体明确、有层次性等。

4. 鼓励幼儿运用多种感官参与活动

充分调动幼儿的视觉、触觉、听觉、味觉、嗅觉等感官去获取有关观察对象的经验。

5. 鼓励幼儿用自己喜欢的方式表达观察结果

6. 观察活动可与其他活动形式相结合

科学小实验：
神奇的颜料

主题 2　实验操作类活动的设计与组织

一、实验操作类活动的含义

0～3岁段，指导幼儿动手操作（包括手把手地帮助幼儿操作），普遍地存在于幼儿生活当中。例如，小勺和筷子的使用、怎样操作笔来涂画、打开和盖上瓶盖、搭积木、操作塑料小刀切蛋糕、玩胶泥、玩水、玩沙、玩各种玩具等，都是这个年龄段儿童的操作活动。

3～6岁幼儿的实验操作类活动是指幼儿在教师指导下通过自己动手操作仪器和材料，发现客观事物的变化及其关系的科学活动。它强调的是，幼儿自己动手操作，自主探索过程。

二、实验操作类活动的分类

第一类活动，演示探究，即首先教师演示；其次幼儿对应操作，通过自己的观察，获得发现。

第二类活动，引导探究，即由教师通过材料引导幼儿，让其先行自由探究，然后再组织幼儿交流，引起幼儿进行有兴趣、有目的的进一步探究。

第三类活动，验证探究，即针对某一问题，教师先启发幼儿猜想可能发生的问题，然后让幼儿进行实际探索活动验证先前的猜想是否正确。这种方式适合于幼儿已有类似生活经验的情况。

三、实验操作类活动的设计

（一）设计原则

1.内容的选择

（1）参照幼儿科学教育目标，根据幼儿的兴趣、问题、需求和经验水平选择活动内容。

（2）有利于幼儿亲身经历探究过程，符合幼儿认知发展规律，贴近生活，体现启蒙性和生活化。

（3）活动所需材料易组织，幼儿易操作，实验过程中现象明显，幼儿容易观察。

（4）能激发幼儿的兴趣，满足幼儿的需要。

2.材料的选择

（1）材料选择要因地制宜，数量充足。

（2）材料具有多重功能。

（3）材料的结构性。

（4）材料使用的安全性。

（二）目标设计

1.核心目标：科学好奇心和探究能力

（1）科学好奇心：探究新异事物和现象。

①注意到新异的事物或现象。例如，注意到有些东西放在水里总是浮起来（小班：沉浮）。

②愿意探究新异的事物或现象。例如，发现物体在水中的沉浮现象，愿意用不同物体进行实验（中班：沉浮）。

③对新异事物或现象提出问题并进行探究。例如，提出有关沉浮现象的问题并尝试自己解决（大班：沉浮）。

（2）科学探究能力：通过自己的观察操作获得发现（或假设验证/解释推断）。

①能通过自己的观察操作获取发现。例如，通过自己的观察发现不同物体在水中的沉浮现象（小班：沉浮）。

②能对问题做出假设并用自己的经验来加以检验。例如，能根据自己的经验预测不同物体在水中的沉浮变化，并通过实验加以验证（中班：沉浮）。

③能根据已经获取的资料进行合理推理，得出结论。例如，能根据自己的经验解释小"潜水艇"的沉浮变化（大班："潜水艇"的秘密）。

④能根据过去的经验或逻辑推断对现象进行解释和预测。

2.具体目标要求

（1）具体且具有可操作性。

（2）有针对性，活动目标是依靠具体活动来实现的，要能体现本活动的特点。

（3）体现层次性，根据教学对象的实际发展水平、特点和个体差异进行设计。

（4）目标制定要凸显实验操作性活动的特点。

（5）目标制定要体现综合性，从情感、态度、过程、方法、能力、知识、经验等方面综合考虑。

（三）过程设计

1.设计思路

预设性实验操作活动的设计由三部分组成：活动的导入；活动的展开；活动的结束和延伸。

2.过程设计

（1）活动的导入。导入幼儿实验操作活动的一般方法为：

①以摆放在幼儿面前的操作材料导入；

②以教师的演示实验导入；

③以创设问题情境导入；

④通过幼儿生活中某一常见的科学现象导入；

⑤通过谜语、儿歌、故事、影像资料导入等。

（2）活动的展开。

①条理清楚、层次分明；

②活动多采用小组活动的组织形式，对中、大班的幼儿可积极鼓励合作探索；

③材料的投放；

④问题的设计。

（3）活动的结束和延伸。活动结束，没有固定格式和规定，应根据教学内容与过程的具体情况进行设计：

①幼儿对活动进行自我小结和评价，并着重对过程、方法和现象观察进行小结评价；

②提出要求，让幼儿应用于生活，或提出生活中某种相关联的现象，继续探索、延伸；

③提出类似的问题情境，用获得的经验去解决，以检验和巩固幼儿新学的知识。

四、实验操作类活动的组织

（1）提供充足、多样的实验材料，以保证幼儿能反复操作，与客体相互作用，在实验过程中去探索、发现、判断，自己找出问题的答案。幼儿的发现来自他们自己的摆弄和操作，因此实验材料的提供非常重要。只有多样性的材料才能使幼儿获得丰富的科学经验。

（2）积极引导幼儿主动参与活动，使实验活动成为幼儿主动的探索活动。在活动中要给幼儿充足的操作时间，鼓励幼儿大胆尝试，激发其探究欲望。对于幼儿的想法，要加以支持。

（3）引导幼儿在实验中仔细观察，注意实验材料在操作过程中的变化，同时也要引导幼儿学习记录实验中的发现。必要时，对幼儿的实验操作方法给以适当指导。

（4）组织幼儿就实验的现象和结果开展讨论、交流，引导幼儿分析实验中观察到的现象，鼓励幼儿解释实验的结果。当幼儿的解释出现错误时，不要急于纠正，而是把它交给幼儿自己讨论。

（5）鼓励幼儿提出问题，但是不要急于把问题的答案交给幼儿，以避免超越幼儿理解能力的灌输或变相灌输。要和幼儿展开平等的讨论，共同探究问题；切不可用一种居高临下的态度来教幼儿什么"科学知识"，而要从幼儿的立场来思考问题，体会幼儿的疑惑。如果教师自己也不知道为什么，则完全可以放下"面子"，老老实实地把自己的困惑告诉孩子，这也正说明教师是和孩子"共同学习"的伙伴。[1]

科学小实验：
跳舞的绿豆

---

[1] 张俊 . 幼儿园科学教育活动指导 [M]. 北京：人民教育出版社，2011：6.

主题3　交流讨论类活动的设计与组织

一、交流讨论类活动的含义

交流讨论类活动是指幼儿自己探究、收集和整理信息资料，并通过集体交流讨论等方法获取科学知识的一种科学教育活动。尽管它不是一种直接的探究活动，但仍是幼儿获取科学知识的一种非常重要的手段，常与其他方式结合使用，是学前儿童科学教育活动中一种较为普遍的活动类型。

在各种科学学习活动中，通过个人发言、小组交流及全班讨论的方式促进幼儿与幼儿、幼儿与教师的交流，从而帮助幼儿厘清思路，解决认知冲突，调整自己观念，促进对科学概念的理解。

二、交流讨论类活动的分类

一类指幼儿知识准备来源于直接经验，根据具体的途径分为实验操作—交流讨论式和观察参观—汇报交流式两种。

另一类指幼儿知识准备来源于间接经验，根据具体途径又分为收集资料—共同分享式、设疑提问—相互讨论式和科学阅读、文艺—交流讨论式三种。

三、交流讨论类活动的设计

（一）目标设计

在交流讨论类活动中，主要通过学前儿童在资料收集的基础上围绕某一主题的表达交流以达到分享知识经验的目的。

通常，交流讨论类活动涉及的重要教学目标有：乐于表达的情感（情感态度）；表达交流技能和资料收集与整理技能（能力技能）；科学知识和经验（认知）。

（二）材料准备

1. 制作图片

由于交流讨论类活动一般难以在活动中出现实物，收集的信息又比较抽象，因此，教师必须在活动之前将抽象的信息制作成图片。既可以简单绘制，也可以用数码相机拍摄成照片展示。如"有用的尾巴"活动，教师可以将几种有代表性的动物尾巴画出来，也可以将现成资料上的动物尾巴拍下来，在活动中直接运用图片或照片供幼儿讨论学习

2. 摄制实景

利用现代教育技术手段为交流讨论类活动做准备，也是幼儿园经常采用的方法。有些活动内容需要实际场景的呈现，仅用图片或照片已不能满足幼儿的学习需要。如"小猪盖房子"活动，是根据故事内容改编成的科学教育活动，主要目的是让幼儿认识各种建筑材料。因此，让幼儿观看有故事情节的视频，不仅能提高其对活动的兴趣，而且对建筑材料认识更直观、更具体，活动效果更佳。

（三）过程设计

1. 实验操作—交流讨论式

这是指在学前儿童动手操作的基础上开展的交流讨论活动。这类活动强调科学教育和语言教育相结合，要求幼儿在亲自动手实验操作过程中，用尽可能多的词语、尽可能准确的语句来表达真实的探究过程，包括描述、假说、推理、证明、总结和归纳。教师引导幼儿交流操作过程，讨论自己的发现，相互分享操作成果。这种类型的活动在实验类和操作类教育活动中着重阐述。

2. 观察参观—汇报交流式

这类活动通常让幼儿观察探究对象，或外出参观考察获取直接经验，在此基础上再进行汇报交流，分享经验。外出参观时，为了便于幼儿的交流，可以采用幼儿绘画、拍照、摄像等形式将调查的第一手资料记录下来；外出归来后，在进行汇报交流、集体讨论时，可利用这些第一手资料再现幼儿的经验。这类活动一般在观察类活动中讲述。

3. 收集资料—共同分享式

有些活动，幼儿只能通过收集资料的方式积累间接知识经验。教师可事先提供

一些图书图片资料、音像资料、多媒体资料，或提供一些收集资料的途径和方法，建议幼儿在家长的指导下通过网络一起查找有关资料。在活动中，教师与幼儿共同整理资料，并让幼儿在教师的指导下对资料进行分析、归纳、总结。

4. 设疑提问—相互讨论式

在科学领域中，幼儿科学教育活动的有效性取决于幼儿的"问题意识"。通常情况下，能否引导幼儿产生疑惑，提出问题是组织这类活动的基础。如，"不一样的纸，吸水的速度一样吗？""蚂蚁最爱吃什么，它们是如何搬运食物的；会飞的都是鸟吗？"……

这类活动，可先让幼儿对感兴趣的问题进行个别探讨，提出自己的看法及理由，并在此基础上进行深入讨论，使不同观点进行"碰撞"。在讨论中，幼儿听取别人的意见，用事实说明问题，学会从不同角度看问题。活动的目的不在于让幼儿获得一个正确的结论，而在于让他们经历不同观点之间相互交流的过程，开拓他们的思维。

5. 科学阅读、文艺—交流讨论式

幼儿是带着自己对科学的多种理解来到幼儿园的，许多科学理解是他们经验以及与环境互动的结果，而有些科学理解则来自虚构的文学作品。"唯有艺术和文学，才能替代我们所没有的亲身经历。"很多儿童文学作品中都会涉及科学方面的知识，而且这些知识通常以隐含的方式巧妙地渗透在作品中。

四、交流讨论类活动的组织

（一）创设"宽松自由、民主平等"的讨论氛围

教师要营造一个"宽松自由、民主平等"的交流氛围，使幼儿想说、敢说、喜欢说、有机会说。教师应引导幼儿认真表达，耐心地倾听并及时做出反应。教师要限制自己说话，不要急于告诉幼儿结果，不预设结论，要把充足的时间和机会留给幼儿。给予幼儿足够的思考时间，不要急于要求幼儿表达。对幼儿的讨论及时反应，多鼓励与支持。即使是错误的回答，也不要急于否定、纠正、下结论。启发幼儿运用已有经验再思考。教师与幼儿的交流不应用教育的口吻，而应用闲谈的语气。对于幼儿来说，既要鼓励他们大胆讲述自己的经验，又要培养他们尊重他人、善于倾听的

习惯，使交流讨论成为真正的社会建构学习。

（二）提出恰当的问题

儿童的探究源自问题。教师的提问策略很重要，紧密联系着作为知识促进者的教师和作为知识探究者的儿童。因此，确定恰当的话题、提问的时机和类型是交流讨论活动成功的基础。话题应具有开放性，提一些运用式、分析式、综合式和评价式的问题，如"你能够想到一个方法来……吗？""关于……你有什么办法吗？""如果……会发生什么呢？""你认为……怎么样？"。讨论或涉及的事物应是幼儿熟悉、感兴趣、使其困惑的、贴近其生活并有丰富感性经验的。谈话的内容应建立在对幼儿观察的基础上。这些问题最好来自幼儿，而不是成人。如幼儿会问："苹果从树上落到地面是不是还活着？""动物们怎么过冬？"如果教师不讨论来自幼儿的问题，不顾幼儿已有经验和需要自己虚构问题，这样的活动组织起来既吃力又毫无意义。因此，教师应创设自然、宽松的氛围和适当的问题情境，激发幼儿的问题意识，并鼓励幼儿带着问题收集资料，直到得出满意的答案。

（三）指导幼儿收集资料

幼儿的科学智能起源于真实世界的经验。幼儿的知识储备越多，各种直接或间接经验越多，交流就越激烈，讨论就越深入。因此，资料收集在交流讨论类活动中具有重要的作用，是幼儿交流讨论、建构知识的前提和基础。

资料收集主要来自两个渠道：一是幼儿通过自己观察、参观、实验和操作获得的直接认知的信息，称为"第一手资料"；二是幼儿自己或在成人的帮助下通过查阅有关图书或通过网络等渠道获得的信息，称为"第二手资料"，可以是静态的图书、图片材料，也可以是动画、情境相结合的动态材料。在幼儿阶段的探究活动中，我们倡导让幼儿尽可能通过直接实验、操作、参观、调查亲身获取事实资料。但对那些幼儿感兴趣的，对生活、学习发展有意义的，但又无法通过直接经验获取的资料得出结论的问题，如"天为什么是蓝色的？""秋天树叶为什么会变成不同的颜色？"等。我们让幼儿通过图书、图片、网络、访问相关人员获得资料。但要注意收集资料是幼儿重要的学习机会和途径，应避免家长包办代替。

主题 4　技术制作类活动的设计与组织

一、技术制作类活动的含义

技术制作类活动是指学前儿童学习制作产品、使用科技产品或掌握某些工具的操作方法、技能的科学活动。它是以真实的科学本质为基础，以试验性的步骤，逐渐让学前儿童获得对科学技术的基础知识，了解和体验技术的重要手段，是学前儿童理解和掌握这个现代化世界的窗口。

二、技术制作类活动的分类

技术制作类活动分为两大类：一类是学前儿童对科技产品和常用工具的认知，根据目标要求的不同又分为感受操作式和设计制作式两种；另一类是针对儿童开展的科技小制作活动，又分为模仿制作式和设计制作式两种。

三、技术制作类活动的设计

（一）设计原则

（1）科学精神与人文精神相结合的原则；

（2）让幼儿亲历过程的探究性原则；

（3）与幼儿的合作性原则；

（4）资源共享原则。

（二）目标设计

（1）充分感受和正确操作科技产品的能力；

（2）掌握简单工具的使用方法；

（3）在教育者的指导下按照规定步骤操作的能力培养；

（4）幼儿自行设计并且动手开展科技小制作的能力培养；

（5）对幼儿科学态度及科学世界观的培养。

（三）过程设计

技术制作类活动是一个科学设计与制作的过程，更加重视对幼儿操作技能的培养，即对幼儿动手能力的培养，并养成"动手做"的学习习惯。技术制作类的活动主要是让幼儿动手制作，感受制作的过程。因此，教师在设计此类活动时，应充分考虑幼儿的兴趣、实际动手能力，才能恰当地设计出适合幼儿的活动内容。

整体思路大致为：选择活动主题→制定活动目标→准备活动材料→设计活动过程。

1. 选择活动主题

确定活动主题是开展活动的开端，关系到科技制作类活动价值的实现，是促进幼儿积极愉快地获得发展的决定因素。幼儿园中的科技制作类活动主要涉及两种不同的技术：一种是设计技术，即幼儿在进行科技小制作中要思考的方法；另一种是使用技术，即幼儿在学习使用某种科技产品或工具时要掌握的操作技巧。同理，科技制作类活动的课题选择也可分为设计技术和使用技术两种。

（1）设计技术。技术的实质是设计及创造。设计技术就是幼儿通过科技小制作，实现自己的造型构想，是一种创造性的活动。技术制作的内容非常广泛，选择时应考虑到幼儿是否感兴趣，幼儿是否有能力完成，制作材料是否容易收集等方面的问题。设计技术类主题，如"有趣的不倒翁""鸡蛋保护器""动力橡皮筋船""翻跟头的小人""我的小水车""制作竹蜻蜓""设计新大门"等。

（2）使用技术。技术对于幼儿来说，仅限于他们身边的事物的具体操作。使用技术就是通过认识和使用技术产品让幼儿成为技术产品的受用者，在学习使用简单工具的活动中掌握基本的操作技巧，培养他们在生活中解决各种实际问题的能力，使幼儿真正成为技术活动的主体。使用技术类主题，如"清洁工具大用途""有了它们真方便""无人机的大用途""我们的好帮手""小小木工厂""有用的工具"等。

2. 制定活动目标

技术制作类活动是帮助幼儿经历设计、制作和使用技术活动的过程，让幼儿体验制作、创造和成功的快乐。幼儿在亲历设计、制作及使用技术的过程中能感受制作材料的特性，探究制作物品蕴含的科学原理，从而逐渐形成动手实践的科学态度和强烈的探究欲望，习得发现问题、解决问题的科学方法。

技术制作类活动涉及的主要教学目标是有设计制作能力、使用工具技能、展示分享能力。同时,科技制作类活动目标还应包括对幼儿科学态度、科学世界观的培养。科技制作类活动的具体目标可参见表 4-1。

表 4-1 科技制作类活动的目标设计

教学目标		适用阶段	举例
设计制作能力	设计构思简单的物品,自己确定制作方法	中班、大班	大班:"高大的广州塔" 根据生活经验,通过观察,设计广州塔的形状和细节;选择橡皮泥制作广州塔模型
	理解设计要求,按顺序操作或制作	中班、大班	大班:"鸡蛋保护器" 能按要求选择合适的材料;在教师指导下,边思考边动手制作;在动手制作中探究适合的设计及制作顺序
使用工具技能	掌握使用简单工具的方法	中班、大班	中班:"清洁工具大用途" 尝试使用扫把、抹布、拖把、刷子等清洁工具,并注意安全
	认识日常生活中的常用工具并知道其用途	小班、中班、大班	中班:"小小量尺用处大" 知道量尺的分类及用途;在教师的指导下测量物品的长度 大班:"通信工具真方便" 了解生活中常用的通信工具;知道这些通信工具的名称及使用方法
展示分享能力	对制作活动感兴趣,并乐于与同伴交流	中班、大班	中班:"种子贴画" 根据自己的设计收集不同形状、大小、颜色的种子(如米、红豆、绿豆等),并整理压平;按自己的意愿粘贴成一幅图案
	愿意将自己的作品与同伴共享,热情参与展览、陈列等集体活动	中班、大班	大班:"用废旧材料设计制作服装" 与爸爸、妈妈共同制作;在教师的组织下,全班幼儿共同进行时装展示

3. 准备活动材料

在技术制作类活动中,材料是开展活动的关键,特别是设计制作活动,更需要丰富而实用的材料。在活动前,教师应做充分准备,为每个幼儿准备充足的操作材料,以保证活动的正常进行。技术制作类活动的材料十分广泛,主要来源于人们的日常生活,如纸盒、吸管、纸筒、棉花等。作为幼儿教师应随时注意收集适合幼儿活动的材料,活动材料主要依靠教师准备,也可以发动幼儿与教师共同收集,还可以利用社区和家长等资源。当然,技术制作类活动材料的准备不仅仅是收集,还需要对材料进行整理和加工。

这里的材料既指制作的原材料，也指制作中必需的或可能需要的工具。教师提供技术制作类活动材料时应考虑以下几点。

（1）制作的原材料应尽量是半成品。一般来说，幼儿还不能独立完成制作的任务，教师可根据不同年龄段幼儿的特点，为幼儿提供相应的半成品供其制作，既保证幼儿有成功的结果，又要让其拥有制作的经验。

（2）制作的材料应具有选择性。例如，在"鸡蛋保护器"的活动中，教师可以提供纸盒、棉花、海绵、泡泡纸等不同的材料，让幼儿探索用哪一种材料制作是最好的，这就激发了幼儿的探究兴趣。有的材料虽然看似没有用处，但是它可以引导幼儿创造性运用，也能让幼儿在尝试的过程中领悟科学探究的乐趣，因而应该适当提供。

以下科技制作类活动的材料选择，可供大家参考。

①有趣的溶解。可准备糖、盐、泥土、油、洗衣粉、石头等材料，因不同材料会溶于水或不溶于水，便于幼儿观察、探究了解不同物品的特性。

②竹蜻蜓。可选用竹签、卡纸等材料，画好合适的线条，剪裁，制作，进而探究如何使竹蜻蜓飞起来。

③制作小火箭。可用充气的气球代替火箭，体验火箭升空的模拟情境；也可用空的塑料奶瓶制作成火箭。

④我的小水车。可截取胡萝卜、黄瓜、莴苣等各一段，上面插上塑料片，中间穿过筷子，小水车就制成了。

⑤动力橡皮筋船。可选用泡沫塑料、厚纸片、橡皮筋等材料进行制作。

4. 设计活动过程

在技术制作类活动中，幼儿能够获得对技术的直接体验，还能获得一些具体的制作和操作技术，可以加深幼儿对有关科学现象的理解。技术制作类活动的过程设计主要有以下几种。

（1）感受操作式。此类活动的重点在于让幼儿充分接触和感受运用技术产品，尤其是新兴科技。例如，认识并正确操作各类玩具、家用电器，认识VR技术、认识无人机等。满足他们渴望了解"技术"的愿望，培养幼儿关注科技的兴趣。此类活动过程通常为：教师演示、讲解产品的用途→教师演示产品的操作步骤→幼儿观察并动手尝试→共同讨论完成正确的操作。

（2）运用操作式。此类活动的重点在于让幼儿学习操作并能正确运用工具解决问题。例如，正确使用小剪刀、订书机、测量工具等。让幼儿了解工具的用途及使用方法，获得技术使用的经验并能在生活和学习中正确运用。此类活动可以是独立的活动内容，也可以是科技制作类活动的一个部分。此类活动的过程通常为：教师启发、引导幼儿使用工具→幼儿尝试使用工具并总结→修正使用工具的误区、掌握正确的使用方法。

（3）模仿制作式。此类活动是通过开展小制作活动让幼儿按固定步骤学习制作简单的科技产品。例如，制作降落伞、潜望镜、万花筒等。幼儿运用工具和材料开展小制作是对科学技术的一种直接体验。此类活动过程通常为：教师演示操作过程→幼儿动手实践→师幼共同交流→制作完成作品。

（4）设计制作式。此类活动是让儿童在已有的制作经验基础上进行扩展和创新。例如，设计并制作轻黏土玩具，做一个和其他小朋友做的不一样的塔等。此类活动过程通常为：教师示范、引导→幼儿自主设计作品→幼儿在教师的帮助下动手制作个性化作品。

总之，活动过程的设计理念应体现技术制作类活动的本质，即让幼儿通过实际操作去获取知识，通过实践去解决问题。这类活动不仅仅是要求幼儿动手去做，它也是一种研究，引导幼儿动脑筋、想办法去创造或解决问题，以培养其科学探究、解决问题的态度。

四、技术制作类活动的组织

（一）组织过程

技术制作类活动以动手操作为主，这也是幼儿比较感兴趣的活动形式。教师应参与幼儿的活动，并给予必要的指导和帮助。

1.组织活动时应使幼儿明确活动的目标、方法和评价标准

在技术制作类活动中，教师可以通过出示、演示已制作好的成品，让幼儿明确活动的目标和评价标准，知道自己要做什么；教师也可以向幼儿讲解或演示制作的步骤和方法，让幼儿知道怎样做。不过，应注意不能以教师的演示替代幼儿自己的操作，活动过程应该以幼儿自己的操作为主。

2. 教师应帮助幼儿选择趣味性强且有教育价值的主题

技术制作类活动的目的不是仅仅为了制作一件成功的作品，而是为了让幼儿实现自己的愿望——做出自己喜欢的作品，同时痛痛快快、高高兴兴地玩，体验成功的快乐，这样的活动才真正有价值。

3. 教师应引导、帮助幼儿顺利完成作品

教师应关注幼儿在活动中的表现，引导幼儿按操作步骤完成作品。当幼儿在操作中遇到困难或问题时，教师应及时给予恰当的帮助，促使他们自己主动想办法解决问题并完成作品，特别是对动手能力较弱的幼儿应给予更多的帮助。

4. 要让幼儿自己探究制作的方法和技巧

在技术制作类活动中，教师也要给幼儿主动探究的空间，要让幼儿自己去尝试，通过个人的经验（即使是失败的经验）来学习，而不是向幼儿灌输技能技巧，否则，幼儿的学习也就变成了机械的训练。

5. 在分享、交流中体验快乐，完善作品

在活动结束的阶段让幼儿相互交流，可以使幼儿根据自己的想法和做法梳理强化自己所获得的新经验。分享、交流是技术制作类活动不可缺少的重要环节，同时幼儿可以在玩作品时与同伴交流，思考自己作品的不足之处，在教师引导式的评价中，调整完善自己的作品。

（二）注意问题

（1）活动的目标应定位合理，并让幼儿明确活动的目标、方法和评价标准。

（2）在选择主题时，教师应以幼儿为本，帮助幼儿选择趣味性强且有教育价值的主题。

（3）可将技术制作类活动与区域活动结合起来进行，如集体活动时间不够，可延伸到区域活动中继续进行。

（4）活动过程中，教师应合理引导、帮助幼儿顺利完成作品。

（5）技术制作类活动最好结合展示活动开展，使幼儿的每项制作活动都有始有终，并能在与同伴的交流中提高制作技能。

（6）还可以请家长参与技术作类活动，特别是年龄较小的幼儿可以请家长带着一起制作，效果会更好。

主题 5　游戏类活动的设计与组织

一、游戏类活动的含义

（一）游戏是自愿的活动

"自愿"属于动机的范畴。动机是推动人活动的心理力量，是人活动的目的。从动机产生的来源看，可以把活动动机分为内部动机与外部动机。内部动机来自活动主体自身的需要；而外部动机则相反，是指活动本身是应他人的要求引起的。游戏是一种自愿的行动，即游戏的动机是内部动机，是游戏者内在的一种需要。

（二）游戏是日常生活的表征

游戏是社会的产物，游戏的内容、种类和玩法，都受到社会的、地理的、文化的、习俗的影响。所有游戏在某种意义上都表征着社会生活，但游戏本身却不是日常生活。对于儿童来说，游戏仍然是其"象征性的生活"，而非吃饭睡觉等真实生活。

游戏的虚拟性或非真实性在学前儿童的游戏中尤为明显。真正的游戏也是在儿童能够将真实的情境当成想象的情境时产生的。同时，儿童以物代物、以人代人的象征思维能力也是在游戏中逐渐提高的。

（三）游戏包含着丰富的快乐体验

乐趣是游戏必须具备的品质，是游戏的元功能。快乐体验是游戏真正的魅力所在。游戏的乐趣体验有以下几种成分。

（1）兴趣性体验。这是一种为外界刺激物捕捉和占据的体验，是一种情不自禁地被卷入、被吸引的心理状态。

（2）自主性体验。这是一种由游戏活动能够自由选择、自主决定的性质引起的主观体验，即"我想玩就玩，不想玩就不玩"或"我想怎么玩就怎么玩"的体验。

（3）愉悦性体验。这是在轻松的活动过程中，由嬉戏、玩笑引起的心理快感。

（4）活动性体验。这是游戏者在游戏中获得的生理快感，主要是由于身体活动的需要和中枢神经系统维持最低唤醒水平的需要得到满足之后产生的。例如，外出活动可以有效地解除我们因长时间撑着不动而产生的精神困顿，获得来自本体的活动快感。

（5）成就感或胜任感体验。这是一种验证自己能力的乐趣体验，具有较强的影响力，可以增强游戏者的信心和继续挑战的意愿。任务与游戏者能力之间的合适差距是游戏者产生成就感体验的关键所在。成就感体验往往伴随着紧张的心理，好的游戏总是把游戏者置于失败的危险中却不让他失败。

（四）游戏是有规则的活动

游戏规则是游戏者在游戏中关于动作和语言的顺序，以及在游戏中被允许和被禁止的各种行为的规定。根据规则的性质，可以将游戏规则分为外显规则和内隐规则两种。外显规则是外在的游戏规则，主要是关于游戏方法的规定。外显规则一般是约定俗成的。游戏时，外显规则的建立或修改必须得到所有参加者的理解和同意，游戏才能正常进行。

游戏的内隐规则与外显规则同样具有限制和约束作用。规则是社会的产物。规则游戏是游戏的高级形式，必须建立在一定的社会化基础上。婴幼儿最初的感觉运动游戏，主要通过重复简单动作或运动获得快感，这种初级游戏阶段的游戏并无规则可言，幼儿的规则性水平是随着其认知能力的发展逐渐具备的。随着年龄的增长，幼儿对规则游戏的兴趣将逐渐提高，并稳定在较高的水平上，规则游戏也将从此伴随人的一生。

在幼儿科学教育实践中，科学游戏的形式应该是灵活多样的。我们既可以面向全体幼儿专门组织集体的科学游戏活动，也可以将游戏材料或玩具放在活动区，让幼儿自由选择参与，还可以将游戏活动作为集体教学的一个环节进行。

二、游戏类活动的设计

（一）设计科学游戏原则

1.科学性原则

教师在选择和编制科学游戏时，要保证游戏中蕴含的科学知识内容正确、难度适宜，符合科学教育的目标要求和幼儿身心的发展特点与规律。正确的科学知识有助于幼儿形成对事物的正确态度，如果仅仅是为游戏而游戏，缺少科学性，就失去了科学游戏的意义。同时，我们应该考虑到科学经验与概念应该隐含在游戏的材料和游戏的规则中，而不能变成生硬的说教。

2. 趣味性原则

趣味性是科学游戏的生命。正是游戏的这一特征，给幼儿的精神和身体带来了舒适和愉悦，使他们喜欢游戏。科学游戏与其他活动不同，它不是强制性的社会义务，也没有实用的社会生产价值，它是一种娱乐活动，它以本身的趣味性吸引幼儿主动参加，并在游戏过程中获得愉悦和发展。所以，科学游戏的内容和过程一定要生动、有趣、有一定的难度，这样才能提升游戏的价值和对幼儿的吸引力。

3. 活动性原则

活泼好动是幼儿的天性，幼儿总是处于不停的活动中，对什么都充满好奇，动作灵活，思维活跃，但自我控制能力较弱，所以幼儿园的幼儿让教师觉得"不好带"。而游戏活动能让幼儿充分地自主动手操作，是满足幼儿天性的最好活动。在科学游戏中，既有外部的操作感知和身体运动，又有内部的智力活动，这样既能满足幼儿活动的需要，又要求幼儿进行思考。

4. 发展性原则

科学游戏活动的设计要符合幼儿的年龄特点，难度适宜、环节清楚、层次分明、规则明确，选择的内容要贴近幼儿生活，有助于促进幼儿科学知识的丰富、科学能力的提高和科学品质的培养。

5. 安全性原则

快乐的科学游戏在丰富幼儿的科学知识，培养幼儿的科学能力，养成幼儿的科学品质的同时，还应将幼儿的安全放在第一位，并有固定的游戏规则。

6. 差异性原则

根据幼儿学科学的特点、兴趣、需要、水平，设计不同的游戏活动、活动材料、活动方法，提出不同的任务和要求。

7. 多样性原则

游戏形式上要注意将集体游戏、小组游戏、个别游戏相结合。观察力、思维力、想象力、独立性、自信心等游戏以小组、个别活动的形式为佳。这样，可以使教师与幼儿之间的互动频率增加，让每个幼儿有充分表现的机会，得到长足的发展，而且可以避免同伴间的互相影响。

（二）设计科学游戏要素

教师在设计具体的科学游戏时，既要考虑幼儿科学游戏设计的原则，又要从以下几个方面考虑。

1. 游戏目标要明确

教师在设计科学游戏时，不需要设立"游戏目标"，但教师心目中应该明确每个游戏隐含的科学概念，也就是要多考虑让幼儿在游戏中获得什么样的科学经验或概念。

2. 游戏材料要有效用性

材料要易于收集、准备，便于反复使用，力求以最少的投入获取最好的效果。在科学游戏中，教师可以利用自然物为材料，也可以利用废旧物品制作游戏材料。

3. 游戏的规则要具体

通常科学游戏都是规则游戏，游戏规则应该简便易行，并能保证游戏的顺利展开和幼儿的安全。因此，教师必须清楚交代游戏规则，要简洁明了、语清意明，切忌含糊其词、信口开河，使幼儿不知所云。

三、游戏类活动的组织

科学游戏的组织领导就是引导幼儿开展游戏活动。这对于促进幼儿的发展，激发幼儿对科学的兴趣至关重要，教师必须具备组织指导游戏的能力。对于集体性的科学游戏活动，教师可以按下面的步骤来组织。

第一步，营造游戏氛围，调动幼儿参与游戏的兴趣。如教师用充满神秘的语调告诉幼儿："今天我们班要玩一个十分有趣的新游戏，游戏中有各种下沉的东西和漂浮的东西，小朋友要认真看一看，谁看得最仔细老师就请他一起做游戏。"这样幼儿就会立刻安静下来，以期盼的心理接受游戏。

第二步，发挥教师主导作用，帮助幼儿理解游戏的玩法和规则。根据科学游戏的需要和幼儿的实际水平，教师可以示范讲解一次游戏的玩法和规则，使幼儿完全理解和掌握游戏的要求与规则后，再正式开始游戏活动，从而使游戏活动顺利进行。

第三步，正式组织游戏活动。游戏过程中，教师一方面要关注游戏的进展，另一方面要关注幼儿在游戏中的表现，鼓励幼儿克服困难，提出问题，解决问题。必要时，可以对个别幼儿提供一些帮助，如提示下一步可以进行的操作，教师要注意让幼儿有充分活动的机会，不要急于求成。

第四步，师生共同游戏。教师不仅是游戏的组织者，而且是游戏的参加者、合作者。教师的参与可以提高幼儿学习科学的兴趣，对幼儿的活动也是一种积极的肯定。但应注意的是，教师不要身陷其中，自己玩得乐不可支，而忘记了组织指导游戏的责任。

第五步，适当讲评，合理建议。在游戏结束时，教师要组织幼儿交流游戏中的所见所闻以及自己的发现和内心的感受等，教师可以对每个幼儿在游戏中的出色表现加以肯定，使之好上加好；对消极因素加以转化，成为积极因素。如果是集体游戏，教师还要感谢幼儿为游戏的成功开展付出的努力，培养幼儿的合作意识。

 案例 4-1

中班科学活动：会唱歌的罐子

活动目标

1. 感知不同物体发出的声音不同。

2. 能辨别不同的物体发出的不同声音。

3. 体验好的声音给人带来的享受。

活动准备

1. 知识经验准备：知道用易拉罐装入物体摇晃会发出声音。

2. 物质材料准备：空罐子若干，黄豆若干，石头若干，乒乓球若干。

活动过程

（一）直接出示材料，引发幼儿的好奇

引导语：小朋友们好！老师今天给你们带来一个好玩的东西——响罐。

（二）听音猜物，了解不同物体发出声音的差异

1. 引导幼儿玩"听音猜物"，体验响罐的声音。

（1）引发幼儿游戏的兴趣。

引导语：接下来，老师要和大家玩一个"听音猜物"的游戏。

（2）明确游戏规则。

引导语：请大家听清楚游戏规则。老师会摇响三个罐子，猜猜罐子里放的是什么东西？

（3）游戏体验。

引导语：你觉得里面是什么？

（4）揭晓答案。

引导语：我们来看看三个罐子里到底放了什么东西。

2. 引导幼儿感知不同物体放入罐子会发出不同的声音。

（1）引导幼儿关注罐子会发出声音的差异。

引导语：那再来听听，三个罐子发出的声音是否一样？

（2）引导幼儿辨识三种声音，形容声音的特点。

引导语：三个罐子分别发出怎样的声音，感觉和生活中什么东西发出的声音差不多？

（三）制作响罐，互猜罐子内的材料

1. 制作响罐。

（1）幼儿自由选择材料制作响罐。

引导语：请选择你喜欢的东西制作响罐。

（2）说明操作要求。

引导语：将材料放入罐子后，注意要把罐口密封好。

（3）幼儿自由操作。

（4）体验感知响罐的声音。

2. 互猜罐子游戏，听声音辨识不同物体发出的不同声音。

（1）引发幼儿游戏的兴趣。

引导语：接下来，我们来玩一个"互猜罐子"的游戏。

（2）明确游戏规则。

引导语：两个小朋友为一组，一人先摇一摇响罐，另一人猜一猜里面放了什么；轮流进行。

（3）幼儿游戏体验辨别不同物体发出的不同声音。

（四）集体游戏，进一步感知辨别不同物体发出的不同声音

1. 游戏一：小组内互换响罐，猜猜对方罐子里的宝贝。

2. 游戏二：请小朋友知道三种响罐各自的指定区域，大家一起验证是否有站错区域的。

3. 游戏三：集体进行音乐游戏，有节奏地摇动响罐，体验好听的声音给人带来的享受和快乐

4. 小结：这些宝贝发了这么久的声音，有点累了，我们把它们送回家好吗？

（五）增加幼儿的生活经验，让幼儿了解材料不一样，声音的大小也会所不同

提问：是不是所有东西放到罐子里都能发出声音，如果是纸巾放进响罐里会发出声音吗？

（提供者：郭慎思　武汉市晨光第二幼儿园）

 案例 4-2

中班科学活动：常绿树和落叶树

活动目标

1. 了解树有常绿树和落叶树，观察、比较它们的不同。

2. 认识几种常绿树和落叶树，知道它们的名称。

活动准备

1. 收集各种各样的树叶。

2. 了解一些常绿树与落叶树的知识和图片。

活动过程

（一）利用幼儿生活原有经验，激发幼儿观察比较树叶的兴趣

1. 引导幼儿观察带来的树叶的差异。

引导语：小朋友们，老师请你们在家的时候收集了一些树叶带过来。现在请你们来观察观察，你们带来的树叶有什么不一样？

2. 幼儿观察，教师巡回指导。

3. 集体交流观察结果。

（二）讨论交流，明确常绿树和落叶树的概念

1. 引发幼儿思考树木的变化。

提问1：冬天到了，树叶有什么变化？

提问2：你们在收集这些树叶的时候大树又变成了什么样的？

提问3：树上的叶子都掉了吗？

2. 集体讨论树木的常绿和落叶现象。

（1）引发幼儿思考树木落叶差异性的原因。

提问：为什么有些树上的树叶掉得很多，有些树上的叶子掉得很少甚至不掉呢？

（2）交流表达想法。

（3）教师小结，明确常绿树和落叶树的概念。

引导语：有的树是常绿树，一年四季树叶都是绿的；有的树是落叶树，每年秋天树叶就会变黄，渐渐掉下，到了春天才会长出新的树叶。

（三）观察、比较，了解绿树和落叶树的不同

1. 出示常绿树和落叶树的图片，引发幼儿观察的兴趣。

引导语：老师这里有几张图片，分别是常绿树和落叶树，看看它们有怎样的不同？

2. 引导幼儿从树叶的形状、颜色等方面观察常绿树和落叶树的不同。

3. 交流表达观察结果。

4. 教师小结，常绿树和落叶树的形状、颜色等方面的差异。

（四）了解其他几种常见的常绿树和落叶树

1. 出示图片，引发幼儿观察的兴趣。

引导语：老师这里还有几张图片，我们一起来看看，哪些是常绿树，哪些是落叶树？

2. 幼儿判断，教师检验。

3. 迁移幼儿生活经验，说说还知道有哪些常绿树或落叶树。

引导语：好的，我们认识了这么多的树，知道了哪些叫常绿树，哪些叫

落叶树,那除了老师这里的图片,你们还知道有其他的这些树吗?

4. 幼儿回答。

5. 教师小结,结束活动。

引导语:小朋友们,我们认识了这么多的树,请你们在家看见大树的时候,小脑袋里也想想这是属于常绿树,还是属于落叶树。

活动延伸

制作树叶贴画。

(提供者:方娜丹 宁波市余姚实验幼儿园)

拓展阅读

观察学习

观察学习又称无尝试学习或替代性学习。是指通过对学习对象的行为、动作以及它们所引起的结果观察,获取信息,而后经过学习主体的大脑进行加工、辨析、内化,再将习得的行为在自己的动作、行为、观念中反映出来的一种学习方法。

观察学习是美国心理学家班杜拉在 20 世纪 60 年代提出的一个概念。在班杜拉看来,由于人有通过语言和非语言形式获得信息以及自我调节的能力,使得个体通过观察他人(榜样)所表现的行为及其结果,不必事事经过亲身体验,就能学到复杂的行为反应。也就是说在观察学习中,学习者不必直接做出反应,也无需亲身体验强化,只要通过观察他人在一定环境中的行为,并观察他人接受一定的强化便可完成学习。个体能通过观察他人的行为得到某种认知表象,并以之指导自己以后的行为,这样就使得他减少了不必要的尝试错误。很明显,观察学习与斯金纳的强化学习和桑代克的试误学习有着本质的区别。

(一)班杜拉观察学习的实验基础:仿真娃娃实验

著名心理学大师班杜拉曾经做过一个儿童模仿攻击仿真娃娃的实验。在这项实验中,实验者先要求儿童观看成人攻打仿真娃娃的视频,之后,一组儿童看到的是这个成人得到了奖赏,即实验者称赞他是英雄。而另一组儿童则看到成人得到了惩罚，即实验者批评了他。之后，将儿童带入有仿真娃娃的房间，告诉儿童，可以自由玩耍，而实验者则出来躲在单向玻璃后面。

实验结果表明，儿童在实验过程中学会了模仿。即模仿成人的行为，在模仿的过程中，儿童也学会了对结果进行相应的评估。第二组儿童在进入房间后，攻打仿真娃娃的倾向明显地少于第一组的儿童。

在日常生活中，许多家长往往只重视儿童的学习成绩，而忽视儿童早期行为习惯的培养。而更多的是，家长在自己的行为中没有起到好的表率作用。更有些家长，在儿童偶然表现出一点攻击性时，家长不但不予以纠正，反而还高兴地夸奖孩子学到东西了。如此这般，儿童的攻击性自然形成。

（二）榜样

班杜拉认为凡是能够成为学习者观察学习对象的，就可以称之为榜样或示范者。榜样不一定是活生生的人，他也可以是以符号形式存在的人（如影视中的人）或事物、动物等，班杜拉认为榜样有三种形式：

（1）活的榜样，即具体的活生生的人；

（2）符号榜样，即指通过语言或影视图像而呈现的榜样；

（3）诫例性榜样，即以语言描绘或形象化方式表现某个带有典型特点的榜样，以告诫儿童学习或借鉴某个榜样的行为方式。

精准备考

（一）单项选择

1. 在引导幼儿感知和理解事物"量"的特征时，恰当的做法是（ ）。

【2018上半年幼儿教师资格证考试保教知识】

A. 引导幼儿感知常见的大小、高矮、粗细等

B. 引导幼儿识别常见食物的形状

C. 和幼儿一起手口一致点数物体，说出总数

D. 为幼儿提供按数取物的机会

（二）简答题

各种各样的蛋

活动目标

1. 通过观察各种蛋，让幼儿知道除了鸡、鸭、鹅等会生蛋外，其他小鸟、蛇、乌龟也会生蛋，初步了解卵生动物。

2. 引导幼儿观察、比较蛋的大小和颜色的不同特点，发展幼儿的观察比较能力、思维能力和口语表达能力，激发幼儿探索的兴趣。

3. 培养幼儿的社会交往能力，让幼儿获得帮助他人的情感体验。活动准备生、熟蛋（鸡蛋、鸭蛋、鹅蛋、鹌鹑蛋）各两个、歌曲《小鸡出壳》、图片。

活动过程

1. 欣赏手指操：《小鸡出壳》。

提问小鸡从哪里来，鸡蛋从哪里来，还有哪些小动物会生蛋？鸡妈妈生的蛋叫鸡蛋（出示鸡蛋实物、字卡），鸭妈妈生的蛋叫鸭蛋（出示鸭蛋实物、字卡）……

小结：除了鸡、鸭会生蛋以外，鸽子、鸵鸟、鹌鹑等动物也会生蛋。蛋也叫作"卵"，经过孵化后就会生出小鸡、小鸽子等小动物。所以，这些以产卵方式繁殖的动物有一个共同的名字——"卵生动物"。

2. 观察、比较蛋的特点。

（1）蛋的大小、重量。

有的蛋大，它的重量就重；有的蛋小，它的重量就轻。

（2）颜色。

蛋有红色的、肉色的、青色的、白色的，还有带斑点的。

（3）形状。

所有的蛋都是椭圆形的，一头大、一头小，可以滚动。

（4）由表及里，进一步观察蛋的内部。

用什么办法可以看到蛋的内部？

认识蛋清（知道煮熟了叫蛋白，介绍蛋白质）、蛋黄（介绍胆固醇），教育幼儿不挑食。

（5）小结。

教师小结蛋的外部特点和内部特点。不同的蛋会生出不同的宝宝。

3．看图讲述：《一个奇怪的蛋》。

逐一出示图片引导幼儿观察，提问。

鸡妈妈拾到的蛋是谁的呢，它都去找谁了，它们的蛋是什么样子的？

小结：现在，我们知道了除了鸡、鸭、鹅、鹌鹑以外，还有谁会生蛋？

（蛇、乌龟、鳄鱼……）

4．教师小结，布置第二课时准备任务。

活动延伸

请幼儿画出自己喜欢的一种卵生动物送给好朋友，讲一讲它们的故事。

（1）此活动方案属于什么领域教育活动，采用了哪种主要的教育方法？

（2）为该活动方案设计其他的活动延伸内容。

（三）活动设计题

1．请围绕"有用的工具"为大班幼儿园设计主题活动，应包含三个子活动。
【2017 年下半年真题】

要求：

（1）写出主题活动的总目标。

（2）写出一个子活动的具体活动方案，包含活动的名称、目标、准备和主要环节。

（3）写出另外两个子活动的名称、目标。

2．请根据下列素材，设计一个大班能涉及多个领域的系列活动，要求写出 3个活动的名称、目标、准备以及主要的活动环节。【2017 年上半年真题】

大班教室里收集了纸板箱、鞋盒、牙膏盒、药品盒等数量众多的盒子。这些大大小小的盒子吸引了幼儿，教师发现很多幼儿利用盒子发生了很多活动，涉及各个领域，于是教师决定围绕纸箱、纸盒设计系列活动满足、推进幼儿的发展。

答案与解析

第五单元　学前儿童数学教育的目标、内容、方法

（一）知识目标

（1）学习和掌握学前儿童数学教育的基本目标。

（2）理解选择学前儿童数学教育内容的依据。

（3）掌握学前儿童数学教育方法的要求。

（二）能力目标

（1）能够根据活动内容、儿童的年龄特点，选择合适的教学内容。

（2）能够根据儿童的年龄特点、教学内容等，选择合适的教学方法组织数学教育活动。

（三）情感目标

（1）提高数学教学素养，拓宽学前儿童数学教育与研究的视野，提高专业认同感。

（2）通过学习形成学前儿童数学教育的科学教育教学观。

思维导图

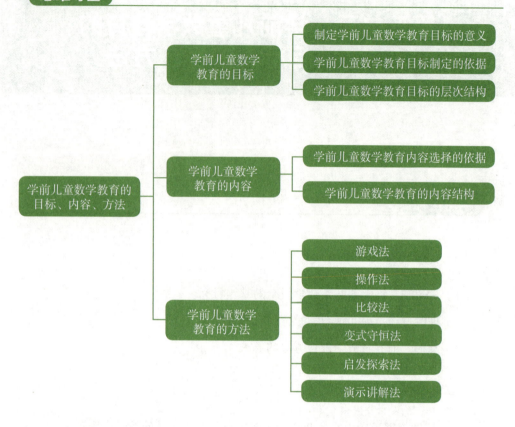

学前儿童数学教育的目标、内容、方法
- 学前儿童数学教育的目标
  - 制定学前儿童数学教育目标的意义
  - 学前儿童数学教育目标制定的依据
  - 学前儿童数学教育目标的层次结构
- 学前儿童数学教育的内容
  - 学前儿童数学教育内容选择的依据
  - 学前儿童数学教育的内容结构
- 学前儿童数学教育的方法
  - 游戏法
  - 操作法
  - 比较法
  - 变式守恒法
  - 启发探索法
  - 演示讲解法

情境导入

有趣的火车

镜头一：一起坐火车

科学区里有一列长长的火车，火车有一定的内部空间，车窗用花边围成，车轮用废旧木桶做成。木木和乐乐用几个小玩偶在玩坐火车的游戏。木木提醒乐乐再去拿几个玩偶过来，这里还有位置。乐乐问木木，1 节车厢只能坐 1 个人，不能坐太多人。木木认真数了数车厢，表示还有 3 节车厢没有坐人，还可以拿 3 个玩偶。

镜头二：找找我在哪

火车开动了，木木用嘴巴发出呜呜的声音，火车上坐满了乘客。木木拉着火车头，乐乐推着火车尾，玩得不亦乐乎。乐乐提醒木木，该换方向了，她想在前面开车，让她的玩偶变成车厢的第一个。

"我不想老是在最后一个，我现在要坐在第一个。"乐乐说。

镜头三：车轮去哪里了

玩着玩着，车轮不见了一个。木木提醒乐乐本来每排有 4 个车轮的，最大的在旁边，小一点的在中间。木木问科学区的其他小朋友有没有看到圆圆的车轮。车轮是圆圆的，窗户是方方的，乐乐突然说了一句："是的，跟球一样，滚不见了。"

思考：

小朋友们在这个游戏中涉及哪些数学经验？教师应该如何发展学前儿童这方面的经验？

知识梳理

数学本身是一门逻辑性和系统性都比较强的学科。在以往的分科教学中，教师比较重视数概念和数认知能力的发展。当前，我国幼儿园课程改革由分科式走向了整合式，教师在制定数学教学活动方案时，应该如何选择儿童数学学习中的核心经验，设计出与儿童数学能力发展相适宜的活动目标呢？

学习了本单元的内容，我们就能较好地了解学前儿童数学教育目标的制定依据，理解学前儿童数学教育目标的层次结构。

主题1 学前儿童数学教育的目标

一、制定学前儿童数学教育目标的意义

教育目标是对受教育者的总体要求，是对教育活动要达成的预期结果的定位和要求，它支配着整个教育过程，是一切教育工作的出发点和最终归宿。[①] 漆洵强调树立和增强目标意识，既是衡量教学有效性的首要指标，也是完成教学任务的根本保证。对于教师如何增强目标意识，他提出教师应着重从四个方面入手：深钻教材，找准目标；围绕目标，设计活动；面向全体，实施目标；聚焦效果，检测目标。[②] 洪亮对课堂教学中的"目标意识"进行了研究，认为"目标意识"即人在言语、行为时及其过程中有意识要达到的目的或标准。这里的"目标"可以是知识目标，可以是能力目标，也可以是意识目标等。[③] 目标具有导向作用，一经确立，就成为人们进行数学教育的指南，不仅为受教育者指明了发展方向，预定了发展结果，也为教育工作者指明了工作方向和奋斗目标。

周欣针对《3—6岁儿童学习与发展指南》中的数学认知目标进行了详细解读，指出该指南数学认知领域的目标侧重于数和形，这是儿童早期数学认知发展最核心的内容。她还对数学认知领域的三个目标进行了具体分析，得出其中的目标除涉及最基本的数学知识技能和能力外，还关注幼儿空间感的培养，同时强调幼儿对数学的态度和体验的重要性以及学习的过程性能力。[④] 吴志青和陈文胜对幼儿园主题活动与数学教育的整合进行了初探，指出数学教育目标要与主题活动目标相融合。在主题活动的教学目标下，教师要有意识地发挥主题活动的全面育人功能，挖掘数学目标与主题活动目标的结合点，帮助幼儿有效地进行数学学习。[⑤]《3—6岁儿童学习与发展指南》的发布，是学前教育跨越式发展的历史新篇章，其描述了不同年龄

① 关业刚. 学前儿童数学教育 [M]. 北京：中央广播电视大学出版社，2017：13.
② 漆洵. 浅淡课堂教学的目标意识 [J]. 中国教育学刊，2011（S1）：74–81.
③ 洪亮. 问题引导 强化课堂"目标意识"打造有效习题课 [J]. 物理，2016（7）：48–51.
④ 周欣.《指南》"数学认知"目标解读 [J]. 幼儿教育，2013（16）：17–19.
⑤ 吴志青，陈文胜. 幼儿园主题活动与数学教育整合初探 [J]. 内蒙古师范大学学报（教育科学版），2014（12）：63–64.

段幼儿在数学教育领域的学习与发展目标，并提出了具体可行的教育建议，为幼儿园和家庭实施科学的保育和教育提供了方向，规范了教师的观念与行为，也为幼儿的发展评价提供了参照标准，教师可以参考教育目标，考察和评价学前儿童数学能力的发展水平，反思自身开展的数学教育活动中的教育目标的设置、教育内容的选择、教育行为的实施等是否恰当。

二、学前儿童数学教育目标制定的依据

学前儿童是学习的主体，在学前儿童数学教育活动目标的制定中，教师要从学前儿童数学教育的总目标出发，结合数学学科特点以及幼儿身心发展规律，思考社会发展对儿童的要求，综合这些方面，制定科学、适宜的学前儿童数学教育目标。

（一）学前儿童身心发展特点

学前儿童作为学前儿童数学教育的教育对象，其自身的特点应该是教师首先考虑的因素。教师应该立足于儿童身心发展规律，结合现有经验水平组织教学。教师只有明确学前儿童数概念发展和数学学习的认知特点与规律，才能制定适宜学前儿童的教学目标。

学前儿童心理发展的总趋势为：从简单到复杂，从具体到抽象，从被动到主动，从零散到成体系，需要借助对具体事物的操作来完成，特别是幼儿园小班的学前儿童，在完成某些任务时，经常伴随着外显的动作。在认知能力的发展方面，学前儿童的思维经历了从初期的直觉行动思维，发展到中期的具体形象思维，再到末期的抽象逻辑思维萌芽的过程。这些都为学前儿童数学教育目标的制定提供了心理依据。[①]

制定教育目标，要关注儿童发展的整体性。儿童的发展是各个方面相互影响、相互促进的过程，因此，在制定学前儿童数学教育目标时，要以他们的整体发展为依据，提出包括认知、情感、态度、个性及社会性发展等方面的教育目标。

制定教育目标，要关注儿童发展的差异性。儿童发展的差异性体现在不同年龄阶段儿童的认知发展不同，同一年龄阶段的幼儿认知发展也存在个体差异。因此，

---

① 关业刚.学前儿童数学教育[M].北京：中央广播电视大学出版社，2017：15.

在制定教学目标时，小班、中班、大班要体现层次差异，比如，以"小草"为内容制定的各年龄段科学教育的目标，在认知方面，小班是观察一两种小草的特征及生长过程，知道它们会长大；中班是观察、比较不同的草，了解草的多样性；大班则是探索、思考草和动物、人类的关系，体验草的生态意义。所以，中班科学教育目标的制定是在小班的基础上进一步的延伸，大班则是对中班目标的加深和扩展。而同一年龄段的学前儿童受遗传因素、教育环境等因素的影响，在发展水平、发展速度、认知结构等方面也存在很大的个体差异。因此，教育者要考虑教育目标的适宜性和针对性，根据每个年龄段儿童的特点制定相应的教育目标。

（二）社会发展的需要

教育总是制约于一定的社会文化历史背景，一个国家的政治经济、科学文化等因素构成了影响教育目标制定的客观依据。学前儿童数学教育也不例外，它的目的是满足不同社会的需要和要求。不同时代、不同社会对人才培养的要求有所不同，提出的教育目标也有所区别。例如，1952年3月，教育部颁布的《幼儿园暂行教学纲要（试行）》，首次将计算教育作为独立的教育项目。到了20世纪80年代，教育部又颁布了《幼儿园教育纲要（试行草案）》，对计算教学提出了三项任务：教幼儿掌握10以内数的概念和加减运算，学习一些集合形体，时间和空间的粗浅知识；发展幼儿的智力；培养他们对计算的兴趣。可以看出，这个时期学前儿童数学教育偏重于对数学知识的学习，以及智力的开发。社会发展至今，现代教育开始追求学前儿童身心的全面和谐发展，为了适应这一社会发展的需要，2001年7月，教育部颁布了《幼儿园教育指导纲要（试行）》，把学前儿童数学教育纳入科学教育领域，从不同角度促进学前儿童情感、态度、能力、知识、技能等方面的协调发展。《幼儿园教育指导纲要（试行）》中明确了"幼儿能从生活和游戏中感受事物的数量关系，并体验到数学的重要和有趣"这一数学教育的目标，说明社会对学前儿童数学教育价值的重视。社会的发展和需要影响着教育目标的制定。同时，也使我们明确，在学前儿童数学教育活动中，应建立情感、社会性、智力等全面协调发展的教育目标体系。

（三）数学学科的特性

学前儿童数学教育的内容是数学知识及运用数学的能力。数学学科知识结构体系的严谨性，以及它的逻辑性和抽象性，对儿童发展有着特殊的价值，而且对他们良好思维品质的形成有着重要的作用。例如，学前儿童数学教育活动区别于学前儿童艺术活动的一个特点就是，数学学科本身体现出的理智思维训练价值和实践应用价值，《3—6岁儿童学习与发展指南》关于学前儿童数的认知方面提出的目标中就包括"引导幼儿观察发现按照一定规律排列的事物，体会其中的排列特点与规律，并尝试自己创造出新的排列规律"，要求他们"能发现生活中许多问题都可以用数学的方法来解决，体验解决问题的乐趣"等内容。这些目标恰恰凸显出数学学科的特性和价值。因此，在制定学前儿童数学教育活动目标时，要依据数学学科本身的知识体系、学科结构、学科学习规律、学科教育价值等内容。

三、学前儿童数学教育目标的层次结构

学前儿童数学教育目标的结构体现了数学教育目标体系的层次性。一般来说，学前儿童数学教育包括以下三个层次：学前儿童数学教育总目标、各年龄段教育目标、具体数学教育活动目标。其中，三个层次的目标，随着层次的递增概括性越强，可操作性越弱；而随着层次的递减，概括性越弱，可操作性越强。

（一）学前儿童数学教育总目标

2001年，教育部发布的《幼儿园教育指导纲要（试行）》明确提出了对学前儿童进行数学教育的总体要求和任务，具体表述如下。

1. 认知方面目标

（1）引导儿童在与环境相互作用的过程中，获得有关数、量、空间的感性经验，使儿童逐步形成一些初步的数学概念。

（2）学习用简单的数学方法，解决生活和游戏中某些简单的数学问题，发展儿童初步的逻辑思维能力，以及能用适当的方式表达、交流操作和探索问题的过程和结果的能力。

2．情感态度方面的目标

（1）激发儿童认识探索周围环境中的数量、形状、实践和空间等的兴趣，使他们愿意并喜欢参加数学活动。

（2）初步培养儿童在生活和游戏中的合作、交流意识。

3．技能方面的目标

（1）培养幼儿观察、思考和解决数学问题的能力，有独立自主选择数学活动内容和检验数学活动结果的能力。

（2）培养幼儿正确使用数学技能和使用数学活动材料的技能。

（3）让儿童能按规则进行活动，养成良好的学习习惯。

（二）学前儿童数学教育年龄阶段目标

2012年10月9日，教育部发布的《3—6岁儿童学习与发展指南》依据幼儿园小班、中班、大班学前儿童的身心发展特点制定了不同年龄段的阶段性发展目标，对于该时期应该获得哪些关键经验做了较为详细的界定。年龄段目标相较于总体目标表述更具体，更具操作性，体现了儿童发展阶段性和连续性的统一（见表5-1至表5-3）。

表5-1　目标1 初步感知生活中数学的有用和有趣

3～4岁	4～5岁	5～6岁
1.感知和发现周围物体的形状是多种多样的，对不同的形状感兴趣。 2.体验和发现生活中很多地方都用到数。	1.在指导下，感知和体会有些事物可以用形状来描述。 2.在指导下，感知和体会有些事物可以用数来描述，对环境中各种数字的含义有进一步探究的兴趣。	1.能发现事物简单的排列规律，并尝试创造新的排列规律。 2.能发现生活中许多问题都可以用数学的方法来解决，体验解决问题的乐趣。

表5-2　目标2 感知和理解数、量及数量关系

3～4岁	4～5岁	5～6岁
1.能感知和区分物体的大小、多少、高矮长短等量方面的特点，并能用相应的词表示。 2.能通过一一对应的方法比较两组物体的多少。 3.能手口一致地点数5个以内的物体，并能说出总数；能按数取物。 4.能用数词描述事物或动作，如：我有4本图书。	1.能感知和区分物体的粗细、厚薄、轻重等量方面的特点，并能用相应的词语进行描述。 2.能通过数数比较两组物体的多少。 3.能通过实际操作理解数与数之间的关系，如：5比4多1；2和3合在一起是5。 4.会用数词描述事物的排列顺序和位置。	1.初步理解量的相对性。 2.借助实际情境和操作（如合并或拿取）理解"加"和"减"的实际意义。 3.能通过实物操作或其他方法进行10以内的加减运算。 4.能用简单的记录表、统计图等表示简单的数量关系。

表5-3　目标3 感知形状与空间关系

3～4岁	4～5岁	5～6岁
1.能注意物体较明显的形状特征，并能用自己的语言进行描述。 2.能感知物体基本的空间位置与方位，理解"上下""前后""里外"等方位词。	1.能感知物体的形体结构特征，画出或拼搭出该物体的造型。 2.能感知和发现常见几何图形的基本特征，并能进行分类。 3.能使用"上下""前后""里外""中间""旁边"等方位词描述物体的位置和运动方向。	1.能用常见的几何形体有创意地拼搭和画出物体的造型。 2.能按语言指示或根据简单示意图正确取放物品。 3.能辨别自己的左右。

结合《幼儿园教育指导纲要（试行）》和《3—6岁儿童学习与发展指南》对学前儿童数学教育目标的要求，我们从集合与统计、数概念、量概念、时间概念、空间概念、形概念六个方面整合了学前儿童数学教育涉及的关键经验，见表5-4至表5-9。

表5-4　集合与统计的关键经验

项目	3～4岁	4～5岁	5～6岁
分类	1.探索物体的特征，学习并讲述物体的异同。 2.能根据一种外部特征（如形状、大小、高矮、长短、颜色等）对物体分类，即一元分类。 3.学习并初步理解相同与不同的概念。	1.能按照功能给生活中常见物体分类。 2.能按照物体的数量对物体进行分类。 3.能根据物体（图形）的两个特征进行分类，即二元分类。 4.学习并理解"分成""分开"等词语。	1.能根据两种或两种以上的特征给物体分类，即二元分类或多元分类。 2.能根据自己的想法给物体分类并说明理由。 3.具备初步的类别概念，以此给常见物体分类。
整体与部分	1.能够区分"1"和"许多"，在情境和操作中初步了解3以内总数和部分数的关系，比如，3可以分成1和2，1和2加在一起是3。 2.在运用常见平面几何图形进行拼摆任务时，能够解决需要使用3块拼板的拼图任务。	1.能够在情境和操作中初步了解5以内总数和部分数的关系，如，5可以分成2和3，2和3加在一起是5。 2.在运用常见平面几何图形进行拼摆任务时，能够解决需要使用4块拼板的拼图任务。	1.能够在情境和操作中初步理解10以内总数与部分数的关系，理解10以内各数的分解与组成情况。 2.在运用常见平面几何图形进行拼摆任务时，能够解决需要使用5块拼板的拼图任务。 3.初步理解等分的含义，能够将一个外形比较规则的实物或几何图形二等分或四等分。

续　表

项目	3～4岁	4～5岁	5～6岁
比较物体数量关系	1. 尝试使用对应的方法（重叠法、并放法）比较两种物体数量，知道哪组多，哪组少，哪组一样多。 2. 能够使用"一样多""多""少"等词语表示两组比较结果。	1. 能够不受物体大小、排列形式的影响，进行两组数量比较，一样多（变式）。 2. 学会把两组物体的不一样多，变成一样多；或者把一样多，变成不一样多（变式）。 3. 能够在情境和操作中运用对应比较法：重叠法、并放法、连线法。	1. 能够在情境和操作中进行对应比较：重叠比较、并放比较、连线比较。 2. 能够在情境和操作中进行非对应比较：单排比较、双排比较。
简单统计与图表记录		尝试通过图画、图表、数字等方式进行记录。	能围绕某一问题运用计数、测量等方法初步收集数据，进行汇总、比较和报告自己的发现。

表5-5　数概念的关键经验

项目	3～4岁	4～5岁	5～6岁
基数	1. 熟悉10以内各数的顺序，能正确地唱数到10。 2. 能手口一致地点数5个以内的物体，并能说出总数，能按数取物。 3. 能用数词描述事物或动作； 4. 能通过一一对应的方法比较两组物体的多少。	1. 能正确唱数到20，并能从任意数开始顺数、倒数。 2. 正确点数10以内的实物，并能说出总数，能按数取物。 3. 开始不受空间排列形式和物品大小等因素的影响，正确判断10以内物品的数量，初步感知10以内数的守恒。	1. 在唱数的基础上，初步了解个位、十位上的数表示的数量是不同的，初步感知数位的含义。 2. 初步尝试按数群计数，体验不同的计数方法。 3. 能通过实际操作理解10以内单数和双数的概念，以及10以内相邻数的概念。
序数		1. 能从不同方向（从左到右、从右到左、从上到下、从下到上、从前到后、从后到前）确认10以内物体的排列次序。 2. 理解序数的含义，会用序数词描述10以内物体的排列顺序和位置。	1. 能够同时考虑两个方向，确认物体的排列次序。 2. 能够发现和理解生活中常见的应用序数的情况。

项目	3～4岁	4～5岁	5～6岁
数字与数字符号	感知与体验生活中的数字。	1.在教师指导下，感知和体会有些事物可以用数字来描述，对生活中各种数字的含义有进一步探究的兴趣。 2.认读1～10的阿拉伯数字，能用数字正确表示10以内物体的数量。	1.能认读数字0，理解0的实际意义。 2.能够正确书写10以内的阿拉伯数字，书写姿势正确，在生活和游戏中乐于使用数字，感受到数字的有用。 3.在教师指导下对生活中简单的数学符号感兴趣。 4.了解"+""-""=">"">""<"的含义，能够运用这些符号表示简单的数量关系。
加减运算	能在情境与操作中初步感知数量多少的变化。	1.能够在情境与操作中感知加的含义：尝试将两组物体合并在一起，再通过点数逐一计算出得数。 2.能够在情境与操作中感知理解减的含义，尝试将要减去的物体拿走，再逐一点数，计算出得数。	1.能够在情境和操作中理解"加"和"减"的实际意义。 2.能通过实物操作等方法进行10以内的加减运算。 3.能够运用加减解决生活和游戏中遇到的简单问题。

资料来源：黄瑾.幼儿园数学教育与活动设计[M].北京：高等教育出版社，2010：6.

表5-6　量概念的关键经验

项目	3～4岁	4～5岁	5～6岁
长度	1.能感知和区分物体大小、高矮等量方面的特点，用相应的词汇表示。 2.能比较有明显差异的两个物体，判断物体长短、高矮。 3.能从3个大小或者长短不同的物体中，找出并说出哪个最大（最长）、哪个最小（最短）。	1.能感知并区分物体的粗细、厚薄等两方面的特点，能用"粗""细""厚""薄""高""矮"等词汇会物体特征进行描述。 2.能够在五六个不同大小/高矮/长短/粗细/厚薄的物体中，找出等量物体。 3.能够按照物体量的差异进行大小/高矮/长短/粗细/厚薄的正逆排序。	1.初步理解长短、高矮、粗细、厚薄、宽窄等量的相对性。 2.感知物体长度的守恒。 3.能够以某个物体为单位进行长度的测量和比较。
重量	初步感知物体的重量特征，理解"轻""重"的含义。	能够感知和区分物体的重量特征，并能用相应的词语表示。	1.初步理解重量的相对性。 2.感知物体重量的守恒。 3.初步理解物体重量与体积之间的不对应关系，如一块实木积木体积很小但是很重。 4.能够结合实际情境体验用地秤、天平等常见工具测量重量。

续 表

项目	3～4岁	4～5岁	5～6岁
容积	能在情境与操作中初步感知数量多少的变化。	能在情境和实际操作中感知和区分物体的容积特征，能初步描述物体的容积。	1.初步感知液体容积守恒现象。 2.能在教师的引导下，运用目测、自然测量等方式比较两个物体的容积大小。

表5-7 时间概念中的关键经验

项目	3～4岁	4～5岁	5～6岁
时间	1.理解早晨、晚上、白天、黑夜的含义。 2.能够运用"早晨""晚上""白天""黑夜"等词语说一句话。	理解"昨天""今天""明天"的含义，正确运用这些词汇。	1.感知和体会借助某种方法或工具可以记录时间的长短，如沙漏、时钟等。 2.初步认识时钟，会看整点、半点，能按钟点说出一天的主要活动。 3.初步认识日历，了解年、月、日、四季、星期的名称及顺序。 4.感受时间的不可逆性，有初步的珍惜时间意识。

表5-8 空间概念中的关键经验

项目	3～4岁	4～5岁	5～6岁
自我为中心	初步理解基本的方位词，能够说出以自身为中心的上下方位，包括自己身体部位的上下位置，能够找出在自己上面的物体、在自己下面的物体。	1.能够说出以自身为中心的上下、前后方位。 2.能够按照指定方向，如向上、向下、向前、向后运动。	1.能够区分并说出自己身体上的左和右。 2.能够区分并且说出以身体为中心的左边和右边的物体。
客体为中心	初步感知并判断两个物体之间明显的上下关系，说出什么在什么的上面，什么在什么的下面。	1.区分并说出物体与物体之间的上下、前后位置关系。 2.能够使用"上下""前后""中间""旁边"等方位词描述物体的位置和运动方向。	1.能够辨别物体与物体之间的左右关系。 2.能够按照语言知识或者根据简单的示意图正确取放物品。

表5-9 "形"的关键经验

项目	3～4岁	4～5岁	5～6岁
物体的形状	1.初步感知物体形状，知道物体形状是多种多样的，对不同形状感兴趣。 2.能用自己的语言尝试描述不同物体比较明显的形状特征。	1.能够在教师引导下尝试用形状来描述物体。 2.初步感知物体的结构特征，尝试画出或拼搭出该物体的造型。	

项目	3～4岁	4～5岁	5～6岁
常见的平面图形	1. 初步认识圆形、正方形、三角形，正确说出图形名称。 2. 能够在周围环境中寻找和图形相似的物体。	1. 初步认识长方形、椭圆形和梯形等常见的平面图形。 2. 感知图形之间的简单关系，如，正方形可以变成两个长方形或者两个三角形。	1. 初步理解重量的相对性。 2. 感知物体重量的守恒。 3. 初步理解物体重量与体积之间的不对应关系，如，一块实木积木体积很小但是很重。 4. 能够结合实际情境体验用地秤、天平等常见工具测量重量。
常见的立体图形	能在情境与操作中初步感知数量多少的变化。	能在情境和实际操作中感知和区分物体的容积特征，能初步描述物体的容积。	1. 正确认识正方体、长方体、圆柱体，能够说出名称。 2. 能在教师引导下建构形体，感知立体与平面图形之间的关系。 3. 能够区分平面几何图形和立体几何图形，并按照图形特征进行分类。

（三）学前儿童数学教育活动目标

《幼儿园教育指导纲要（试行）》中明确提出，幼儿园教育应当贯彻国家的教育方针，坚持保育与教育相结合的原则，对幼儿实施体、智、德、美诸方面全面发展的教育，全面落实《幼儿园工作规程》提出的保育教育目标。教师在设计学前儿童数学教育活动目标时，应该遵循以下原则。

（1）目标的全面性。幼儿的发展是一个整体，教师在设计数学活动目标时，要关注领域之间、目标之间的相互渗透和整合；同时，要关注幼儿知识与技能、情感态度与价值观的协调发展，不能只注重数学学科知识的传授。

（2）目标的发展性。一方面，教师在设计数学教育活动目标时，要立足于幼儿的发展，教育目标要符合幼儿身心发展水平；另一方面，教学应该走在发展前面，教学活动应该在符合幼儿现有水平的基础上设置一定的挑战，让幼儿"跳一跳""够得着"，在活动中获得新的发展。

（3）目标的针对性。在制定数学教育活动目标时，尽量小而准，切忌空洞、抽象的目标。数学活动目标应该具体、可操作，因为教学活动目标会作为教育评价的基础。教学活动目标的制定应该体现本次活动的重点内容及期望达到的效果，并且只能适用本次活动，如果教育目标过于宽泛，放在其他活动也适用的话，就会缺乏针对性，无法成为教育评价的依据。

（4）目标的统一性。在制定数学教育活动目标时，我们可以从教师的角度出发，也可以从学前儿童的角度出发，但是表述的行为主体要统一。如在制定知识目标时把幼儿当作行为主体，在制定能力目标时又把教师当作行为主体，这样混乱的表述是不可取的。

主题 2 学前儿童数学教育的内容

学前儿童数学教育内容是实现学前儿童数学教育活动目标的重要保证，也是教师对学前儿童进行数学教育的依据。选择学前儿童数学教育内容，既要符合我国对学前儿童教育提出的全面发展要求，又要考虑到学前儿童对数学概念认知发展的特点和规律以及数学学科本身的特点，因此，我们要科学合理地选择和安排学前儿童数学教育内容。

一、学前儿童数学教育内容选择的依据

（一）符合学前儿童数学教育的目标

《幼儿园工作规程》是为了促进儿童富有个性的全面发展以适应未来社会发展的需要而提出的，其根据幼儿身心发展特点明确规定了幼儿园保育教育的主要目标，为我们确立学前儿童数学教育目标体系提供了方向性和指导性依据。我们在建构数学教育目标体系过程中必须注意：促进儿童的全面发展，注重儿童学习品质和学习习惯的养成，体现教育面向未来的思想。数学教育除了要帮助儿童积累数学知识外，还要具备整合的教学观，在数学教育活动中整合五大领域的经验，使幼儿具备获取知识、探索发现的能力以及人际交往的能力，体现对学前儿童探究能力、竞争精神、合作交往等健康心理品质的培养。

（二）符合数学知识本身的特点

数学是一门逻辑性、科学性很强的基础科学，其知识相互关联并且系统有序。所以，学前儿童数学教育内容的选择必须体现数学学科的特征，遵循学科发展的规律，内容不仅要设计粗浅的数概念，还应该包括时间、空间以及几何形体等方面的知识。

（三）符合学前儿童认知发展的特点和规律

学前儿童是学习的主体，在选择数学教育内容时，必须考虑到学前儿童认知发

展的特点和规律。教育内容的选择要结合儿童的生活经验，考虑学前儿童日常生活以及正确认识周围客观事物需要的一些数学初步知识。将数学教育的内容融入幼儿的生活，将关键的知识经验渗透幼儿的一日生活。

二、学前儿童数学教育的内容结构

（一）集合与统计

集合是现代数学的一个基本概念，整个数学都建立在集合的基础上。德国著名数学家康托尔提出"集合"的概念：把若干确定的、有区别的（不论具体的还是抽象的）事物合并起来，看作一个整体，就称为一个"集合"，其中各事物称为该集合的"元素"。集合是幼儿理解数学的准备和起点，对幼儿数学概念的形成起着基础概念的作用。有关集合概念的教育活动不仅应作为幼儿数学教育的重要内容之一，还应将它贯穿整个幼儿期数学教育的全过程，为幼儿建立初步数概念及加减运算积累感性经验。感知集合是幼儿计数、理解数的基础，有助于幼儿发现事物的共同属性，抽象出数概念，理解数的组成和加减运算，感知集合的对应关系有利于幼儿深入理解数量关系。

集合与统计的教学内容包括分类、认识整体与部分的关系、比较物体数量关系、能够进行简单统计与图表记录。

（二）数概念

数概念是指对数的理解和运用，它是幼儿数学教育中最基础的内容，也是幼儿认知能力和思维能力发展研究的重要内容，是幼儿积累数学感性经验首先遇到的重要问题。幼儿数概念的建构是一个长期而复杂的过程，也是一个连续发展的阶段性过程。

数概念的教学内容包括计数（口头数数→按物点数→说出总数→顺数和倒数），按数取物，按群计数，数的守恒，认识数序，认识相邻数，认识序数，认识单双数，数的组成与分解，10以内数的加、减运算，10以内数的认读与书写。

（三）量的概念

量是指客观世界中，物体或现象具有的可以通过定性区别或定量测定等手段加以认识的属性。任何具体事物都有量方面的特征，它可以分为连续量和不连续量两种。连续量也叫"相关量"，表示物体的属性，如长度、面积、容积等；不连续量也叫"分离量"，表示物体集合元素的多少。

量的概念教育内容包括：量的比较，比较大小、长短、粗细、高矮、厚薄、宽窄、轻重、容积等量的差异；量的排序，量的正、逆排序；量的守恒；自然测量，能利用自然物作为量具测定物体的长短、高矮、宽窄等。

（四）形的概念

几何图形是指点、线、面以及它们的集合，其中同一平面内的点、线、面构成的图形叫"平面图形"，它是在同一平面内的图形，只有长度和宽度，没有厚度或高度；空间中点、线、面构成的图形叫"立体图形"，它是由面围成的封闭图形组成的，有长度、宽度和高度。几何形体是人们用来确定物体形状、大小的标准形式，在日常生活中有着十分重要的作用。

形的概念教育内容包括：常见的平面图形，圆形、正方形、三角形、长方形、半圆形、椭圆形、梯形；常见的立体图形，球体、圆柱体、正方体、长方体；图形之间的简单关系。

（五）时间概念

时间是物质运动变化过程的持续性和顺序性。任何客观物质，都要经过一个持续发展的过程。例如，物体从空中落到地面上，花的开与谢，太阳的升与落，人的生与死等，这些物质运动过程的持续性，都是物质的时间属性。时间还指两个时刻间的距离或指某一时刻。

时间概念的教育内容包括：区分早晨、晚上、白天、黑夜、昨天、今天、明天、星期、年月日的名称及顺序；认识时钟，长针、短针及其功用，认识整点和半点。

（六）空间概念

空间是一个比较抽象的概念，幼儿阶段空间概念的发展主要是指空间知觉的发展。在认知心理学家看来，空间知觉的含义非常广泛，不仅包括对方向定位的知觉（空间方位），还包括对距离的知觉、对图形辨认的知觉等。

空间概念的教育内容包括：空间方位，如上、下、前、后、左、右、里、外、远、近等；空间运动方向，向前、向后、向左、向右、向上、向下等。

主题 3　学前儿童数学教育的方法

一、游戏法

（一）游戏法的含义

游戏是幼儿的生命。"以游戏为基本活动"不仅仅是教育部反复申令强调的幼儿园教育的基本原则，也是众多专家、学者以及有识之士的共识。儿童与游戏就像鸟儿和天空，鸟儿离开天空被禁锢就会有失去生命和发展的可能。游戏法是根据幼儿好动的天性，具体形象的思维特点，将学前儿童数学教育组织方式游戏化，强调生活实际与数学知识紧密结合的一种教学方法，强调贴近幼儿生活经验组织游戏，在生活情境中通过游戏建构数学教育。游戏法的组织方式强调尊重游戏本身的特点，在幼儿已有经验和初步心理准备的基础上，教师为幼儿创设蕴含丰富数学经验的游戏环境和条件，使幼儿在游戏中自发、自由地操作，获得相应的练习，从而巩固和提升数学经验。在这个过程中，教师要注意材料投放的目的性和层次性，兼顾不同幼儿的需求，将数学教育目标隐含在游戏中。同时，教师要尊重游戏自发性、想象性、自主性的本质。扮演间接控制的角色，在适宜时机及时介入，帮助幼儿建构经验。

（二）游戏法的类型

1. 操作性数学游戏

操作性数学游戏主要是指儿童通过对玩具或实物材料的操作获得相关数学知识的一种游戏，它也有一定的游戏规则。这种方法的运用没有年龄要求，任何年龄阶段的幼儿都喜欢。

2. 情节性数学游戏

情节性数学游戏是指教师根据幼儿兴趣与需要预设教学目标，结合数学教学内容预设一个模拟情境，让幼儿在故事情境中用数学知识解决问题，从而获得相关技能和思维能力的发展。情节性数学游戏有一定的情节、内容和角色，能够使幼儿身临其境，引起幼儿的共鸣，所以更适合年龄较小的幼儿。比如，幼儿扮演商店老板"小熊"和顾客"小兔""小猫"的角色，在购买东西帮"小松鼠"准备生日派对的时候学习点数。

3. 竞赛性数学游戏

竞赛性数学游戏是指带有一定竞赛性质的数学游戏。中、大班幼儿开始对游戏的结果有了注意，他们游戏的规则相较于小班更复杂，竞赛性游戏增多。这类游戏能很大程度调动幼儿积极性，有助于学前儿童巩固所学知识，发展思维的敏捷性和灵活性。

4. 运动性数学游戏

运动性数学游戏是指将数学概念或知识蕴含于体育活动中的游戏。例如，小班学前儿童感知形成集合概念，可以玩"占圈"的体育性游戏；大班学前儿童学习数的组成，可通过掷飞镖、投沙包等运动性游戏记录不同数量的投掷结果，根据对投掷结果的归纳学习数的组成。这类游戏既满足了学前儿童好动的天性，又渗透了数学的初步概念。

5. 多感官参与的数学游戏

多感官参与的数学游戏主要是指儿童通过视觉、听觉、味觉、嗅觉、触觉的感官功能，感知与数、量、空间等相关的数学概念。比如，幼儿在进行物体比较的时候，通过听一听、摸一摸、看一看判断物体的相同点与不同点。这一方法适用于各个年龄段，多感官参与可以帮助幼儿全面感知实物的特征，获得关于实物清晰的表象，为后续比较、排序、测量等数学经验的学习奠定基础。

6. 数学智力游戏

数学智力游戏主要是指通过有趣的数学题目提升幼儿认知、综合分析、逆向思维、发散思维、迁移思维以及运用数理逻辑思维解决问题的能力。这种方法能够极大地调动幼儿主动性，引导幼儿积极思考，对培养幼儿的思维品质有很大的促进作用。

（三）游戏法的运用

1. 尊重幼儿个体差异，注重材料投放的层次性

教师在创设环境、投放材料引导幼儿操作，获得数学知识的过程中，应当尊重幼儿的个体差异，兼顾不同幼儿的发展水平，投放有一定难度梯度的材料，让不同发展水平的幼儿都能获得成功的体验。

2. 充足的时间

拿幼儿在区角的游戏来说，对于有目的、有计划的幼儿来说，他们从进入游戏到顺利开展游戏至少需要 20 分钟，如果在这一过程中有了新的想法或者遇到了问题需要解决，或者想玩出满意的结果，时间往往是不够的，这对于年龄大的幼儿来说更明显。而对于没有目的和计划的幼儿来说，他们从产生想法到投入游戏则需要更长的时间。所以，教师要根据活动的特点以及幼儿的发展水平灵活调整游戏时间。

3. 内容选择恰当

根据学前儿童的年龄特点和实际水平，选择适宜的游戏形式。幼儿园小班以情境性和感官性数学游戏为主；幼儿园中班除了多运用情境性和智力性数学游戏外，还可适当地选择口头性数学游戏；幼儿园大班则以口头性和智力性的数学游戏居多，加入了一定的竞赛性游戏，这样不仅适合儿童的竞赛心理，而且有利于培养他们思维的敏捷性和灵活性。小班的数学游戏不适宜选择竞赛的形式。

二、操作法

（一）操作法的含义

操作法是学前儿童通过亲自动手操作直观教具，在摆弄物体的过程中进行探索，从而获得数学经验、知识和技能的一种学习方法。如运用各种材料（纽扣、杏核等）进行计数；有各种几何形状的塑料片（或硬纸片）、积木等比较和认识几何形体，进行形体的拆拼、分合；亲手拨动玩具钟盘上的长、短针，以获得关于正点、半点的概念等。操作法是学前儿童学习数学的一种十分重要的基本方法。学前儿童期各年龄班儿童的数学教学都应充分运用这一方法。

瑞士心理学家皮亚杰认为，智力来自动作，活动是连接主客体的桥梁，抽象概念的掌握要从动作开始。儿童在移动、拆散、合并物体的反复动作过程中，再配合词语使动作"内化"，从而达到在心理上进行的、内化了的、可逆转的动作水平，即"内化说"。

根据这一学说，学前儿童学习数学，首先应从外部形式的活动——对物体的操作开始，在操作和积极的探索过程中促进思维活动的发展——由直接感知动作内化为头脑里的智力活动，进而构建起初步的数学概念。因此，操作法的重要性在于：它是儿童在头脑中构建初步数学概念的起步，是儿童获得抽象数学概念的必由之路。我们应将操作法运用到学前儿童数学教育的一切活动中。

（二）操作法的运用

1. 优化操作活动的方案设计

教师在设计操作活动方案时，要兼顾数学活动目标和操作活动目标，预设活动过程，如在操作活动的每一个环节应该完成什么样的任务，如果幼儿遇到困难，该如何提供帮助或者提供怎样的帮助，如何引导幼儿完成教学内容。操作活动的落脚点应该是数学知识本身，这就要求教师对问题的设计有一定的科学性，让幼儿能够在操作活动中获得数学的核心经验。教师在设计数学活动时，要将数学的核心经验融入操作活动，让幼儿通过自我操作、自我思考和自我探索以及教师的归纳总结，明确核心的知识经验，掌握数学知识的概念。因此，教师在运用操作法组织数学教学活动时，要明确核心数学知识，将关键经验融入幼儿的操作活动，最后以讨论交流的方式提问幼儿，帮助幼儿整理经验，验证活动设计的科学性。

2. 提高投放材料的开发利用率

教师应该为儿童的操作活动创设适宜的环境，提供必要的条件，在这个过程中，蕴含着丰富数学经验的材料尤为重要。为了提高材料的利用率，教师可以通过建立专门的操作材料室自制数学操作材料。操作材料室，不仅有丰富的数学操作原材料，而且有其他教学领域的原材料，教师可以在材料室定期进行操作材料的制作，各领域相互借鉴、相互补充，丰富和完善操作材料。在组织数学领域的操作活动时，材料的使用应该具体到每一次的数学活动，这些教师自制的材料应该根据数学教育内容进行整理和归类，根据幼儿的使用情况，由教师交流总结出不同类型与不同内容的数学活动应该对应使用哪种材料更为适宜。通过对材料的探索，教师可以深入了解幼儿数学知识的现有水平以及操作特点，深入了解材料的特性，使教师数学教育活动的组织更有针对性，从而更好地帮助幼儿习得数学知识，发挥材料的最大功能，提升材料的利用率。

3. 提高指导的有效性

在操作活动当中，教师应该给予幼儿一定的时间以及空间，同时要提供适时的引导。教师应该根据不同幼儿的特点选择恰当的方式，有针对性地进行指导。比如，对于不善于表达的幼儿，教师可以提开放性问题与幼儿进行交流，锻炼其表达能力；对于胆小渴望教师关注的幼儿，教师应多给予口头上的表扬，但要控制表扬的次数和方式，幼儿的模仿能力强，长此以往其他幼儿也会逐渐寻求教师的关注；对于行为习惯较差的幼儿，教师应注重对其操作常规的引导，可指定该幼儿完成收发材料和定期整理材料的工作；对于学习能力强的幼儿，教师应培养其合作能力，与其他幼儿分享经验。教师在指导时也要注意语言表达，要简明精练、具有启发性，便于幼儿理解和记忆。教师指导的有效性最重要的就是因材施教，由于幼儿的个体差异性，教师应努力做到在集体教学活动中对不同幼儿采取不同的指导方式，不仅能让幼儿获得相关数学知识，还能针对幼儿的性格特点促进其健康成长，达到更高水准的教育目的。

三、比较法

（一）比较法的含义

比较是思维的过程，是通过感官观察、感受认识物体特性，对物体之间某些属性建立关系的过程。比较法是通过两个或者两个以上物体的比较，让学前儿童找出他们在数、量、形等方面的相同点与不同点的一种学习方法。比较法被广泛运用于数学教育各内容和各年龄班中，是幼儿园进行数学教育的重要方法之一。比如，认识两个图形的大小，儿童需要通过观察对它们进行比较，从大小这一属性把这两个图形联系起来做出判断。

（二）比较法的分类

1. 按照比较的性质可以分为简单的比较和复杂的比较

简单的比较是指对两个（组）物体的数或量的比较；复杂的比较是指对两个（组）以上物体的数或量的比较，复杂的比较是以简单的比较为基础的。

2. 按照比较的排列形式可以分为对应比较和非对应比较

（1）对应比较是把两个（组）物体一一对应加以比较。具体分为以下三种。

①重叠式：将一个物体重叠在另一个物体上，形成两个物体之间一一对应的关系，从而进行比较数或量的不同。

②并放式：把一组物体并放在另一组物体的下面，形成两组物体之间一一对应的关系，进行数或量的比较。如将四个三角形一一并放在四个圆形下面进行比较。

③连线式：将图片上画的物体和有关的物体、形状或数字等用线联系起来进行比较。

（2）非对应比较也可以分为三种形式。

①单排比较：将物体摆成一排或一行进行比较。

②双排比较：将物体摆成双排进行比较。

③不同形式的比较：将一组物体做不同形式的排列，进行数量比较。

四、变式守恒法

变式守恒法来源于皮亚杰的守恒实验，其目的在于帮助幼儿通过对数、量变式的观察、比较获得稳定的数学概念，形成守恒的认知结构。所谓变式，只在操作材料说明问题时，虽然材料的呈现形式是不断变化的，但是材料的属性不变。比如，五枚同样大小的棋子，可以横着摆，可以竖着摆，可以紧紧靠在一起，可以棋子之间有一定间距，但是棋子没有大小之分。所谓守恒，是指在改变元素形状、排列组合等外部因素时，其本质属性不变。变式守恒法包括数目守恒、长度守恒、面积守恒等，教师可以组织幼儿在变式守恒的实验中帮助幼儿获得对量的认识，形成稳定的数学概念。

五、启发探索法

（一）启发探索法的含义

启发探索法是教师通过启发性的提问，引导学前儿童运用已有经验，通过积极思考、主动探索，将外在表象进行内化的一种思维过程。启发探索法可以最大限度地调动学前儿童学习的积极性，引导儿童积极思考，获得相应的经验。

（二）启发探索法的运用

1. 抓住时机，适时启发

学前儿童以获得直接经验为主，教师要创设一定的环境，让幼儿动手操作。在探究过程中，儿童发现问题，尝试解决问题有一个过程，需要一定的时间和空间。教师要做观察者、引导者，给予幼儿试错的机会，放手让他们去发现、探索、思考，学会等待、观察，不要在幼儿遇到困难时马上进行干预，急于告诉他们答案，而应该在适当的时机给予点拨，在关键处启发幼儿。

2. 归纳总结，交流表达

在活动结束环节，教师应该组织儿童回顾分享自己的操作过程，让儿童尝试总结自己的操作经验，与同伴进行分享；同时，可以结合画图、记录表等多种展示形式，鼓励儿童记录探究的过程以及探究的结果。

3. 关注过程，及时肯定

一方面，儿童发展具有个体差异性，每个幼儿的已有知识经验和探索水平是不同的，教师要因材施教，不要用同一标准要求每个幼儿；另一方面，教师不应该只关注数学活动的结果，以结果为唯一的评价指标，还应该关注过程，关注幼儿在解决问题时积极的探究行为，比如，能够通过向同伴求助解决自己遇到的困难、能够与同伴分工合作一起解决问题等。当幼儿出现了积极的探索行为时，教师应该及时而具体地对其进行肯定。

4. 善于提问，循循善诱

启发探索法适用于各个年龄班，教师要充分了解幼儿的已有经验，运用提问的方法帮助幼儿克服困难，进行探究。比如，当幼儿没有想法，不能开始活动，一筹莫展时，教师可以通过提开放性问题，让幼儿产生探究的想法，比如，"你发现了什么""你是怎么知道的""还有不同的发现吗"。当幼儿在探究过程中遇到困难时，教师提问应该具有一定的针对性，帮助幼儿聚焦问题并尝试解决，如"现在少了一个正方形，有什么图形可以变成正方形呢"。

六、演示讲解法

（一）演示讲解法的含义

演示讲解法是指教师在结合直观教育的基础上通过口头讲解，将抽象的数学概念具体呈现的教学方法。与传统的讲解法不同，结合演示的讲解法就是边讲解边演示，因为学前儿童以获得直接经验为主，理解抽象的概念有困难，但是单纯演示又不能体现数学教学目标，所以演示要结合成人的口头语言进行讲解。

在长期的教学实践中，教师均以演示讲解法为主进行抽象概念的传授，这种方法违背了《幼儿园工作规程》要求的让学前儿童得到生动、活泼、和谐发展的精神和数学教育发展学前儿童思维的宗旨。因此，我们应该结合数学知识的特点，有选择、有针对性地运用演示讲解法。演示讲解法并不是知识的灌输，而是以学前儿童为主体，通过教师适宜的演示方式和简洁生动的解释说明，把抽象的数学知识具体形象地呈现在学前儿童面前的一种方法。

（二）演示讲解法的运用

1. 突出重点

学前儿童以无意注意为主，长时间枯燥的讲解会让他们分散注意力，所以演示讲解法的内容必须围绕要求掌握的知识和技能开展，突出重难点，尽量避免无关内容分散幼儿注意力。

2. 语言精练

教师在讲解时，要将抽象的概念具体化，结合幼儿生活经验，使用简单明了、形象生动、通俗易懂的口头语言进行讲解。

3. 教具直观

教师的教具应该具有针对性，根据数学教学目标和内容进行选择，不要使用太新奇的物品，避免分散儿童的注意力。演示时动作要干净利落，语速适中，关键词和知识点要在音量和语速上加以强调。

4. 主体突出

儿童是学习的主体，教师在进行演示讲解的过程中要特别注意师幼互动，尽可能创设机会让幼儿多感官参与，体验教师的演示过程，调动幼儿思维积极性。

以上是学前儿童数学教育活动中常用的几种方法，这些方法之间有着密切的联系，无须截然分开，教师可在实际工作中灵活运用，使之相互结合、互为补充。

拓展阅读

幼儿与数学教育

幼儿数学教育是一门系统性、科学性、逻辑性较强的学科，所以教师在教育、教学中感到比较难教，幼儿在学习中感到比较枯燥。如何使幼儿数学教育变为教师愿教、幼儿愿学的一门学科，是幼教工作者正在探索的问题之一。

（一）通过和环境相互作用进行幼儿数学教育

根据幼儿期思维发展的特点，小班幼儿处于思维发展的感觉运动水平，中、大班幼儿处于感觉运动阶段向具体形象阶段发展的思维水平，因此幼儿很难掌握抽象的数学概念。由此，教师最好让幼儿通过和环境的相互作用进行数学学习。一个精心安排的环境能促进幼儿思维的发展，发展他们的数学概念。例如，教师安排了能为幼儿提供分类学习的环境。在一个架子上，教师摆放了各种不同大小、不同颜色、不同形状的积塑片，让幼儿进行分类；在另一个柜子上，教师摆放了各种交通工具的卡片，让幼儿根据名称（车、船、飞机、火车）分类。

通过游戏进行幼儿数学教育。游戏是幼儿期最基本、最主要的活动。在游戏中，幼儿可获得数学知识，并有机会自由地表现自己，表达自己的感受。例如，在娃娃家中，"妈妈"将餐具（勺、碗、筷子等）一一发给"孩子们"。在这个简单的游戏中，幼儿发展了一一对应的概念。

（二）通过操作进行数学教育

只有在幼儿参与了大量的活动，使用了大量的材料，并经常讨论他们的观察和发现，幼儿才有可能掌握概念。例如，当儿童通过大量的操作，发现"1"是所有一样东西所表示的集合时，并能用语言清晰地表示所有一样东西的集合时，幼儿才真正掌握了"1"这个数的含义。

（三）通过各种活动进行数学教育

儿童学习的方式和各自的爱好是不同的，教师应该设计各种活动，提供不同选择的机会，以满足不同儿童的各种需要。例如，在进行分类的活动时，教师可提供各种不同颜色小型积塑片、各种不同的积木、各种学习用具、各种餐具……，以满足不同儿童的探索需要。

（四）通过激发幼儿的思维来进行数学教育

灌输式的教学是一种不经儿童思考的教学，在这种教学情境下，幼儿不可能积极、主动地学习，不可能真正掌握数学知识，发展逻辑思维。因此，教师应该提倡启发式的教学，鼓励儿童通过操作，进行探索。在这个过程中，教师要设置各种问题情境，让幼儿进行思考，自己得出答案。

（五）通过激发幼儿的情感来进行数学教育

幼儿的情感极大地影响他们对数学的学习。应该通过提供幼儿可接受的、鼓励的、刺激的、可欣赏的环境，以此激发幼儿学习数学的兴趣，并使他们确信自己是有能力学好数学的，培养他们对数学的积极态度。例如，"这只杯子装水多，还是这只碗装水多？"的问题引发了幼儿的兴趣，通过讨论得出答案后，又使他们确信数学是有趣的，他们喜欢数学，也能学好数学。

（六）通过语言进行数学教育

数学概念的内化和语言技能的发展是儿童智力发展的两个重要方面。二者相互作用，相互促进。教师在教学中应该采用生动、简洁、正确的语言表达，同时也给幼儿用语言表达自己对数学概念的理解的机会。例如，当教师以生动、形象的语言配合具体的实物让幼儿知道什么是三角形以后，启发幼儿用"三角形有三条边，三个角"这样的语言来表达三角形的基本特征。

（七）通过讨论进行数学教育

幼儿通过操作，通过自己的探索，对数学中的某个问题有了一定的感受，急于想表达自己的想法。教师应该为幼儿提供机会，让他们有自由表达的机会，并和同伴一起讨论他们的发现和问题。例如，当幼儿用小石头进行 8 的分解以后，教师就让幼儿分几个小组讨论，让每个幼儿都能表达自己的感受，并能从同伴的想法中受到启发。在幼儿数学教育，这八种途径不是决然分开的，而是互相交织、互相作用的。这八种途径的合理、充分的运用，将使教师的教学更加生动活泼，幼儿的学习更加趣味盎然。

精准备考

（一）单项选择

1. 学前儿童数学教育研究范围主要是（　　）的儿童。

A. 0～6 岁

B. 3～6 岁

C. 2～7 岁

D. 3～5 岁

2. 对于学前阶段的数学启蒙教育而言，其首要任务是（　　）。

A. 发展幼儿初步的逻辑思维能力和解决问题的能力

B. 为幼儿提供和创造促进其数学学习的环境与材料

C. 培养幼儿对数学的兴趣和探究欲

D. 促进幼儿对粗浅数学知识和概念的理解

3. 初步认识 10 以内数的守恒属于（　　）年龄段教学内容。

A. 小班

B. 中班

C. 大班

D. 学前班

4. 桌面上一边摆了 3 块积木，另一边摆了 4 块积木。教师问："一共有几块积木？"从幼儿的下列表现来看，数学能力发展水平最高的是（　　）。【2017 年上半年统考】

A. 把 3 块积木和 4 块积木放在一起，然后一个一个点数

B. 看了一眼 3 块积木，说出"3"，暂停一下，接着数"4、5、6、7"

C. 左手伸出 3 根手指，右手伸出 4 根手指，然后掰手指数出总数 7 块

D. 幼儿先看了 3 块积木，后看了 4 块积木，暂停一下，说 7 块

（二）简答题

教师为了帮助大班的幼儿了解春天的季节特征，同时在其中渗透数学教育，专门制作了一套"春天"的拼图（见图 5-1 之①）。拼图底板是若干道 10 以内计算题，每小块图形的正面是春天景色的一部分，背面是计算题的得数（见图 5-1 之②），教师希望幼儿根据计算题与得数的匹配找到拼图的相应位置。然而，材料投放后，教师却发现许多幼儿不用做计算题就能轻松完成拼图，也未对图片中的季节特征产生观察与探究的兴趣。【2017 年上半年统考】

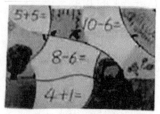
①尚未完成的拼图

②小块图形的正面与背面

图 5-1　"春天的拼图"和"得数"

问题：

（1）请从幼儿获得科学经验的角度，分析这一拼图材料的投放，对达成教学目标是否适宜？为什么？

（2）该材料在设计上存在什么问题？请提出改进建议。

答案与解析

第六单元　学前儿童数学教育活动的设计与指导（上）

（一）知识目标

（1）了解学前儿童集合概念的基本知识，掌握学前儿童感知集合的四个阶段。

（2）了解学前儿童数概念的基本知识，掌握学前儿童数概念的发展阶段。

（3）了解学前儿童加减运算的基本知识，掌握学前儿童加减运算能力的发展特点。

（二）能力目标

（1）明确学前儿童感知集合教育的意义，掌握学前儿童感知集合教育的指导要点，能设计和指导学前儿童感知集合的教育活动。

（2）明确学前儿童数概念的教育目标，掌握学前儿童数概念教育的指导要点，能设计与指导学前儿童数概念的教育活动。

（3）明确学前儿童加减运算的教育目标，掌握学前儿童加减运算教育的指导要点，能设计与指导学前儿童加减运算的教育活动。

（三）情感目标

（1）通过小组合作等形式体验数学教育的乐趣，培养团结协作、互助友爱的精神。

（2）通过项目体验等形式体验数学学习与教育的成就感，提高学习兴趣，培养数学思维。

（3）切实感受学前儿童数学教育的具体化、生活化，喜欢实施直观具体的数学教育，避免学前儿童数学教育小学化。

思维导图

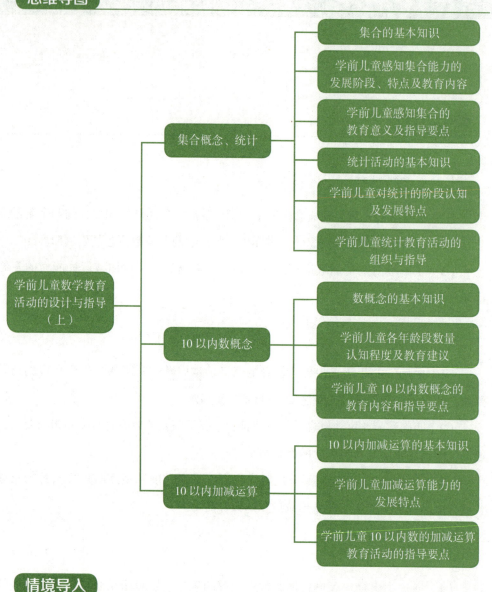

情境导入

数学的萌芽已露尖尖角

镜头一：谁多谁少

今天早上，4岁的优优拿了一块巧克力来幼儿园。4岁的洋洋看见了，问优优可不可以分享，优优表示可以。洋洋想要多一点，刚刚开始优优是反对的。洋洋就提议给他多一点，他先开始吃，优优后吃，这样就显得优优的更多了。优优觉得有道理，掰了一大块给洋洋，看着洋洋吃，等他快吃完的时候，优优才开始吃手里那块"多"的巧克力。

儿童推定时可能只以眼前看到的为准，这是思维开始启动时的现象，非常有趣；谁的大、谁的小，谁吃亏了、谁占便宜了？可能我们不能用成人的思维来看待这个问题。

镜头二：没有第三

早晨，6 岁的田田刚进大厅就对我说："王老师，你猜今天我是第几个起床的？""第一个。""对了！""那你猜我爸爸是第几个起床的？""第二个。""不对。""妈妈是第二个起床的，爸爸是第四个起床的。"我很疑惑，因为田田告诉过我，她家就三个人。我问道："那第三个是谁呀？"田田看了看我："没有第三个。""为什么？""因为爸爸今天起床特别晚，我和妈妈都准备好了，爸爸才慢慢起床，所以，爸爸是第四个。"

镜头三：买单

用餐完毕，果果大声招呼服务员："我们买单。"

乐乐急忙拿着计算器过来，算了算账，一共 45 元。

"啊，这么多钱，我只有 10 元。"果果说。

依依向果果伸出手："我这儿还有 20 元呢。"

3 个小客人凑了凑，有 51 元。

乐乐收了 51 元，嘴里念叨着："收您 51 元，我该找您多少钱呢？"说着还看了看我，我伸出 6 根手指。乐乐会意，对果果说："找您 6 元，您拿好。"

小客人们离开后，服务员忙着收拾整理餐桌。

镜头四：哪个多

妈妈将等量的液体倒入两个完全一样的杯子，问 5 岁的梓萱哪杯液体更多。梓萱说两杯液体一样多。随后，妈妈将这两杯装有相同量的液体倒入两个不同形状的杯子，问梓萱哪杯液体更多。这次梓萱的回答是，液体看起来高的那杯装得更多。

妈妈又向梓萱展示两排对齐排列的圆扣，每排数量都为 10 个，问梓萱哪排圆扣更多。梓萱能正确回答"一样多"。然后，妈妈又把其中一排圆扣间隔更大排列，使其看起来比另一个排更长，问梓萱哪排圆扣更多。此时，梓萱的回答是间隔大的一排圆扣更多。

镜头五：不玩了

小明和小强两个小朋友玩飞行棋，轮流投掷骰子，根据骰子的点数确定投掷者要前进的步数。玩了几盘后，小明觉得小强投掷骰子的点数总比自己大，心里很不高兴，决定不和小强玩了。

思考：

上述各镜头中，小朋友们已经表现出了对数学问题的初级概念，并在生活和学习中表现出了萌芽状态。数学在学前儿童能力发展中处于重要的地位。学前儿童的数学能力发展有哪些特征？他们对于集合、统计的概念有怎样的认知规律？学前儿童教师在开展专门的及渗透的数学教育活动时，又有哪些设计和指导的要点和基本要求？

知识梳理

数学是一种精确的语言，对于学前儿童来说，用数量化的手段来描述客观事物，强调逻辑性和精确性的知识。但是对于学前儿童来说，数学又并非绝对抽象，它和日常生活中的一切事物息息相关。数学可以成为学前儿童解决日常问题的有效根据，他们可以用数数、加减运算等数学方法解决游戏和日常生活中的简单问题。"从长远观点来看，数学的贡献在于使人们更好地理解这个世界。"因此，向学前儿童进行初步的数学教育，既是他们生活的需要，也是他们认识周围世界的需要。

那么，如何才能通过数学教育促进学前儿童初步抽象思维能力和逻辑推理能力的发展呢？如何才能更好地激发学前儿童对数学活动的兴趣、激发他们在日常生活中主动学习数学和运用数学的能力呢？

学习了本单元的内容，我们就能较好地了解学前儿童数学能力发展的年龄阶段特点，学前儿童数学教育中集合、统计概念、10以内数概念及加减运算教育活动的设计要点和指导要点，掌握一定的数学教育活动设计方法和指导技巧。

主题1　集合概念、统计

学前儿童数概念的发生起始于对集合的笼统感知。笼统感知是指学前儿童对集合的感知是泛化的、不精确的，只有经过有目的的教育和指导之后，学前儿童对集合的感知才能逐渐清晰，并为学习数概念、计数以及加减运算做好准备。

一、集合的基本知识

（一）集合的概念及其元素

1. 集合的概念

集合就是具有某种相同属性的事物的整体。在日常生活中，我们经常把同类事物归放在一起，如，把生梨、苹果、橘子等归在一起，称为水果；把汽车、火车、飞机、轮船等归在一起，称为交通工具的集合。

集合的归并是以对象具有的共同属性为条件的。在心理学中，我们通常把集合看成由不同分析器官感受的同类对象的整体。如听到铃声，1下，2下，3下……6下，就是"6下铃声"的集合；模仿小青蛙跳，1下，2下……5下，就是"5下小青蛙跳"的集合。可见，把一组具有共同属性的对象看成一个整体就形成了一个集合。

2. 集合的元素

组成集合的每一个对象叫作这个集合的元素。一般来说，集合中的元素具有以下三个性质：

（1）互异性，即集合中任何两个元素是可以区分的，如一个集合可以表示为 $\{4，2\}$，但不能表示为 $\{4，4，2\}$；

（2）确定性，即任一元素都能确定它是否为某一集合的元素，如"明明的电动玩具"这个集合，我们可以断定明明的积木不是这个集合的元素，而明明的机器人玩具则是这个集合的元素。

（3）无序性，即不需要考虑元素之间的顺序，只要元素相同，就可认为是同一集合。如 $\{1，3，5，7，9\}$ 与 $\{3，9，7，5，1\}$ 就可以看成两个完全相同的集合。

（二）集合的分类与表示方法

1. 集合的分类

根据集合中元素的个数情况，可把集合分为有限集合、无限集合和空集合。

有限集合是指由有限个元素组成的集合，如，某幼儿园里小朋友的集合，10以内自然数的集合。

无限集合是指由无限个元素组成的集合，如，自然数的集合。

空集合是指集合中一个元素也没有，如，中一班教室里一个小朋友都没有。

2. 集合的表示方法

集合的表示方法一般有列举法、描述法和文氏图（韦恩图）法。

列举法就是把一个集合中的所有元素一一列举出来，写在 {} 里，用来表示这个集合的方法。例如，5以内自然数的集合 A 可以表示为 $A=\{1，2，3，4，5\}$。

描述法就是把集合中元素的公共属性用语言或数字表达式描述出来，写在 {} 内，以表示一个集合的方法。例如，$A=\{5$ 的相邻数 $\}$。

文氏图（韦恩图）法就是把集合中的元素用一条封闭曲线圈起来，象征性地表示某个集合的方法，如甜甜的毛绒玩具（见图 6-1）、小于 7 的自然数集合（见图 6-2）。

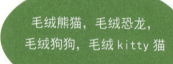

图6-1　甜甜的毛绒玩具　　　　图6-2　小于7的自然数集合

由于文氏图（韦恩图）法能较为直观地看出元素和集合间的关系，所以在学前儿童数学教学中被最广泛使用。如在教学前儿童计数时，在手口一致点数的基础上，最后在点数的外面用手画一个集合圈，并说出总数。

3. 集合间的关系与运算

一般来说，两个集合间存在着包含关系和相等关系。包含关系是指对于两个集合 A 与 B 来说，A 中的任何一个元素都是 B 中的元素，则集合 A 包含子集合 B，集合 A 可称作是集合 B 的子集。两个集合间的包含关系是整体和部分的关系，感知结合的包含关系便于学前儿童理解包含的观念。

集合间的相等关系是指两个集合间的元素是完全相同的。就像数与数之间可以进行加、减、乘、除运算一样，集合之间也存在着运算，即通常所指的交集、并集、差集、补集的运算。

由同时属于两个集合的元素组成的集合称两个集合的"交集"。所有属于两个集合的元素组成的集合称为两个集合的"并集"。由全集中所有不属于该子集的元素组成的集合称为"补集"。由属于一个集合而不属于另一集合的元素组成的集合称为"差集"。

可见，从集合的角度来看，学前儿童数学中的加法就是求已知两个没有公共元素的有限集合的并集的基数，减法就是求有限集合与它的子集的差集的基数。集合概念使学前儿童掌握数概念、进行数的运算。

二、学前儿童感知集合能力的发展阶段、特点及教育内容

（一）学前儿童感知集合能力的发展阶段及特点

学前儿童集合概念的发生、发展经历的是一个由泛化笼统到精确的过程。一般可分为四个阶段：对集合的笼统知觉阶段（3岁前），感知有限集合的界限阶段（3～4岁），感知集合元素的阶段（4～5岁），感知集合的包含关系阶段（5岁以后）。

1. 对集合笼统的知觉阶段（3岁前）

对集合的笼统感知是学前儿童数概念发生的起始。苏联学前儿童数学教育家列乌申娜在《学前儿童初步数概念的形成》一书中明确指出："儿童在最初形成的是关于元素的含糊的数量观念，而后是关于作为统一的集合的概念，在这个基础上发展对集合的比较的兴趣和更准确地确定集合中元素的兴趣，以后儿童才能掌握计数的技巧和数数的概念。"[①] 由列乌申娜的观点可知，儿童数概念的最初发生起始于对集合的笼统感知。这种笼统感知表现为一种泛化的、模糊的知觉，尚不能明确知

---

① 列乌申娜. 学前儿童初步数概念的形成 [M]. 曹筱宁，成有信，朴永馨，译. 北京：人民教育出版社，1982.

觉集合中所有元素的数量，但能辨别是多还是少。在这种笼统感知的基础上，才逐渐产生作为统一整体的集合概念，并由此准确地意识、比较、确定结合各种元素的数量，最后过渡到能掌握计数的技巧和数的概念。可见，儿童在数概念的形成过程中，最初形成的是关于元素的含糊的数量概念，即对集合的笼统感知。

国内外的一些研究表明，2～3岁的学前儿童对集合的感知是没有明显的集合界限的，只是一种相当笼统的感知，也就是对元素模糊的、泛化的知觉，他们尚不能精确地意识到集合中元素的数量，只是具有"多""少"的相对笼统的知觉。在对集合的感知中，还不具备对其范围和界限的一种意识，例如，在1个2.5岁学前儿童玩的一堆积木中，拿走1～2块，他往往是没有知觉的。我国学者冠崇玲等曾做过一项学前儿童对5个物体集合的两边元素消失的实验，结果表明，2～3岁学前儿童能注意到两边元素消失的仅占23.9%，3～3.5岁学前儿童能注意到两边元素消失的占63%，说明3岁前的儿童，对物体群不是作为结构完整统一体的集体来感知，还没有精确地意识到它的数量方面。

2. 感知有限集合的界限阶段（3～4岁）

感知集合是学前儿童数概念形成和发展的感性基础。学前儿童由最初的对集合的模糊、笼统感知到学会计数、掌握初步概念，中间有一个过渡环节，就是对集合中元素的确切感知和学会用一一对应的方法比较集合中元素的数量。在这个过渡环节中，学前儿童发展起来的是对集合中元素的确切感知，它为学前儿童形成数概念打下了感性基础。

学前儿童在学会计数之前，会出现手口不一致的现象。这说明学前儿童对集合的元素尚缺乏精确的感知。正是由于缺少了对集合及其元素的感知和两个集合间元素的对应比较这一中间环节的训练，才会使学前儿童学习计数和掌握数概念产生困难。因此，及时地向学前儿童进行感知集合的教育，能更好地起到桥梁作用，使学前儿童更快、更好地过渡到学习计数阶段，形成和发展起初步的数概念。

3岁以后，学前儿童逐渐能够在集合的界限以内感知集合了，但其注意力往往集中在集合的界限上，处于一种感知有限集合的前段。例如，让学前儿童给5个娃娃喂水，学前儿童往往只喂第1个和第5个，而不注意那些排在中间的娃娃；当让他们叠放物品时，往往能不超出集合的界限，如在画有4朵花的画片上放花，学前儿童只用塑料小花盖住了最边上的图，即第1朵和第4朵，就认为是完成了任务。

原因正是学前儿童在感知结构完整的集合时出现了两个起算点，即把注意力集中在了集合的界限上，从而削弱了对所有组成元素的注意。除了两端的元素外，并没有注意到集合的其他元素。同时，学前儿童在分放物体时常常在右边用右手，在左手用左手。在感知作为结构完整的统一体的集合时，手和眼的运动出现两个起算点：从集合的两边向中心过渡。如集合的右边界限是起点，学前儿童就用右手从右往左行动；如起点是集合左边的界限，学前儿童就用左手从左往右依次行动。

3．感知集合元素的阶段（4～5岁）

感知集合的包含关系有助于学前儿童掌握数的组成及加减运算。一般4～5岁的学前儿童已经能把一个集合的元素与另一个集合的元素进行一一对应的摆放，并能不超出集合的界限，逐步达到准确的一一对应。由此说明，此阶段儿童已能注意到集合中元素的个数。曾经有研究者做过让儿童（3.5～4岁）完成一个杯子配一个杯盖任务的实验。结果显示，3.5岁的儿童有50%完成任务，4岁完成任务率达到84%，提高非常明显，可见，3.5～4岁正是儿童对应能力迅速发展的阶段。

4．感知集合的包含关系的阶段（5岁以后）

5～6岁儿童对集合的理解进一步提高和扩展，能理解集合的不同特征，能从不同角度认识理解物体集合。掌握了按事物的两种特征进行分类。如从一组不同颜色、不同大小和形状的几何图片中把红色的、大的图片拿出来，或者把大的、圆形的图片拿出来等。同时，这个阶段的儿童能较好地理解集合和子集的包含关系。实验材料还表示，6岁学前儿童理解包含关系的人数比例，已从5岁的45%上升到65%，所以可以理解并按高一级的类概念要求进行分类。如按蔬菜、水果、树等一级类概念分类。对集合和子集关系的理解，也表现在大班学前儿童可以懂得数的组成和加减运算中数群和子群的关系，使学前儿童做到在理解基础上掌握数的组成和加减运算。

对学前儿童进行感知集合的教育，强调在学前儿童数学教育中渗透集合的思想，目的是为学前儿童正式学习计数和掌握初步数概念等做好准备，打好感性知识的基础，不是要求学前儿童掌握关于集合的名词和术语，而是在活动中让学前儿童获得实际的体验与感知。

（二）感知集合教育的内容和活动

学前期的感知集合教育是指在不教给学前儿童集合术语的前提下，让学前儿童感知集合及其元素，学会用对应的方法比较集合中元素的数量，并将有关集合、子集及其关系的一些思想渗透到整个学前儿童数学教育的内容和方法中。

向学前儿童进行感知集合的教育，目的是在学前儿童数学教育中注意渗透集合的思想，为学前儿童学习计数和形成数概念等做好准备，同时也为数学概念和逻辑概念的初步形成提供、积累感性经验。因而在数学教育中一定不能要求学前儿童去学习、掌握关于集合的名词和术语。它是学前儿童学习数概念前的准备教育。

学前儿童感知集合的教育内容主要包括以下方面。

1. 分类教育，体验事物的共同属性，初步形成集合概念

体验事物的共同属性是学前儿童学习集合的基本要求，也是形成类概念的基础。学前儿童眼中的共同属性包括两种含义：一种是指"大小和形状都一样"，另一种是指事物的某一属性或特征（如颜色、形状、大小等）相同。学前儿童能在经验层面上对事物进行一种概括和归纳，初步形成集合概念。例如，按照物体的一个特征或两个特征做集合，得出三角形或红色三角形的经验。

2. 区分"1"和"许多"教育，对集合的元素进行比较和体验集合与子集的关系

对集合的元素进行比较和体验集合与子集的关系，主要包括对"1"和"许多"的理解，集合间元素多、少、一样多的判断，集合的多种属性及集与子集相等和包含关系的体验等。

3. 比较两组数量的教育，掌握求同和分类的技能

求同和分类的技能主要包括两个方面。一是通过外部求同达到的运算技能。通过外部求同，将有共同属性的物体经过位移归放在一起，它的意义在于我们方便二次寻找和发现它们。二是通过心理旋转达到的运算技能。通过心理旋转的求同，不需要移动物体，就能把具有共同属性的事物看成同类，这是学前儿童形成概念的基础。

三、学前儿童感知集合的教育意义及指导要点

在现代学前儿童数学教育中渗透"集合"的观念，对培养学前儿童初步的数概念是十分重要的。其重要性不仅因为集合在数学中的地位和作用，更主要的是因为

它符合学前儿童掌握初步数概念的发展规律和特点，是学前儿童学习数概念前的准备教育，同时也是学前儿童正确学习和建立初步数概念及加减运算的感性基础。

（一）分类教育活动

1. 分类活动的教育意义

（1）分类活动可帮助学前儿童感知集合并逐步形成关于物体的集合概念。当学前儿童把具有共同特征的物体归放在一起时，他们就对这些物体集合元素有了感知。

（2）分类是计数的前提，是形成数概念的基础。人们要了解某类物体的数量，必须先将这类物体与其他物体区分开来，然后才可能正确计数。

（3）分类经验的获得有利于学前儿童掌握数的组成和加减运算。学前儿童在分类活动中，获得的对整体与部分关系的认识，为学前儿童数的组成和加减运算学习打下了必要的基础，因为数的组成和加减运算反映的就是集与子集之间的关系，也就是总数与部分数之间的关系。

（4）分类能促进学前儿童思维能力的发展。学前儿童要将一组物体进行分类，需要经过辨认（分析）和归并（综合）两个步骤。按照某一标准，对物体进行逐一辨认和比较，找出它们的相同点和不同点，就是对问题进行分析、比较的过程。在此基础上，再将具有同一特征（具有相同特征）的物体归并在一起，就是综合的过程。所以说，将物体进行分类，是思维进行综合分析、积极活动的过程，是学前儿童思维能力得到锻炼和发展的过程。

2. 分类教育的要求

（1）小班（3～4岁）。

①探索物体的特征，学习讲述物体的异同。

②学习按物体的某一外部特征（如颜色、形状、大小）进行分类。即"一元分类"

③学习与分类有关的表述，如"相同""不同""把同样的东西放在一起""找出一个和某某一样的东西"等。

（2）中班（4～5岁）。

①学习按物体的数量进行分类。

②学习概括物体（或图形）的两个特征。即"二元分类"。

③学习并掌握有关的词语，如，"分成""分开""合起来"等。

（3）大班（5～6岁）

①学习按某一特征的肯定与否定进行分类，讲述某种事物不具有的特征。

②学习按两个特征进行分类和在表格中摆放图形。

③学习把集合分成若干组成部分（子集），比较集与子集的数量，初步体验集与子集的关系。即"多元分类"。

3. 分类教育的方法

（1）讲解演示法。

教师可先从一堆物体中拿出一个物体，说出它的名称和特征，讲明按什么要求分类。同时，要使学前儿童理解"把一样东西放在一起"的含义。例如，教师在小盒里拿出红色纽扣问："我拿的是什么东西？"学前儿童回答："纽扣。"教师把纽扣放在红色小盒里，再让学前儿童把其他红色纽扣一枚一枚放在红色小盒里。在学前儿童感知理解分类含义之后，教师可加大难度，让学前儿童把"绿色""黄色""蓝色"等纽扣分别放在相同颜色的小盒里。

（2）排除分类法。

排除分类法又称"分类挑多余"，是分类的一种特殊形式。

教师依次在学前儿童面前呈现若干组图片，每组4～5张，其中有1张与其他几张是非同类关系，要求学前儿童将这张挑出来。例如，苹果、西瓜、鸭梨、皮球的一组4张图片，请学前儿童看看哪一张与其他三张是不一样的，请拿掉它，并说明取走的理由。

（3）游戏分类法。

例如，游戏"图形宝宝找妈妈"，不同颜色、不同大小的几何图形小卡片，找到同样形状的妈妈。学前儿童听到教师说儿歌："图形宝宝别着急，你的妈妈在哪里？仔细看，认真找，找到妈妈多欢喜。"学前儿童很喜欢，会很高兴、很认真去做。

（4）多端分类法。

多端分类法是指按名称分类、按特征分类、按用途分类、按数量分类、按关系分类、按材料性质分类等。

分类是把相同的或具有某一共同特征（属性）的东西归并在一起。学前儿童在学习分类的过程中感知、理解集合及其元素，是学前儿童计数的必要前提和形成数概念的基础；同时，分类活动的过程能促进学前儿童分析、比较、观察、判断、综合等思维能力的发展。因此，分类活动是幼儿园数学教育中的一项重要内容，既是小班学数前教育的内容之一，也是学数以后中、大班的教学内容。在不同的年龄阶段，应以不同的活动途径和形式体现、渗透其内容。

4. 分类教育活动的设计与指导

在进行分类教学时，教师要特别注意材料的选择与使用。选择材料时，不仅要注意选择那种共同属性明显的材料，而且要注意材料与学前儿童认知程度的匹配性。因此，选择活动材料时应尽量选用实物材料、图形材料和图片材料，且活动材料的数量应多于4个，因为如果活动材料太少了，不利于儿童对共同属性的发现。此外，下面是几种常用分类的设计与组织。教师要明确分类要求。

（1）按物体的某一外部特征分类。

一般在幼儿园小班进行按物体的某一外部特征分类，由于这一阶段的儿童年龄较小，可让他们体验从一堆物品中，发现具有共同属性的物体，并挑选出来以形成集合，也就是我们所说的"求同"。由于幼儿园小班的儿童生活经验少，因此教师只能选择"球、汽车、娃娃"等他们熟悉的物品。在进行分类教学时，教师可以通过多种方式，引导儿童动手将相同名称的物体摆放到一起，使他们在亲自感受和体验的过程中，形成"集"的最初印象。例如，教师可以预先准备一筐玩具（其中，有意识地多放一些球），再准备一个空的小筐。教师带领儿童"把球挑出来放到小筐里"。放好之后，教师问学前儿童："小筐里装的都是什么？"引导他们说："它们都是球。"又如，教师让儿童把从家里带来的各种各样的玩具都放入小篮子后，引导他们将小汽车挑出来放在一个盒子里，放好后，再问他们："盒子里放的是什么？它们是用来做什么的？"等，以引导学前儿童分类并观察它们的特征。

（2）按物体的不同特征进行多角度分类。

随着生活经验的逐渐丰富，儿童对物体特征的感知也从一个方面上升到两个或多个方面。这时他们已具备了对同一物体按照不同特征分类的条件，因此教师可及时引导他们进行多角度分类。不过教师在引导他们进行多角度分类时，首先应引导他们从不同的角度观察、比较物体的特征。例如，教师可利用学前儿童脱下的帽子（围巾），启发他们从质地、形状、长短、花纹等不同角度进行观察比较。教师还可以从班上挑出一组小朋友，引导其他学前儿童从高矮、性别、服装等不同角度进行观察比较，让他们感受同一组物体的不同特征，学会按不同特征进行分类。

教师在引导儿童进行多角度分类时，应选用具有不同特征的物体进行教学。例如，教师给儿童准备不同形状、不同颜色、不同大小的图形卡片若干，引导他们按形状、颜色、大小进行分类；也可以利用一组具有不同颜色和形状（如有长方体、正方体）的积木，让他们从大小、形状、颜色进行多角度分类，以培养他们对一组物体进行多角度分类的能力。

　　（3）进行层级分类。

　　层级分类是首先按一组物体的某一特征进行分类，其次对分类后的一组物体具有的不同特征进行分类。

　　层级分类活动通常在幼儿园中班末期或大班开展。刚开始学习层级分类时，儿童的层级分类活动一般只设计到二级。在活动过程中，教师引导儿童进行一次分类之后，再继续启发他们观察某类物体显示出来的不同特征，然后再按该类物体表现的不同特征进行第二次分类。例如，教师组织儿童将一组乐高玩具按照颜色分类后，再对各种颜色的玩具按形状分类。这就是二级分类。教师还可以进一步设计各种操作活动让儿童进行三级或更多层的分类。

　　（二）区分"1"和"许多"的教育活动

　　1. 区分"1"和"许多"教育的意义

　　儿童在很小的时候，就对数量的多少有所感知了，如他们拿东西时常会去拿多的一份；某样食物吃完了，就会说："我还要。"3岁的学前儿童大多知道什么是1个，什么是许多，如他们会说："我有一辆漂亮的小汽车。""我有一个大大的皮球。""妈妈买来了许多苹果。"等等。但他们一般不了解"1"和"许多"之间的关系，他们不知道许多是由1个、1个……合起来的，许多可以分成1个、1个"1"是自然数的基本单位，也是表示集合中元素数量的基本单位。"许多"是一个笼统的、不确定的数量，它代表两个以上元素的集合，"许多"总是由单个元素组成的。让学前儿童学习区分"1"和"许多"，目的就是要引导学前儿童感知集合及其元素，能区分和确切感知组成集合的单个元素。而这一经验是学前儿童学习手口一致点数及认识10以内数的基础。

　　2. 区分"1"和"许多"的教育要求

　　（1）能区别1个物体和许多物体。

（2）感知和体验"1"和"许多"之间的关系。即知道1个、1个……合起来是许多，许多可以分成1个、1个……

（3）在日常生活中会运用"1"和"许多"词汇（如会说"1任老师，许多小朋友""1张桌子，许多椅子"等）。

3．区分"1"和"许多"的教育方法

（1）多感官体验法。

引导学前儿童通过看（视觉）、听（听觉）、摸（触觉）、动（运动觉）感知"1"和"许多"。各种感觉互相配合，有助于各分析器官之间建立联系，使学前儿童能更好地感知、认识"1"和"许多"及其关系。例如，请学前儿童听一听教师是敲了1下小铃，还是敲了许多下小铃？

（2）环境寻找法。

让学前儿童在周围环境中寻找"1"和"许多"，相对来说，要比在教师布置好的环境中，寻找"1"和"许多"困难一些。因为，在周围环境中，要找的物体是分散的，学前儿童要克服因空间知觉的影响造成的困难，才能将分散在空间的同类物体概括起来，在头脑中形成一个整体。

（3）游戏操作法。

教师采用游戏的形式，引导学前儿童学习"1"和"许多"，感知和体验"1"和"许多"之间的关系。

例如，游戏"我拿1个玩具"教师出示1只大篮子，里面放着许多玩具（玩具数量与学前儿童人数相等）。教师请学前儿童说说，篮子里面有什么？有多少玩具？

请每个学前儿童从篮子里拿1个玩具，要求他们一边拿、一边说："我拿了1个玩具。"玩具全部拿完后，请学前儿童看一看"篮子里还有玩具吗？""篮子里一个玩具也没有了。"变成了空篮子，即"0"表示空集合。

（三）比较两组物体数量关系的教育活动

1．比较两组物体数量的教育意义

通过比较两组物体的数量是相等还是不相等，让学前儿童更好地感知、区分集合中的每一个元素。使学前儿童从小就养成会按照组成集合的元素的数量，而不是按照集合所占空间面积的大小，来确定两集合（两组物体）的数量是相等还是不相等。

通过比较两组物体的数量是相等还是不相等，可让学前儿童在学前阶段学习用集合中的元素——对应的方法，对集合元素的数目进行比较。这种对应逻辑观念的建立，是学前儿童数概念学习和形成的必要心理准备。例如，学前儿童会用重叠和并放的方法比较两集合的数目是相等还是哪个多（或少）？

2. 比较两组物体数量教育的要求

（1）学习用对应的方法比较两组物体的数量，知道哪组多，哪组少，或是一样多。

（2）会用"一样多""不一样多""多""少"等词语表示两组物体数量比较的结果。

（3）学习不受物体大小、排列形式的影响，比较两组物体数量是相等或不相等。

3. 比较两组物体数量教育的方法

引导学前儿童学习用重叠法和并放法比较两组物体的数量是相等或不相等。

（1）重叠法：将一组物体从左向右摆成一行，再将另一组物体逐个一头对应地重叠在前一组物体上面，比较两组物体是一样多还是不一样多的方法。例如，小盘与小勺——对应，小勺放在小盘里。

（2）并放法：把一组物体从左向右摆成一行，再将另一组物体一一对应地摆放在前一组物体的下方，然后比较两组物体的数量是不是一样多。

向学前儿童进行感知集合教育，除了在集中上课时间内进行教育外，还应引导学前儿童通过日常生活、自由活动、游戏活动、活动区角内进行延伸活动。

四、统计活动的基本知识

（一）统计的有关知识

1. 随机事件

一定条件下，可能发生，也可能不发生的事件，叫作"随机事件"。随机事件具有不可预测性。

2. 总体

在统计里，我们把要考察的对象（的某特征）的全体称为"总体"。其中的每一个考察对象叫作这个总体的一个个体。

3．统计

统计一般是通过从总体中随机抽取的样本中获得的信息来推测总体性质的方法，即通过大量数据的收集、整理、计算、分析，得出对总体性质的解释、表述和推断的方法。

4．数据

数据是信息的表现形式。在学前儿童统计中的数据是指学前儿童针对统计问题收集到的对象，这种对象可表现为事实或数字形式。

（二）学前儿童统计活动基本内容

适当开展简单的统计教育活动，体验数学与日常生活的密切联系。在用统计方法解决实际问题的过程中，可有效促进学前儿童思维能力的发展。参考内容如下。

1．幼儿园小班

感知有两种可能结果的随机现象，初步体验"不确定"；按一个标准分类整理、进行简单的量的比较，学习实物表征。

2．幼儿园中班

感知随机结果的多样性；将物品分成多类，并分类计数、比较，学习用图片或数字表征统计结果。

3．幼儿园大班

知道随机现象有哪些可能的结果，能关注各种可能的结果；对数据进行分类整理，学习用数字、图表等方式表征统计结果，根据统计结果做出简单判断。

五、学前儿童对统计的阶段认知及发展特点

（一）学前儿童认识统计的年龄特点

幼儿园小班的儿童能感知"不确定性"，但对随机结果的数量是模糊的，中班的儿童能感知数量较少的随机结果，大班的儿童对随机结果数量的认识有所增加。

3～4岁的儿童对集合的界限感知是较模糊的，对分类的界限把握不准确。他

们能在成人的指导下，将某类物品从其他物品中分离出来，但基本上不能进行数量统计。一般能对 5 以内的物体进行较准确的统计，并说出总数。而表征数据的方式主要是实物或图片，不能通过数据分析做出统计决策。

4～5 岁的儿童对集合界限的感知较清晰，可以对 6 组以内的物体按数量排序，指出最多（少）的组。他们能在教师的引导下学习使用分类标记，但通常不能利用数据来做简单的推断。

5～6 岁的儿童在不断积累观察、收集、分类、计数、比较、判断等经验的过程中，为统计思维的形成与发展奠定了基础。这个时期的儿童逐步学会用图表分析和解决问题。他们能将物体按某一特征分类，然后用适当的方式表征，并对各类命名，准确比较各类的量。

（二）学前儿童认识统计的发展特点

学前儿童对随机现象的认识是从有意确定到有意不确定的。对随机现象不可预测性的认知，是在反复试错中积累起来的经验。随着认识能力的发展和生活经验的逐渐丰富，他们逐渐有了"不确定"的意识。他们对随机现象中可能结果的数量也是由模糊到明确，由少到多的。

学前儿童的统计能力的发展，是在反复进行的分类、计数、排序等活动中获得的。其统计数据的表征能力呈现出递进的四个阶段。

1. 图画型

完全用图画的方式如实显示不同类型事物及其数量，即用图画的数量表示实物数量。

2. 数字型

用计数结果的数字表示将事物分成几类、每类的数量，即用每个数字表示一类的数量。

3. 图文结合型

采用图画与文字相结合的方式表征数据，即用图画表示类别，用数字表示每类的数量。

4. 初级图表型

用圆圈、直线、方格等形式划分事物类别，用数字、图画等方式表示各类的数量。

六、学前儿童统计教育活动的组织与指导

游戏结果的随机性，往往成为游戏有趣而具有吸引力的关键。为了帮助儿童体验游戏的趣味性，感知概率思想和统计方法，可适当指导他们参与相关的学前儿童数学教育活动。

在进行活动的设计与组织时，一定要结合儿童的年龄特点、发展水平和生活经验，以他们为活动主体，创设生动的情境，调动他们参加活动的积极性和主动性，使他们在反复进行的活动中，享受学习活动的快乐。

（一）在游戏中，感知随机现象的不可预测性和数学的有趣

感知随机现象的活动，既可以是专门的数学教育活动，也可以是其他活动中渗透的游戏活动。

在游戏活动中，引导儿童感知随机现象。例如，通过让儿童猜一猜小玩具在教师的哪只手里的方式引导儿童，在游戏过程中还可以借用儿歌《公鸡头，母鸡头》。

> 公鸡头，母鸡头，
>
> 咕噜咕噜咕噜噜，
>
> 在这头，在那头，
>
> 请你猜猜在哪头？

对于学前儿童来说，玩具在哪个手中的可能性是一样的，无论怎么猜，结果都有偶然性。游戏中，应让他们知道，结果有两种可能。教师要通过语调变化及夸张的动作调动儿童的积极性。

又如，开展游戏"指鼻子""抢椅子"等游戏，可让学前儿童体会随机现象的偶然性和随机结果的多样性。

在操作过程中，要让儿童体验各种随机结果。例如，幼儿园大班的儿童可开展游戏"飞行棋""石头、剪刀、布"等，让他们感知有哪些可能的结果。活动时，教师可通过记录各种结果的形式，把儿童感知的不同结果呈现出来，并一边实验，一边提问："还有别的结果吗？"最后得出共有哪些结果。

下面以游戏"黑白配"介绍一下如何进行随机游戏。

首先，两人通过"猜拳游戏——石头、剪刀、布"决定输赢。儿童嘴里一边喊着

"黑白猜"，一边出手势。

其次，猜赢的一方用手指做动作（指向上、向下、向左、向右任何一个方向），嘴里喊着"头手配"，猜拳输的一方则用头做动作（可以选择抬头、低头、头转左或转右），喊到"配"字时两人同时做出动作，反复进行，直到头的方向跟手指的方向一致，即猜拳输的一方获胜为止，游戏重新从猜拳开始。

生活中的许多竞赛结果都具有随机性，值得引导儿童体验、观察和发现。值得注意的是，感知随机现象的游戏必须联系儿童的生活实际和感知水平；随机现象中包含的基本事件不宜太多；注重游戏的趣味性，它是吸引儿童的重要机制，可在游戏中设计适当的口诀或顺口溜，提高游戏的趣味性。

（二）在操作活动中，学习统计方法，体会数学的有用

1. 专门的统计活动

专门的统计活动，是指教师根据学前儿童的发展目标，精心设计并有计划、有组织开展的统计教育活动。学前儿童统计教育活动的设计要结合儿童实际生活经验和认知水平，并且以他们为中心，让他们成为活动的主体。

（1）选取随机样本。要通过统计方法，得出对某事物的合理推断，需要科学采集样本，并进行准确的分析。例如，"秋天来了，幼儿园里的落叶中，是黄叶多，还是绿叶多？"要知道答案，可以进行一个"捡树叶"的活动。注意，为了保证样本的代表性，应让儿童随意捡取。

（2）分类整理数据。原始数据往往是凌乱的，只有把数据按需求进行分类整理，才能为以后的推断提供基础。对于"捡树叶"活动的继续，可以让儿童再进行一个"黄叶绿叶找朋友"的活动，即让儿童按颜色把树叶分为黄、绿两类。在数据的整理过程中，对数据的分类应科学合理，不可分得太细或太粗。在指导儿童分类时，教师应注意分类标准的一致性，即用同一标准对所有数据进行分类。除此之外，还可指导儿童使用分类标志。

（3）分析数据得出推断。通过数据现象推断事物的本质特征，是统计的主要任务。就以"捡树叶"为例，将捡回的落叶分成黄、绿两类后，分别计算两类树叶的数量，比较黄、绿树叶的多少，我们就能知道幼儿园里的落叶中是否是黄叶多了。

又如，要解决"娃娃超市"里什么东西卖得好的问题，可以组织儿童开展统计

活动，让他们用自己的智慧得出正确答案。根据数据分析，得出对事物的统计推断，是学前儿童统计教育的难点，也是最高境界。

在操作活动中，儿童体验到数学对生活的帮助，从而理解数学的作用。在指导儿童开展统计活动时，还应适当使用分类标志、统计图表等数据表征手段，组织他们开展交流，分享统计经验，帮助他们提高统计表征能力。

2.其他活动中渗透的统计活动

（1）日常生活中的统计活动，由于统计活动在生活中随处可见，故适合教师和家长即兴组织，如分类整理学具、玩具等。

（2）游戏中的统计活动，如健康游戏中，谁跳绳最多？娱乐游戏"猜中指""黑白手"等。

（3）区角中的统计活动，如通过统计，判断哪个区角最受幼儿喜欢？

（4）其他主题活动中的统计活动：体育活动中的成绩排名、音乐活动中的节拍分类、语言活动中的角色选择的随机性等。

主题 2　10 以内数概念

一、数概念的基本知识

（一）自然数

自然数是用以计量事物的件数或表示事物次序的数。其形成经过了一个很长的发展过程。最初人类并没有数的概念。随着生产的发展，人们需要判断物体的多少。他们采取对应的方法进行比较，在实践中，形成了"多"和"少"的概念。这样，数的概念也就开始萌发了。

数是表示事物的量的基本数学概念，不同的数表示的量不同。随着发展，人们创造了用符号表示抽象的数，即数字符号。

（二）自然数列及其性质

全体自然数按从小到大的顺序排成的一列叫作"自然数列"。

自然数列有以下几个性质。

（1）有始。自然数列最前面的一个数是"0"。

（2）有序。在自然数列中，每一个自然数后面都有唯一的后继数，即比它大 1 的数，并且除"0"以外，每一个自然数都有唯一的先行数，即比它小 1 的数。有序性还指出，任何两个自然数都可以比较大小。自然数列是一个有序集合。

（3）无限。自然数列里没有最后的一个自然数。

（三）计数

有了自然数列，我们就可以很方便地对事物的个数进行"计数"（数数）了。我们要知道一个集合的元素的个数，就要数个数，即计数。计数的过程就是把要数的集合里的元素，与自然数列从"1"开始的自然数，建立起一一对应的关系。只要不漏数、不重复，数到最后的一个元素对应的那个数就是计数的结果，即总数。

从计数的过程可以知道，在数事物时：

（1）计数结果总是唯一的，与数事物的次序无关；

（2）数一种事物可以用另一种事物代替，数的结果不变；

（3）只要继续有事物可数，计数就是永远可能的。

（四）基数和序数

基数和序数是自然数的两种属性。其中，用来表示集合中元素数量的数叫作"基数"，零是空集合的基数。用来表示序列中元素的排列次序的数叫作"序数"。例如，我们数苹果时，数到最后苹果是"5"，这个"5"既可以表示一共有5个苹果，也可以表示数到最后的那个是第5个苹果。

（五）数的形成

数的形成，是指自然数中的每一个数（"0"除外）都是它前面一个数，添上一个"1"而形成的。"数的形成"对学前儿童建立一个良好的数的概念起着重要作用。例如，1添上1形成2，2添上1形成3……依此类推，形成每个数。

（六）相邻数

相邻数是指自然数列中相差一个单位的两个数，如5是6的相邻数，6也是5的相邻数，5和6互为相邻数。在自然数列中，除0以外，任何一个自然数都有两个相邻数，即比它多1（比它前面的一个数）和比它少1（比它后面的一个数）的数。例如，4的相邻数是3和5。儿童对相邻数的认识，一般从2的相邻数开始学习。学前儿童对相邻数的认识建立在掌握基数、数序和比较两个数量的多少基础上。

（七）单数与双数

整数中，不能被2整除的数是单数，也称为"奇数"。反之，整数中，能够被2整除的数，叫作"双数"，又称"偶数"。"奇""偶"一般作为数学里面的用语，"单""双"一般是日常用语。单双数是幼儿园大班儿童的学习内容。

学前儿童计数时，两个两个地数，正好数完，那么这个数叫作"双数"；两个两个地数，还剩下一个，这个数叫作"单数"。

二、学前儿童各年龄段数量认知程度及教育建议

（一）学前儿童数概念的认知发展

学前儿童数概念的发展主要包括计数能力的发展、认识数的序列的发展、掌握数的组成的发展以及加减运算能力的发展等几个方面。

1. 学前儿童计数能力的发展特点

学前儿童数概念的发展是从计数开始的。学前儿童的计数能力不仅标志着他们对数的实际意义的理解程度，还标志着学前儿童数概念的初步发展。学前儿童计数能力发展的顺序是：首先口头数数，其次按物点数，再次说出总数（说出计数的结果），最后按数取物。只有当学前儿童能说出物体的总数时，才算理解了数的实际意义。学前儿童对计数的认识，主要是通过计数活动实现的。

（1）口头数数。2岁左右的学前儿童，在成人的教育下，逐步学会个别数词，如"1""2"，但往往不能正确地用以表示实物的数量；3～4岁的学前儿童一般能从1数到10，但大多是像背儿歌似的背诵这些数字，带有顺口溜的性质，并没有形成一个数词与相应的实物一一对应的联系，学前儿童还不理解数的实际意义。

这一阶段学前儿童口头数数表现出以下特点：

①学前儿童一般只会从1开始顺序地往下数，如果遇到干扰就不会数了；

②学前儿童一般不能从中间的任意一个数开始数，更不会倒着数数；

③学前儿童在口头数数中，常会出现遗漏数字或循环重复数字的现象。

5岁以后的学前儿童很多能从中间任意一个数接着往下数，但遇到进位时常发生错误，往往又会从头数起。尽管口头数数是一种机械记忆的结果，但对学前儿童理解自然数的顺序是有积极意义的。

（2）按物点数。学前儿童按物点数比口头数数发展得要晚一些。3～4岁的学前儿童点数实物，特别是点数5以上的实物时，往往手口不一致，不是手点得快、口说得慢，就是口说得快、手点得慢，经常漏数或重复数。出现这种现象，一是由于学前儿童不理解数词的实际含义，不知道点数实物时，必须把被数的实物与自然数列里从1开始的自然数词建立一一对应的关系；二是按物点数时，要求多个器官（手、眼、口、脑等）的协同一致活动，学前儿童在5岁以前，由于大脑皮层抑制机能发展较差，手眼协调动作不灵活，再加上口头数数还不熟练，因此会产生种种

手口不一致的现象。5岁多的学前儿童按物点数的数目与口头数数的数目范围基本趋于一致，6岁以上的学前儿童基本上都具有按物点数的能力。

（3）说出总数。要确定一组实物的总数，就要数数，这也是计数的目的。说出总数的发展要比按物点数能力的发展更晚一些，因为这需要在掌握点数的基础上理解数到最后一个实物时，它所对应的数词就代表这一组实物的总数，要把数过的实物作为一个整体——数群来把握。由于学前儿童的理解能力和概括能力较差，需要一个较长时间的反复实践才能逐步掌握。我们常常见到3～4岁的学前儿童虽然能正确点数实物，但不能正确说出实物的总数，而是随意地说出一个数。

（4）按数取物。按数取物是对数概念的实际运用。按数取物要求学前儿童首先记住所要求取物的数目，其次按数目取出相应的实物。3～4岁的学前儿童一般只能按数取出5个以内的实物，学前儿童按物点数的数目都比说出总数和按数取物的数目多。5～6岁的学前儿童不仅计数范围逐步扩大，计数的准确性也逐步提高，基本上都能按指定的数正确取出实物。

2. 学前儿童认识数的序列的发展特点

学前儿童掌握数的序列结构，是掌握数概念的一个重要组成部分。数的序列，一是指数序，二是指序数。

数序，即自然数的顺序，每个数在自然数列中的排列，都是按照后面的一个自然数比前一个自然数多1的规律排列起来的。也就是说，数序指的是每个自然数在自然数列中的位置以及与相邻两数之间的大小关系。

学前儿童在学习计数的过程中，已经对自然数的顺序有了一些初步认识，但开始学习计数时，往往是在一个数词和另一个数词之间机械地建立起前后联系，并不明白数的顺序关系。随着参与比较实物数量的多少和给实物或数目排序等活动，才逐渐掌握数的顺序关系。学前儿童比较数的大小能力比计数能力的发展要晚一些。

3～4岁的学前儿童多数能按物点数5以内数量的物体，但问起"4个"和"5个"哪个多时，相当多的学前儿童并不知道。有的学前儿童提出要求说："你得拿出东西来让我数一数。"这说明学前儿童只能看着实物依靠数数来比较数的大小，还没有建立起抽象数的顺序与数的大小的明确关系。4～5岁的学前儿童大约有一半能比较10以内数的大小。5～6岁的学前儿童一般都能顺利地比较10以内数的大小。

学前儿童给3个以上的实物或数字卡片排序的能力发展得更晚一些。因为学前儿童在排序时，不仅要熟悉数的数序，能比较每两个数的大小，还要能协调几个数之间的关系。4 岁以下的学前儿童排序能力较差；4 ～ 5 岁的学前儿童的排序能力有了明显的提高；5 ～ 6 岁的学前儿童一般都能排 10 以内数的数序；6 岁以上的学前儿童一般都能比较顺利地排出 20 以内数的顺序关系。

3. 学前儿童掌握数的组成的发展特点

掌握数的组成，从本质上说是从整体与部分的关系上掌握数的结构。前面讲到计数，只是把物体集合看成一个整体，并不涉及它能划分成几个部分，以及几个部分之间的关系。数的组成揭示了一个数可以分成几个数，反过来几个数又可以合成一个数。这样可以使学前儿童从整体与部分的关系上理解数与数之间的关系，不仅加深了他们对数概念的理解，也提高了他们的思维能力。

学前儿童对数的组成的理解比对基数、序数的理解要晚一些。因为要理解数的组成，首先要理解基数，要有初步的数概念；其次要有一定的分析、综合和比较能力。5 岁以下的学前儿童对数的组成理解得很少。例如，给学前儿童 3 块积木，让他摆成两堆，问："几个和几个合起来是 3 个？"能答对的学前儿童不到 1/5。5 岁以后的学前儿童多数能借助教具和实物初步理解数的组成，会按教师的要求，把 0 个以内的物体分为不同的两个部分；但掌握抽象数的组成还有一定的困难，不会连贯地讲述一个数可以分成两个数，两个数合起来又是原数。经过适当的教育，6 岁左右的学前儿童基本上能理解数的组成，初步理解数群的整体与部分、部分与部分之间的关系。

（二）学前儿童数概念的教育目标及指导要点

1. 学前儿童各年龄阶段数概念的教育目标。

（1）目标 1：初步感知生活中数学的有用和有趣

①引导学前儿童注意事物的形状特征，尝试用表示形状的词来描述事物，体会描述的生动形象性和趣味性。如：

参观游览后，和学前儿童一起谈论看到的事物的形状，鼓励学前儿童产生联想，并用自己的语言进行描述。如熊猫的身体圆圆的，全身好像是一个个圆形组成的。

在和学前儿童交谈或读书讲故事时，适当地运用一些有关形状的词汇来描述事物，如看图片时，和学前儿童讨论奥运会场馆的形状，体会为什么有的场馆叫"水立方"，有的场馆叫"鸟巢"。

②引导学前儿童感知和体会生活中很多地方都用到数，关注周围与自己生活密切相关的数的信息，体会数可以代表不同的意义。和学前儿童一起寻找发现生活中用数字作标识的事物，如电话号码、时钟、日历和商品的价签等。

引导学前儿童了解和感受数用在不同的地方，表示的意义是不一样的。如天气预报中表示气温的数代表冷热状况，钟表上的数表明时间的早晚等。

鼓励学前儿童尝试使用数的信息进行一些简单的推理。如知道今天是星期五，能推断明天是星期六，爸爸妈妈休息。

③引导学前儿童观察发现按照一定规律排列的事物，体会其中的排列特点与规律，并尝试自己创造出新的排列规律。如：

和学前儿童一起发现和体会按一定顺序排列的队形整齐有序。

提供具有重复性旋律和词语的音乐、儿歌、故事，或利用环境中有序排列的图案（如按颜色间隔排列的瓷砖、按形状间隔排列的珠帘等），鼓励学前儿童发现和感受其中的规律。

鼓励学前儿童尝试自己设计有规律的花边图案、创编有一定规律的动作，或者按某种规律进行搭建活动。

引导学前儿童体会生活中很多事情都是有一定顺序和规律的，如一周7天的顺序是从周一到周日，一年四季按照春、夏、秋、冬轮回等。

④鼓励和支持学前儿童发现、尝试解决日常生活中需要用到数学的问题，体会数学的用处。如：

拍球、跳绳、跳远或投沙包时，可通过数数、测量的方法确定名次。

讨论春游去哪里玩时，让学前儿童商量想去哪里玩，每个想去的地方有多少人？根据统计结果做出决定。

滑滑梯时，按照"先来先玩"的规则有序地排队玩。

（2）目标2：感知和理解数、量及数量关系。

①引导学前儿童感知和理解事物"量"的特征。如：

感知常见事物的大小、多少、高矮、粗细等量的特征，学习使用相应的词汇描述这些特征。

结合具体事物让学前儿童通过多次比较逐渐理解"量"是相对的。如小亮比小明高，但比小强矮。

收拾物品时，根据情况，鼓励学前儿童按照物体量的特征分类整理。如整理图书时按照大小摆放。

②结合日常生活，指导学前儿童学习通过对应或数数的方式比较物体的多少。如：

鼓励学前儿童在一对一配对的过程中发现两组物体的多少。如在给桌子上的每个碗配上勺子时，发现碗和勺多少的不同。

鼓励学前儿童通过数数比较两样东西的多少。如数一数有多少个苹果，有多少个梨，判断苹果和梨哪个多，哪个少。

③利用生活和游戏中的实际情境，引导学前儿童理解数概念。如：

结合生活需要，和学前儿童一起手口一致点数物体，得出物体的总数。

通过点数的方式让学前儿童体会物体的数量不会因排列形式、空间位置的不同而发生变化。如鼓励学前儿童将一定数量的扣子以不同的形式摆放，体会扣子的数量是不变的。

结合日常生活，为学前儿童提供"按数取物"的机会，如游戏时，请学前儿童按要求拿出几个球。

④通过实物操作引导学前儿童理解数与数之间的关系，并用"加"或"减"的办法来解决问题。如：

游戏中遇到让 4 个小动物住进两间房子的问题，或生活中遇到将 5 块饼干分给两个小朋友问题时，让学前儿童尝试不同的分法。

鼓励学前儿童尝试自己解决生活中的数学问题。如家里来了 5 位客人，桌子上只有 3 个杯子，还需要几个杯子等。

购买少量物品时，有意识地鼓励学前儿童参与计算和付款的过程等。

2. 学前儿童各年龄阶段数概念的教育要求

（1）小班：会手口一致地点数 5 以内的实物，并能说出总数。

（2）中班：会正确点数 10 以内的实物，并能说出总数；学习不受物体的大小、形状和排列形式的影响，正确判断 10 以内物体的数量；感知和体验 10 以内相邻两数的数差关系；认识阿拉伯数字 1 ～ 10。

（3）大班：会 10 以内的倒数，能注意生活中运用顺数、倒数的有关实例；感知和体验 10 以内相邻的 3 个数之间的数差关系；知道 10 以内数除 1 以外，任何一个数都可以分成两个较小的数，两个较小的数合起来仍是原来的数；感知和体验两个较小的数之间的互补、互换关系；会解答生活和游戏中简单的加减应用题，理解加减的含义。认识加号、减号、等号，初步认识加减算式并知道算式表示的含义。

三、学前儿童 10 以内数概念的教育内容和指导要点

（一）幼儿各年龄段数学教育内容

1. 小班

（1）学习按物体的一个特征进行分类；

（2）学习按物体量（大小、长短）的差异进行 4 以内物体的排序，学习按物体的某一特征进行排序；

（3）认识"1"和"许多"及其关系；

（4）学习用一一对应的方法比较两组物体的数量，感知多、少和一样多；

（5）学习手口一致地从左到右点数 5 以内的实物，能说出总数，能按实物范例和制定的数目取出相应数量的物体，学习一些常用的量词；

（6）认识圆形、正方形、三角形；

（7）初步理解早上、晚上、白天、黑夜的含义，学习正确运用这些时间词汇；

（8）学习区分和说出以自身为中心的上下方位；学习判断两个物体之间的上下关系，说出什么在什么上面，什么在什么下面；

（9）在教师引导下，能注意周围环境中物体的形状和数量。

2. 中班

（1）认识 1 ～ 10 以内的数字，理解数字的含义，会用数字表示物体的数量；

（2）学习目测数群，学习不受物体空间排列形式和物体大小等外部因素的干扰，正确判断 10 以内的数量；感知和体验 10 以内自然数列中相邻两数的数差关系；学习 10 以内序数；

（3）认识长方形、梯形、椭圆形；

（4）学习用各种几何体（积木或积塑）进行拼搭和建造活动；

（5）学习概括物体（或图形）的两个特征；学习按物体的某一特征和数量进行分类；

（6）学习按量（粗细、高矮等）的差异进行 7 以内的正逆排序；学习按一定的规律排列顺序；

（7）观察、比较、判断 10 以内的数量关系，逐步建立等量概念；运用已有的知识和经验解决新问题，学习心得知识，促进初步的推理和迁移能力的发展；

（8）初步理解昨天、今天、明天的含义，知道他们之间的关系，学习正确运用这些时间词汇；

（9）学习区分和说出以自身为中心的前后方位；学会区分和说出物体之间的上下、前后位置关系，学习按指定方向运动；

（10）能注意和发现周围环境中物体量的差异，知道物体的形状以及它们在空间的位置等。

3. 大班

（1）学习 10 以内单、双数和相邻数，学习顺着数和倒着数；

（2）学习 10 以内数的分解和组成，体验总数与部分数之间的包含关系，部分数与部分数之间的互补关系和互换关系；

（3）学习 10 以内数的加减，认识加号、减号，初步理解加法、减法的含义。学习用加减法解答生活中一些简单的问题；

（4）能理解符号"＜""＞""－"所表示的意思，学习用符号表示两个集合的数量关系，以及用符号表示 10 以内的数量变化关系；

（5）学习按物体两个以上特征或特性进行分类；学习按某一特征的肯定与否定进行分类；学习层级分类和多角度分类；

（6）学习按物体量的差异和数量的不同进行 10 以内正、逆排序，初步体验序列之间的传递性、双重性和可逆关系；

（7）认识几种常见的立方体图形（正方体、长方体、球体、圆柱体），能根据形体特征进行分类；体验平面图形与立体图形之间的关系；

（8）学习等分实物或图形；学会自然测量；

（9）学习以自身为中心和以客体为中心区分左右；会向左、向右方向运动，在日常生活中，能注意自己（或物体）在空间的位置和运动方向；

（10）认识时钟，学会看整点、半点，学习看日历，知道一星期中每天的名称和顺序。学习一些表示时间的词汇，在日常生活中，感受和注意时间的长短更替，知道爱惜时间；

（11）认识一元以内的人民币，能说出它们的单位名称，知道他们的面值是不是相同的。

（二）学习 10 以内数字教育活动的指导要点

数字是用来记数的抽象符号。学前儿童学习认读和书写数字能巩固对 10 以内数的认识，提高对数的抽象性理解。数字的认读是指掌握认识 10 以内的数字，并能用数字正确表示 10 以内物体的数量，这一内容一般安排在幼儿园中班进行。数字的书写则放在幼儿园大班进行，主要是让学前儿童掌握正确的握笔姿势和写字规范。

1. 数字认读教育活动的指导要点

幼儿园中班的学前儿童在认读数字方面，最好与认识 10 以内的数相结合，同时进行。在认识数的实际含义、比较相邻两个数的大小、按数取物以及数的守恒等活动中，在运用实物进行的基础上，均可结合展示数字的方式，使他们认读数字；同时，使学前儿童知道每个数字代表的物体数量。引导学期儿童认读数字时应注意以下问题。

（1）用形象化的手段帮助学前儿童记住字形。在教学前儿童认读数字前，教师可结合多种教具引导他们数数，并在过程中出示数字。当出示了数字符号后，教师可利用他们熟悉的事物与数字形象进行比较。在数字旁边配上熟悉事物的实物图让儿童认读数字，在直观教具的启发下，他们很容易领会："1"像小棒，"2"像鸭子，"3"像耳朵，"4"像小旗，"5"像秤钩，"6"像哨子，"7"像镰刀，"8"像葫芦，"9"像气球，"10"像小棒和鸡蛋。为了提高学前儿童的学习兴趣，教师还可以结合儿歌记诵的形式，让他们一边唱数字歌，一边配上相应的动作去熟悉字形。儿歌富有韵律的语言，生动形象的比喻，可强化学前儿童的记忆。例如：

数字歌

0 像个鸡蛋圆溜溜；

1 像支蜡笔能画画；

2 像只鸭子水里划；

3像只耳朵能听话；

4像面小旗迎风飘；

5像个钩子能挂物；

6像棵豆芽向上长；

7像把镰刀能割草；

8像个葫芦藤上挂；

9像只气球飘上天；

1在左，0在右，站在一起就是10。

（2）比较字形相近的数字，帮助学前儿童分析、区别字形。比较区分外形容易混淆的数字是认读数字教学中的重点和难点。由于学前儿童方位知觉发展不够完善，观察不仔细，对"2"与"5"、"6"与"9"等字形相近的数字容易混淆。因此，在教学中，教师对外形容易混淆的数字要多做比较和练习，帮助儿童分析区别，正确认识。如区别"6"和"9"，可形象地比喻，小辫朝上666，尾巴朝下999；比较"2"和"5"，可形象地比喻，"2"像鸭子水中游，"5"像鱼钩能钓鱼。

（3）让学前儿童跟读，念准字音。在认读数字时，儿童容易把"3"读成"山"，把"4"读成"市"，把"7"读成"西"，教师要注意纠正他们的发音，多让他们跟读，念准字音。

（4）认读数字需要联系具体实物。在教儿童认读数字时，可以引导他们联系周围事物，说出每个数字表示的意思。例如，在认读"4"时，可以想小狗有4条腿，我家里有4口人；认读"5"时，可以想1只手有5根手指。

（5）运用各种游戏练习巩固对数字的认读和理解。教学中可运用各种游戏联系计数和理解数字表示的物体数量。例如看图找数字、按数画物、看数字找卡片、听声音或看动作找数字、看数字做动作、按数取物、按物取数等。

2. 数字书写教育活动的指导要点

数字的书写一般在幼儿园大班的下学期进行，主要培养儿童写字的常规和写字的姿势，书写数字不宜时间过长。教师可以通过示范讲解、带领儿童在纸上练习写字，进行数字书写活动。

（1）教师示范讲解指导要点。

①书写姿势。正确的书写姿势十分重要，它是写好数字的前提，也有利于保护

学前儿童的视力及身体的正常发育。因此，教师应以正确的书写姿势做示范讲解，说明身体怎样坐，两手怎么放，笔应怎样握，等等。在学前儿童写字时，教师要经常提醒并及时纠正其错误的写字姿势。

为了便于学前儿童学习正确的书写姿势，可借助儿歌加以帮助。例如：

> 小朋友，要记牢，写字姿势很重要。
>
> 写字时，脚放平，头不歪来身坐正。
>
> 手握笔尖两指头，胸离桌面一拳头。
>
> 眼离本子一肘远，写字姿势才好看。

②书写格式与笔顺。学前儿童学习书写数字时，应用日字格。教师可将田字格用两种颜色区分，结合汉字"日"字带领儿童先认识日字格。然后在黑板的日字格里边示范边讲解所写数字的字形特点与结构，如数字在日字格中的位置比例，数字的笔顺，从何处起笔，向什么方向移动，如何拐弯，何处停笔等。

（2）学前儿童书写练习指导要点。

①书空练习。教师进行示范讲解后，可带领全体儿童用右手食指在空中或本子的范体字上做书空练习，以熟悉笔顺和笔画。

②试写。书空练习后，教师可以请一两名儿童在黑板上的日字格中试写，组织其他儿童讨论评价，再对重难点进行强调，帮助他们掌握书写要领。

③书写练习。在学前儿童基本掌握书写要领后，教师可让每名儿童开始自己练习书写。

初写时，可先用模字本描写，帮助他们熟悉格式、笔顺，然后再在日字格上书写。写前教师要提醒儿童：要从左往右，一个一个写，一行一行写，一笔一画要工整，保持书写整洁，养成书写好习惯。

主题3 10以内加减运算

一、10以内加减运算的基本知识

（一）加法

加法是指两个或两个以上的数合成一个数的计算方法。可以用 $a+b=c$ 表示。其中，数 a 和数 b 叫作"加数"，数 c 叫作"和"。符号"+"叫作"加号"，读作"加"，加是运算方法，和是运算结果。"="叫作"等号"，读作"等于"。从集合的概念来看，加法就是求两个没有公共元素的有限集合的并集的基数。学前儿童学习的加法运算主要是两个数合并成一个数的运算，用韦恩图表示（如图6-1所示）。

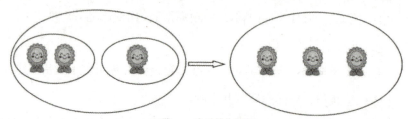

图6-1 加法的韦恩图

对于学前儿童而言，应知道一个数添上另一个数，需要使用加法；加法运算具有交换律，即 $a+b=b+a$，也就是交换加数的位置，它们的和是不变的。

（二）减法

减法是指从一个数量中减去另一个数量的运算方法。可以用 $a-b=c$ 表示。其中，a 叫作"被减数"，b 叫作"减数"，c 叫作"差"。符号"-"叫作"减号"，读作"减"。减是运算方法，差是运算结果。从集合的概念来看，减法就是求有限集合与它的子集的差集的基数。对于学前儿童而言，应知道从一个数里去掉一部分求还剩多少，需用减法运算，减法运算是加法运算的逆运算，其韦恩图如图6-2所示。

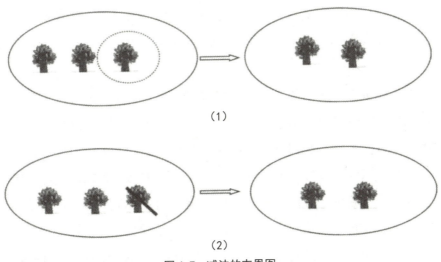

（1）

（2）

图 6-7　减法的韦恩图

（三）加减应用题的基础知识

数的加减运算学习，可帮助学前儿童较好地了解、认识周围事物中存在的数量关系，并学习用加减法解决生活中一些简单的问题。同时，加减运算的学习，有助于学前儿童对加减互逆关系和加法交换关系的感知，可促进学前儿童初步逻辑思维能力的发展。

加减应用题是把加减法知识运用于实际生活问题的题目。通过实物教具演示和实际操作，学前儿童初步掌握了 10 以内的加、减运算过程，也初步接触到了一些口述简单的加减应用题。加减应用题的学习，可以提高学前儿童运用所学知识解决日常生活问题的能力，并进一步发展学前儿童的思维能力。应用题包含情节和数量关系两个方面，二者缺一不可。数量关系中又包含已知条件和未知问题，已知条件是说明已知数量和未知数量间的关系，未知问题是要求解答的问题。

学前儿童学习的是用口头语言表述的应用题，即口述应用题。

二、学前儿童加减运算能力的发展特点

（一）学前儿童加减运算能力的阶段发展特征

3.5 岁以前的学前儿童在面对实物时，并不知道可以用它来帮助自己进行加减

运算，他们要依靠成人将实物分开、合拢给他们看，才能说出一共有几个或还剩下几个。他们不理解加减的含义，不认识加减运算符号，数的运算对这个年龄段的学前儿童来说是很困难的。

4岁的学前儿童一般会自己运用实物进行加减运算，但在进行加法运算时，他们需要将表示加数和被加数的两堆实物合并，再逐一点数后得出总数（得数）；在进行减法运算时，一定要把减掉的实物部分拿掉，再逐个数剩下的实物个数，得到剩余数。这时，学前儿童完全依靠动作思维，而对于抽象的加减运算既不理解也不感兴趣。但4岁以后的学前儿童就开始有了初步运用表象进行加减运算的能力了。

5岁以后的学前儿童学习了顺着数和倒着数，他们能够将顺着书和倒着数的经验运算到加减运算中去。此时，多数学前儿童可以不用摆弄实物，而用眼睛注视物体，心中默默地进行加减运算。5.5岁以后的学前儿童，随着他们数群概念的发展，特别是在学习了数的组成以后，在教师的引导下，他们开始运用数的组成的知识进行加减运算，这样就从逐一加减向按数群加减的水平发展。

（二）学前儿童学习加减运算的认知特点

1. 学习加法比减法容易

学前儿童学习加法比学习减法容易，他们受学习经验的影响，加减运算的发展初期依赖计数方法，因此加法运算可通过顺着数数完成。对于学前儿童来说，顺着数数比倒着数数熟练，因此他们学习加法比学习减法容易。学前儿童在用数的组成进行减法运算时，需具备两个数群关系进行逆向思维的能力，实际上，他们掌握数群之间的逆反关系要难于数量关系，故他们学习减法难于学习加法。

2. 学习加小数、减小数的问题容易，学习加大数、减大数的问题较难

这可能与学前儿童已有的数的概念经验有关，他们在认识相邻数之间的数差关系、10以内数序、顺接数、倒接数等内容的学习中，积累的经验有利于解决加小数、减小数的问题，加减一个较小的数，更贴近学前儿童的"最近发展区"；相反，加大数、减大数则不太容易运用上述经验解决，故他们学习起来比较困难。

3. 理解和掌握应用题比算式题容易

由于应用题是以人们熟悉的生活情境表述数量关系和要求解答的数量问题，这种寓加减运算于生活情境中的题目，为学前儿童表象的积极活动提供了素材，有助

于他们较好地理解应用题中的数量关系，从而较易解决应用题中提出的问题。而加减算式是以抽象的数字和符号组成的，它既无事物的直观性，又无表象作为思考的依托，故学前儿童在理解和解答上会存在一定的困难。

三、学前儿童10以内数的加减运算教育活动的指导要点

（一）学前儿童加减运算的教育内容

根据学前儿童加减运算能力的发展特点，学前儿童学习加减运算主要涉及10以内数的加减运算，具体可分为三部分的教育内容：实物加减、口述应用题和列式运算。

1. 实物加减

实物加减是指通过操作实物或其他直观材料进行加减运算。比如，在桌子上放2本图画书后，教师又往桌子上放了4本图画书，请学前儿童回答现在桌子上一共放了几本图画书。实物加减离不开实物、实物模型等学前儿童能够触摸到的直观材料，也离不开对实物的操作。进行实物加减可以帮助学前儿童理解加减法的含义，这时通常不列算式，也不出现"+""="等数学符号。实物加减是学前儿童加减运算能力发展最初阶段的表现，属于动作水平的运算，也是学前儿童最初学习加减运算的重要教学形式。

2. 口述应用题

口述应用题是指用语言讲述日常生活或图片中包含一定数量关系的实际问题。情节和数量关系是构成应用题的两个必要条件。应用题要结合一定情节，在数量关系中给出已知条件，提出要解答的问题。有了情节，数量关系就不是完全抽象存在的，而是寓于应用情境之中，借助情节，学前儿童可以依托已经积累的日常生活经验来理解数量关系。

对于学前儿童来说，口述应用题主要涉及10以内两个已知数的加减运算，这是最简单的应用题，其结构表现为"一件事、两个数和一个问题"。"一件事"指情节，"两个数"指已知条件，"一个问题"指要解答的问题。口述应用题是学前儿童加减运算能力由实物加减到列式加减、从具体到抽象过渡阶段的表现，属于表

象水平的运算，它能促进学前儿童抽象思维能力的发展。

3. 列式运算

列式运算是指直接用数字、数学符号列出算式进行的运算，属于概念水平的运算。大班学前儿童学习列式运算主要涉及理解 "+" "−" " =" 等数学符号的含义、10 以内加减法 "看图列式"、感知加法交换律等内容。其中，"看图列式" 是指根据图中的画面情节列出一道或多道算式，它以学前儿童的观察能力为基础，有利于帮助学前儿童灵活地看待三个数之间的关系，即两个加数与一个和，或者被减数、减数和差，也有助于学前儿童体会减法是加法的逆运算。

（二）学前儿童学习 10 以内数的加减运算的指导要点

学习 10 以内的加减运算，目的是让学前儿童初步理解加法、减法的含义，会解答简单的加减应用题，感知和体验加减互逆关系，发展学前儿童的可逆性思维。

1. 体验、理解加减法的意义

在此过程中，不仅应该主动调动学前儿童的情感、态度和生活经验，而且要创设问题情景，激发学前儿童内在的需要，在解决问题的过程中体验、理解加减法的含义。

可以列举学前儿童日常生活中的事情或有意识地组织一些活动，通过口述应用题的形式，帮助学前儿童理解加减法的含义。例如，教师说："今天早晨活动时，亮亮用插片插了 1 辆汽车，皮皮也插了 1 辆汽车，他们一共插了几辆汽车？" "对了，他们一共插了 2 辆汽车。" 教师也可以边演示边说："老师给军军 3 支蓝铅笔，给小萌 2 支红铅笔，那么我一共给了他们几支铅笔？" 逐渐帮助学前儿童概括应用题中的数量关系。

此外，还可以考虑学前儿童已有认读加减法算式题的经验和能看懂简单画图的认知水平，采用看图片算式题找朋友的活动，建立具体事物与抽象的算式题之间的联系，促进学前儿童对加减法的理解。可以用最简单的、能表达加减法意义的图片进行教学活动。例如，在小组活动或区域活动中，让学前儿童选择，看图片算式题 "找朋友"。树上有 2 只小鸟，又有 1 只小鸟向树的方向飞来；停车场上有 3 辆汽车，又开来 2 辆汽车，且图片旁有 2+2=4，2+1=3，3+1=4，3+2=5 等算式题卡。

可能有的学前儿童是先看懂图意后再去找算式题，而有的学前儿童则是把算式题拿来读后再找相应的图片。实际上，学前儿童寻找的过程就是把用数字符号组合成的抽象算式题与直观的、具体化的内容配对的过程，就是对加减法意义的逐步理解过程。在此基础上，可以把图片设计得复杂一些，如停车场上停着 2 辆红色汽车，又开来 2 辆汽车（1 辆为红色，1 辆为黄色）。让学前儿童给图片找算式题时，可能每个学前儿童的思维角度不一，会寻找 2+2=4 或 3+1=4 的算式题与图片配对。如出现一张图片找两道算式题"做朋友"的学前儿童，这说明学前儿童在学习理解加减法时也能促进多角度思维的发展。

在多次算式题与图片的配对活动后，引导学前儿童做比较，发现不同的图片找到的算式题"朋友"也可以是相同的。反之，一个算式题表示的意思既可以是一张图片上的事情，也可以表示不同的事情。最后，可以在集体性的活动中帮助学前儿童归纳、总结、提升对加法意义的理解，使学前儿童知道"飞来了""游来了""拿来了"要和原来相同的物体合在一起计算一共有多少，或合起来有多少等都能用加法来算，用加法算式题来表示。

在理解加法的基础上，让学前儿童理解减法的意义，同样可以运用上面的方法。

2. 运用数的组成学习加减运算

数的组成是反映整体与部分的关系，是抽象加减运算的基础。学前儿童在学习加减运算的过程中，一般不太会自觉地运用组成的经验来解答加减问题。因此，教师要给予学前儿童指导，使学前儿童逐步学会运用数的组成经验进行加减运算。

运用讨论是利用数的组成学习加减运算的一个常用方法。例如，让学前儿童看图片列分合式，引导学前儿童进行讨论并列出加减算式，尝试理解数的分合与加减的关系以及它们之间的转换。由分合式 1 个和 1 个合起来是 2 个，推出 1+1=2。在学前儿童头脑中逐步建立起从组成到加减，由加减到组成的一种理解运算的模式。还可以让学前儿童在用分合式列出加减算式的同时，用手中的教具摆一摆，列出加减算式。

学前儿童在学习运用数的组成学习加减运算时，最好通过他们自身的活动来列算式题，这样更有利于学前儿童理解算式题中每个数字及运算符号的意义，同时可以更好地理解转换成分合式的含义，加深学前儿童对数运算的理解。

（三）学习 10 以内数加减运算的教育活动设计与组织

10 以内数的加减运算，在学前儿童的日常生活和游戏中会经常遇到，当他们初步形成了数的概念之后，教师就可以组织他们开展学习 10 以内数的加减运算活动了。

1. 学习 10 以内加减运算的活动内容与要求

学前儿童 10 以内数加减运算的活动是在幼儿园大班进行的。根据学前儿童的发展水平，对他们进行 10 以内加减运算的主要内容有：

初步理解并掌握 10 以内数的加法和减法的含义，认识加号、减号和等号；

初步掌握应用题的结构，能用模仿和描述的方法学习自编简单的口述应用题；

有初步分析问题的能力，尝试解答生活和游戏中简单的加减运算应用题。

2. 学习 10 以内数加减运算的活动指导

（1）结合学前儿童发展水平选择加减运算的教学内容。

根据学前儿童学习加减法的特点和教育要求，教师对他们进行 10 以内数加减运算的教学活动可以分为两个阶段。第一个阶段是学习 5 以内的加减运算，第二个阶段是学习 10 以内的加减运算。在具体安排时，可以先学加法，再学减法。在学习加法时，可以从数的组成开始，自然过渡到加法运算。结合数的分解可以帮助儿童学习和理解减法的意义。在教学过程中，还可以结合数的组成及算式，帮助他们感知加法的交换律，即交换两个加数的位置，它们的和不变。可以把相关的式子如 4+1=5、5−1=4 联系在一起，引导儿童感知和体验加法与减法的互逆关系。学了加 1、减 1 后，可借助数的分合式进一步学习按数群加减。

（2）创设适当情境引导学前儿童感知、体验加减运算的含义。

①以生活和游戏中的实例引导学前儿童感知加减运算的含义。在进行加减运算教学时，可结合生活实际或游戏，创设问题情境，激发学前儿童的学习动力，为他们创造"意义学习"的氛围，让他们在过程中体验加减运算的含义。例如，在"超市选购"游戏中，根据自己手中的钱，解决诸如"买了两辆汽车，需要多少钱？""买了一辆汽车，还剩多少钱？"等问题。

②结合应用题，帮助学前儿童理解加减运算的含义。借助教具、学具的直观操作，帮助儿童理解加法的含义。首先让儿童学会把两组物体合并在一起，求一共有多少？其次通过教师的演示讲解，使儿童初步理解加法的含义。例如，教师一边

操作，一边说："桌上有 3 个苹果，教师又拿来 1 个苹果。"然后一边用手画一个圈，把这 4 个苹果都圈上，一边问："桌上一共有几个苹果？"待儿童回答后，教师要强调"求一共有几个苹果，就是把原来的 3 个苹果与后来的 1 个苹果合并在一起，共有几个苹果。3 个苹果加上 1 个苹果，一共有 4 个苹果。'一共'就是'合在一起'"。教师的演示能让儿童感知"合并"的过程，也能看到合起来的结果，从而帮助他们理解加法的含义。

在实物演示的基础上，教师再用直观的教具和图片演示，使学前儿童继续理解加法的意义。例如，兰兰画了 2 朵花，强强画了 1 朵花，他们一共画了几朵花？在此基础上，教师可通过各种操作或其他活动，帮助儿童熟悉加法。

③加法的学习最后要体现在抽象的符号运用上。这个阶段教师可以采取演示实物或直观教具，请学前儿童列出加法算式的方法。例如，教师首先出示 3 张飞机的卡片，其次出示 1 张飞机的卡片，最后出示 4 张飞机的卡片，引导学前儿童列出 3+1=4 的加法算式。通过反复操作，帮助学前儿童学习用抽象的符号表示加法算式。

学前儿童在掌握了加法之后，教师可以用类似学习加法的方法引导他们学习减法。例如，从"演示实物—操作教具—运用符号"的学习过程，帮助儿童理解减法的含义。首先通过操作让学前儿童知道从物体的总数中去掉或拿走一部分，求剩余多少。其次在操作中，通过演示讲解，帮助他们理解减法的含义。教师一边操作，一边说："手上有 3 只气球，飞走了 1 只气球。手上还剩下几只气球？"通过操作，让儿童看到飞走 1 只气球的过程，也看到飞走 1 只气球后的结果。同时，帮助学前儿童理解"剩下"的意思。

（3）引导学前儿童学习列加减算式。

教师在这个过程中需要通过数字、符号记录加减运算的过程和结果，使儿童理解算式的含义。在儿童初步理解和掌握实物的加减运算后，教师可引导他们把实物的数量用数字表示，把数量增加或减少的过程用运算符号表示，并用等号与结果连接。

教师一边讲解演示，一边用数字卡表示过程和结果。另外，在引导学前儿童学习列加减算式的过程中，教师应让学前儿童理解同一个算式可以表示不同的事件。如式"3-1=2"可以表示"妈妈给了你 3 颗糖，你吃了 1 颗，还有几颗？"，还可表示为"3 条虫子，被小鸡吃了 1 条，还有几条？"。

（4）学前儿童开展 10 以内加减运算活动应注意的事项。

①学习加减运算应从解决现实问题出发。纯粹数的运算是非常枯燥的。教师在组织加减运算活动时，应设计与儿童生活关系紧密的情境，解决生活或游戏中常碰到的问题。研究表明，口述应用题不仅能很好地发展学前儿童的抽象思维能力和语言表达能力，更重要的是，它能让学前儿童体会数学的有用，对于培养他们的数学意识有重要作用。

②数字运算与实物运算结合。加减算式题是较为抽象的，其中的数量关系和运算方法是由数字和运算符号直接表示出来的。如果把抽象的加减算式转化为实物（的数量），通过对实物操作来理解数学算式，就能更好地发展学前儿童的运算能力。

③通过多种形式引导学前儿童学习加减运算。为了避免数学活动的单一性，体现数学应用的广泛性，可以把加减运算的活动渗透到游戏活动和日常生活中，也可以在其他教学活动中适当渗透。通过在其他活动中加减运算的应用，能让儿童体会到数学与其他活动的联系，巩固所学的加减运算知识。

（四）学前儿童学习口述 10 以内加减运算应用题的认知特点

加减应用题是运用加减法运算知识解决日常生产和生活中实际问题的题目。它是适宜学前儿童学习的应用题，是用文字或语言表达数量关系，包括情节和数量关系两部分，二者缺一不可。数量关系中又包括两个已知数和一个未知数。学前儿童学习的应用题是语言叙述的应用题，也称"口述应用题"。

1. 学习口述应用题的意义

（1）为掌握加减运算奠定基础。口述应用题能帮助儿童较容易而准确地理解加法和减法的含义及有关运算符号，是他们掌握加减运算的有力工具。我国在长期的教育实践中也以口述应用题为手段，帮助儿童理解加减法的含义，使他们掌握 10 以内数的加减运算。

（2）促进学前儿童思维能力的发展。

①口述应用题能促进学前儿童抽象思维能力的发展。加减运算是在头脑内部把数进行组合分解而实现的一种智力运算，它要求做题者具有较高的抽象思维能力。而口述应用题能唤起儿童头脑中有关加减情境的表象，起到为儿童掌握加减运算由具体过渡到抽象的中介和桥梁作用，从而促进他们抽象思维能力的发展。

②口述应用题能促进学前儿童思维分析综合能力的发展。这是因为应用题和算式题不同，算式题的数量关系和计算方法是由数字与符号直接表示出来的，无须考虑算法，而应用题的数量关系和算法则隐含在情节中，学前儿童需按情节分析数量关系，才能正确选择方法并列出算式、阐明理由，而这一过程实质上就是一个对应用题中的已知数之间及已知数与未知数间数量关系的分析、判断、综合的思维过程。另外，教师的启发、引导也能使口述应用题充分发挥促进儿童思维分析综合能力发展的作用。

③口述应用题能培养学前儿童的推理能力。口述应用题中的情境为儿童提供了丰富的感性经验，有利于他们对其中的数量关系的理解，也为他们运用已有知识解决新问题创造了条件，从而促进了他们推理能力的发展。

2. 学前儿童学习口述应用题的认知特点

（1）易受情节的干扰。学前儿童在开始解答与生活有联系的加减法应用题时，往往受题目中的情节内容干扰，不会注意题里的数量关系和要计算的是什么问题，有时还会被题中的情节和事实内容所吸引，而忘记计算的任务。

（2）对应用题结构的理解能力较差。这一特点主要表现在自编应用题中。学前儿童一般能凭借生活经验解答口述应用题，但他们在自编应用题时，不能完全掌握应用题的结构，编的题目结构不完整，如没有提问或题目中出现结果，有的情节违反生活逻辑和自然规律。这种情况在减法的编题中更为突出。

3. 引导学前儿童自编应用题的参考步骤

引导学前儿童学习自编应用题，有助于发展学前儿童对生活中简单数量关系的理解。学前儿童学习自编应用题的重点是，引导学前儿童掌握应用题的结构难点是如何根据两个条件提出一个问题。因此，在组织学习自编应用题时，可以参考以下步骤。

步骤一：通过图片，使学前儿童了解并掌握应用题的结构。

让大班学前儿童学习自编应用题，需要学前儿童掌握应用题的结构。①它讲的是一件事情；②要有两个数，这两个数说的是一样的东西；③最后要提出一个问题。为此，可以以图片编的应用题为例，和学前儿童一起讨论分析应用题中的这三点要求。例如，讨论："机场上有5架飞机，起飞了2架飞机，机场上还剩几架飞机？"使学前儿童逐渐明白，这道题符合上面的三点要求。

步骤二：给学前儿童创设编题的情境。

开始教师可以给学前儿童提供各种编题的条件，让学前儿童自编应用题。例如，给小红 2 支铅笔，给小军 3 支铅笔，然后要求学前儿童根据这个活动编题。在组织这类活动时要有一定的情节及数量关系，让学前儿童根据这个活动的内容编题。此外，也可以给学前儿童提供算式题或 2 个数字，让学前儿童凭借自己的想象力和对加减运算的理解编题。

步骤三：自由编题。

不提供任何编题的条件，让学前儿童完全根据自己的生活经验和知识编题。这也是学前儿童非常喜欢的编题形式；同时，自编应用题能唤起学前儿童头脑中有关加减情景的表象，起到学前儿童掌握加减运算由具体过渡到抽象的中介和桥梁作用，从而促进学前儿童抽象思维能力的提高。

 案例 6-1

小班数学活动：按特征分类

活动目标

1. 乐与参加数学活动。

2. 能发现物体的特征并进行分类排序。

3. 学会根据物体特征做标记。

4. 体会数学的生活化，体验数学游戏的乐趣。

5. 知道按事物不同的特征进行排序会有不同的结果，初步了解排序的可逆性。

活动准备

1. 教具：彩色鱼 9 条（由 3 种颜色组成，大、中、小各 3 条），鱼缸图片 3 张，红、黄、蓝三色标签各 1 份。

2. 学具：学前儿童用彩色鱼，人手 9 条，形状颜色同教具相同。

活动过程

（一）念儿歌进教室

边念儿歌边做动作进教室，为下面的活动做铺垫。

（二）出示教具（集体活动）

1. 出示彩色鱼，无规律排放。

教师："今天老师带来了几位小客人来到我们苗9班，小朋友们想知道是谁吗？"

2. 引导学前儿童发现彩色鱼的特点。

教师："我们来看看这些小鱼好看吗？它们都有些什么颜色？它们的颜色都是一样的吗？我们来看看它们还有什么不同啊？"

（三）出示学具（个别活动）

教师："小鱼们今天遇到一个难题，想请我们聪明的小朋友帮帮它们，好吗？刚刚小鱼们看到我们小朋友进教室的时候排队排得很整齐，它们也想排个队，请小朋友们帮它们也排个队好吗？"

学前儿童按照自己的想法为彩色鱼排列，教师巡回指导。活动结束后，收学具，放回学具袋并且放回椅子下面。

（四）交流小结

教师："刚刚我发现有很多的小朋友都用了很多的方法来为我们的小鱼排队，那我想请几位小朋友上来将你的方法排给其他小朋友看看。"

请2～3名学前儿童示范。

小结：彩色鱼的排列可以是按照从大到小，从小到大，相同颜色放一排，花纹相同的放一排等方法进行不同的序列。

（五）学习制作标记

教学反思

数学活动对于学前儿童来说是个很愉快的课程，因为整节活动中游戏的时间多，而且学前儿童动手操作的机会比较多，但是要让学前儿童能真正的理解这节教学活动的内容，并做到熟练掌握、灵活运用却不是那么容易。

 案例 6-2

中班数学活动：坐火车

活动目标

1. 巩固对6以内数字的认识，感知6以内的数量。

2. 积极、愉快参与寻找、辨认数字与感知数量的游戏。

3. 初步培养观察、比较和反应能力。

4. 发展学前儿童逻辑思维能力。

5. 引导学前儿童积极与材料互动，体验数学活动的乐趣。

活动重难点

能不受排列形式影响，感知 6 以内的数，并能进行数物匹配。

活动准备

1. 课件。

2. 每组一套 1～6 的数字卡、实物（装有冬枣、橘子、苹果各 6 个的篮子）。

活动过程

（一）找座位

1. 数字宝宝藏在了火车车厢上，请小朋友找出并说出是数字几？（引导小朋友逐一找出藏在车厢上的数字）

2. 你们想坐火车吗？坐火车可要车票啊，现在我来送给你们每人一张车票吧！（分发给每组学前儿童一套 1～6 的数卡，学前儿童自由选择一张）

3. 每张车票上都有数字，请你们看看说说自己拿到票上是数字几，票上是数字几就代表你坐在几号座位。（请学前儿童说说自己坐在几号座位）

4. 动物朋友们也要乘坐这辆小火车，有些谁呢？（请学前儿童逐一认识）它们手里也拿着车票呢，但是它们的车票上都是小圆点，几个小圆点就代表它乘坐几号座位，我们来帮它们看看应该怎么坐吧！（引导学前儿童逐一说说各个小动物手里的车票上圆点的数量，并用相应的数字来表达）

（二）分果果

1. 火车开到了一个果园里，请大家看一看果园里有些什么水果呢？

2. 动物们摘了好多水果，请小朋友看看、说说它们摘下的各种水果各有多少。

3. 动物们想把摘下来的冬枣、橘子、苹果分给我们每人一样尝尝。我们每节车厢里坐着几个乘客呢？

①将冬枣送给第一节车厢的乘客。

②将橘子分给第二节车厢的乘客，够不够？还要摘几个橘子才能正好分

给 6 个人呢？

③将苹果分给第三节车厢的乘客，够吗？怎么办呢？

（三）兑奖啦

告诉大家一个好消息，今天我们这一趟列车有个抽奖活动，现在公布中奖号码，如果你手里的车票上的数字与我们的中奖号码数字相同的话，就请到我这里来兑奖。（学前儿童在听好教师的题目后思考答案，然后请符合的学前儿童快速来兑奖，经检验，正确的可以得到奖品）

①比 5 多 1 的数字是几？

②其余的乘客都是鼓励奖，等火车到站以后，你们可以到我这里来领奖，但是有个要求：要在车票上画出 6 个圆点。

（四）开火车

请每节车厢里的乘客按车票上的 1、2、3、4、5、6 的顺序下车，排成 3 列队伍（检查小朋友站立顺序是否正确，然后出活动室，结束活动）

培养学前儿童的观察能力，运用游戏加深对数的认识，将具体的 1～6 个圆点数量与数字符号相对应进行数物匹配，明白每个数可以表示相同数量的物体，感知数字和实物的数量关系，运用已学的知识进一步理解数字和数量的关系，通过游戏进一步让学前儿童巩固数字 6，尝试数字 1～6 的排列。

案例6-3

大班数学活动：米奇妙妙屋

设计意图

如何让学前儿童的数学学习回归到实际生活中，即数学活动生活化是这节活动的宗旨。活动中教师通过创设购物环境，将购物情境中的购物行动贯穿始终，从一开始的"娃娃超市"中物品名称与价格的介绍，到用 5 元、7 元可以买 1 样、2 样甚至 3 样东西的层层递进，都是数学活动生活化精神的体现。

活动目标

1. 培养学前儿童运用数学经验解决实际问题的能力，帮助学前儿童进一步了解"正好"和"够了"的钱币概念。

2. 培养学前儿童相互合作的能力。

3. 帮助学前儿童体验到活动的快乐。

活动准备

1. 大的展示板上超市商品图1张。

2. 小的超市商品图每桌1张。

3. 超市的环境创设。

活动过程

（一）"碰球游戏"，导入活动

教师：合起来是5。嗨！嗨！我的1球碰几球？

幼儿：嗨！嗨！你的1球碰4球。

教师：嗨！嗨！我的3球碰几球？

幼儿：嗨！嗨！我的3球碰2球。

教师：合起来是7。嗨！嗨！我的4球碰几球？

幼儿：嗨！嗨！你的3球碰4球。

教师：嗨！嗨！我的6球碰几球？

幼儿：嗨！嗨！你的6球碰1球。

（评析：游戏可以及时调整速度，既增加趣味性又能锻炼学前儿童的思维能力。且通过游戏，可以帮助学前儿童整理已获得的经验。）

（二）学前儿童尝试用5元、7元购买1样、2样、3样不同的商品

1. 第一次购买：找出5元钱可以买1样的商品。

教师：如果你有5元钱，想买这里1样东西，可以买哪些？

幼儿：5元的橙子、3元的苹果、1元的草莓、2元的香蕉、4元的……都可以买；7元钱的不能买。

教师：谁能总结一下，为什么只有7元钱的商品不可以买，别的都可以买？

（评析：此环节是为了让学前儿童了解"正好"和"够了"的钱币概念，这是本节活动的重点。）

2. 第二次购买：找出5元钱可以买2样的商品。

小组讨论，共同找出答案。

小组介绍。

教师评价。

（评析：通过小组合作，自主探索。让学前儿童在反复试误中走出困境，悟出一些数学应用的经验，进一步让学前儿童理解"正好"和"够了"的概念。）

教师：刚刚小朋友们在找的时候，有的小组漏掉了，有的小组重复了，为什么他们这一组找得很全？大家能看出他们是用什么方法找到的吗？

幼儿：他们先将苹果找完了再往后接着找。

总结：原来这样有顺序地找，能够一个不漏地找全。你们也愿意尝试一下吗？

（评析：教师根据小组合作情况进行总结提升，这是本节活动的难点。）

3. 第三次购买：找出7元钱可以买2样的商品。

（1）要求：小组讨论，共同找出答案。

教师：这一次更有难度了，你们愿意接受挑战吗？

（2）小组介绍。

（评析：大班下学期的学前儿童特别喜欢具有挑战性的活动，所以这时候的难度递进很符合学前儿童的特点，且因为有了上一环节的铺垫，这个环节可以帮助学前儿童解决难点。）

4. 第四次购买：找出7元钱可以买三样的商品。

教师：动脑筋想一想，7元钱买3样东西，你们能不能很快地找出来呢？

（三）游戏"超市购物"

玩法：先去"取款机"前排队取一张钱，然后去"超市"买两样不同的东西，再去"收银员"那里结账，最后看看自己剩余多少钱。如果还想买第二次，取完钱去超市买3样或者4样不同的东西。

（评析：角色游戏的创设便于学前儿童体验到真实的购物场景，学前儿童参与的热情很高，很好地体现了数学活动生活化、游戏化的特点。）

活动反思

活动中通过环境的创设，给学前儿童提供了一个自主学习、自由探索的学习过程；通过提供给学前儿童可以反复操作的材料，让学前儿童在观察、摆放、思考、调整中不断地发现问题，解决问题；教师没有将自己的经验介绍给学前儿童，而是让学前儿童在反复试误中走出困境，悟出一些数学应用的经验，将抽象的数学符号生活化、游戏化。

蒙台梭利的数学教育思想

皮亚杰的认知发展理论指出，2～6岁的幼儿处于前运算阶段，儿童的数概念是来自于他和客观事物的互动及和客观事物的协调，他们的思维发展特点是先具体后抽象，先直觉后行动，处于具体形象思维的阶段。

学前教育阶段的孩子在关键期内发展数学心智，在敏感期内培养数学兴趣，进入小学后真正接触数学训练时，比较不会对数学产生恐惧，能结合一连串的逻辑性思考与串联，利用蒙氏数学中掌握的比较、分类和归纳法，找出实物的相关性，从而完成精准高速的计算，得到答案。

尼采在《快乐的科学》中提到"数学是心智最深的技艺"，在幼儿时期，用科学的合理的方法帮助孩子发展的数学心智，具备更强的自主学习能力。蒙台梭利数学教育的目的主要是奠定稳固的数理基础和逻辑思考方式，孩子在0～6岁特别是2～6岁阶段，是儿童大脑发育思维能力建构，逻辑推理能力建立的关键期。幼儿时期的蒙氏数学启蒙可以作为传统数学的补充，帮助孩子在未来面对复杂和抽象的数学时，迎刃而解。

蒙台梭利数学教育从幼儿的日常生活出发，同时考虑到秩序、环境以及准确的重要性，蒙台梭利强调："事前的准备是必需的，也就是在进行数学教育之前必须进行感觉教育。"

蒙台梭利数学教育以感觉教育为基础。首先通过归纳事物的种种属性，给幼儿进行讲解示范，充分调动他们的各个感觉器官，让他们透过自己的感觉器官集中注意力，达到全神贯注，从而使得他们牢固地掌握那些抽象的要素与关系。然后以感官教具的序列、配对、分类三种操作方式（GPS）为基础，协助幼儿进行分析和综合，培养幼儿的逻辑思维能力，使幼儿掌握事物的本质。

蒙台梭利数学教育与传统数学教育不同，它是一条通往抽象的道路，引导孩子通过深刻的理解具体事物，逐步走向抽象。蒙台梭利数学教育的内容大致可以分为三大部分：算术教育、代数教育和几何教育。这三部分主要是通过数学教具配合完成的，经由大量的数学教具，呈现给孩子的就是最形象、最基本的量、数与形。在具体操作时，先让孩子在亲自动手的过程中，建立起对实物的大小、多少的概念，再自然地联想出具体与抽象之间的关系，然后进行综合运算。

精准备考

（一）单项选择

1. 根据皮亚杰的认知发展阶段论，3～6岁学前儿童属于（　　）阶段。【2012年上半年统考】

　　A. 感知运动　　　　　　　　B. 前运算

　　C. 具体运算　　　　　　　　D. 形式运算

2. 下列玩具，不是从功能角度分类的是（　　）。【2016年下半年统考】

　　A. 运动性玩具　　　　　　　B. 建构玩具

　　C. 益智玩具　　　　　　　　D. 传统玩具

3. 皮亚杰所说的守恒是指（　　）。

　　A. 客体永久性

　　B. 不论事物的形态如何变化，儿童都知道其本质是不变的

　　C. 物质的总能量是不变的

　　D. 物质的形态不会改变

4. 按顺序呈现"护士、兔子、月亮、救护车、胡萝卜、太阳"的图片让学前儿童记忆，有些学前儿童回忆时说："刚才看到了救护车和护士、兔子和胡萝卜，还有太阳和月亮。"这些儿童运用的记忆策略是（　　）。【2014年下半年统考】

　　A. 复述策略　　　　　　　　B. 精细加工策略

　　C. 组织策略　　　　　　　　D. 习惯化策略

5. 小班学前儿童玩橡皮泥时，往往没有计划性。橡皮泥搓成团就说是包子，搓成条就说是面条，长条橡皮泥卷起来就说是麻花。这反映了小班学前儿童（　　）。

【2015年下半年统考】

A．具体形象思维特点　　　　B．直接行动思维特点

C．象征性思维特点　　　　　D．抽象逻辑思维特点

6．下列事件中是随机事件的是（　　　）。

A．将小石块放入水中，石块下沉

B．将一根吸管插入半杯水中，吸管变弯曲

C．别针与小磁铁相距很近时，会吸附在一起

D．小明与小红连做三次"石头、剪刀、布"游戏，小明三次全胜

7．先将重量、质地和颜色完全相同的两块球形橡皮泥让学前儿童进行重量比较，然后当着学前儿童的面把其中的一块压成扁平状，这时，学前儿童一般会认为球形的橡皮泥比压成扁平状的橡皮泥更重一些。这说明学前儿童的思维具有（　　　）。

A．可逆性　　　　　　　　　B．不守恒性

C．守恒性　　　　　　　　　D．自我中心化

（二）简答题

为了解中班学前儿童分类能力的发展，教师选择了"狗、人、船、鸟"四张图片，要求学前儿童从中挑出一张不同的。很多学前儿童拿出来"船"，他们的理由分别是：狗、人和鸟常常是在一起出现的，船不是；狗、人、鸟都有头、脚和身体，而船没有；狗、人、鸟是会长大的，而船是不会长大的。

问题：

（1）请结合上述材料分析中班学前儿童分类能力的发展特点。

（2）基于上述材料中学前儿童的发展特点，教师如何实施教育。

答案与解析

第七单元 学前儿童数学教育活动的设计与指导（下）

学习目标

（一）知识目标

（1）了解学前儿童量概念的基本知识，掌握学前儿童量概念的发展特点与年龄特点。

（2）了解学前儿童时间概念的基本知识，掌握学前儿童时间概念的发展阶段与年龄特点。

（3）了解学前儿童空间概念的基本知识，掌握学前儿童空间概念的发展特点与年龄特点。

（二）能力目标

（1）明确学前儿童量概念的教育目标，掌握学前儿童感知量概念的指导要点，能设计和指导学前儿童量的教育活动。

（2）明确学前儿童时间概念的教育目标，掌握学前儿童时间概念教育的指导要点，能设计与指导学前儿童时间概念的教育活动。

（3）明确学前儿童空间概念的教育目标，掌握学前儿童空间概念教育的指导要点，能设计与指导学前儿童空间概念的教育活动。

（三）情感目标

（1）通过小组合作等形式培养开展学前儿童数学教育的兴趣，形成积极的学习氛围。

（2）体验开展学前儿童数学教育的成就感，培养数学思维。

（3）切实感受学前儿童数学能力的发展特点，喜欢并愿意实施直观具体的数学教育。

思维导图

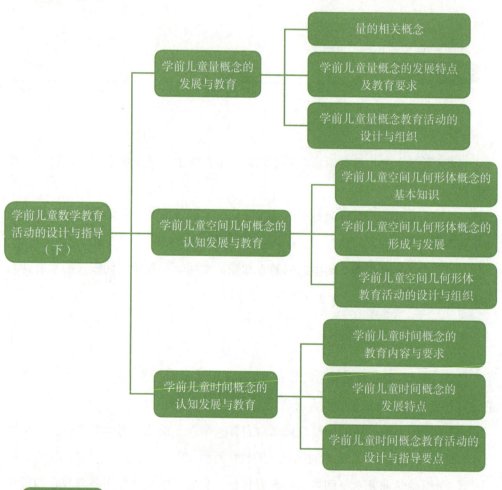

情境导入

情境一：今天与明天

妈妈答应 4 岁的小明明天去海洋公园玩，小明很开心，就着急地问妈妈："什么时候才到明天呢？"妈妈说："你闭上眼睛睡觉，睡醒之后明天就来了。"于是小明立马躺在床上，闭了一会儿眼睛，然后跳起来高兴地说："我睡醒了，明天到了，该去海洋公园了！"

情境二：难懂的"上"和"下"

老师在桌子的上面和下面摆放了许多玩具，请幼儿轮流选取自己喜爱的玩具。天天从桌子的下面抱走了一辆玩具车，教师问天天："天天，你的玩具车是从哪儿拿的？"天天回身甩手一指，说："那儿。"教师又问："在什么地方？"天天答："在地下。"教师意识到自己的提问有问题，重新问道："是从桌子的什么地方拿的？"天天才正确地说出："从桌子下面拿的。"

其实就提问的内容而言，天天两次的回答都是对的，问题在于教师的提问没有准确地提供判断空间方位的坐标（桌子）。我们可以发现教师在引导幼儿用正确的语言表达空间方位时，要为幼儿提供判别方位的立足点。

情境三：不公平的芊芊

在做娃娃家游戏的时候，小雨和小杰拿着瓶子到芊芊的商店各买一斤"酱油"，结果小雨和小杰发现芊芊卖出的一斤酱油不一样。于是三个人就吵了起来。老师来了之后才发现，小雨和小杰拿的瓶子不一样：一个拿的是高且细的瓶子，一个拿的是矮且粗的瓶子。于是在区域游戏结束之后，教师让幼儿讨论两个瓶子的"酱油"一样多吗？为什么同样的"酱油"放在不同的瓶子中会看起来不一样。

思考：

贴近幼儿生活的事物里，还存在哪些量的概念呢？思考一下，学前儿童量概念的发展上有哪些特点呢？老师采取不同的方法来引导幼儿说出上下的时候，为什么得到的教育效果是不同的呢？

知识梳理

量概念与学前儿童的生活息息相关，物体的高矮、长短、粗细、轻重等属性是幼儿数学教育的常见内容。通过对于常见物体属性的认知，数学对于学前儿童来说不再是抽象的符号，而是可以与生活联系起来的具体物体。

本单元主要介绍了学前儿童量概念的发展特点、学前儿童量概念的教育方法以及量概念教育活动的设计与组织。通过本章的学习，学生能对学前儿童量的认知发展有较为清晰的认知，并能够初步具备设计、组织与实施学前儿童量概念教育活动的能力与技能。

主题1　学前儿童量概念的发展与教育

一、量的相关概念

（一）量的概念

量是指客观世界中物体或现象可以被区别和测定的属性，如常见的长度、体积、重量、时间、温度等。量可以被分为连续量与不连续量两种。连续量也被称为"相关量"，是用来计算明确的量，要想知道连续量的多少，必须借助测量的工具才能得到结果，如物体的长度、重量和容积等；不连续量也被称为"分离量"，是表示物体的集合元素多少的量，如班级里有多少个小朋友、班级里有多少个男孩子等。

（二）量的守恒

量的守恒指儿童对客观事物的量有了稳定的本质认识，不为其非本质的、外界的变化所干扰与迷惑。学前儿童的具体形象思维决定了学前儿童在比较量时，往往容易受到外在形式、视觉判断的影响而不能准确地感知量。量的守恒包括体积（容积）守恒、面积守恒、长度守恒和数量守恒。心理学研究结果说明，幼儿首先掌握的就是数量的守恒，其次是物质守恒和长度守恒，再次是面积守恒与容积守恒，最后是体积守恒。由于学前儿童关于量的守恒观念发展比较晚，教师应该依据学前儿童的年龄阶段和各类守恒概念建立的顺序与特点安排教育活动的内容，帮助学前儿童逐步建立正确的守恒概念。

（三）量的排序

排序，指的是学前儿童按照一定的要求或规定，把事物按照一定的顺序进行排列的过程，如按照长短排列火柴或者按照大小排列汽车。排序是一种复杂的比较，它建立在两个物体比较的基础上。对于学前儿童来说，排序比分类要难，因为分类只需要确定是否具备某种属性，并把它划分到某一个类别当中即可；而排序则需要学前儿童能够比较、区分不同物体之间的差异，同时需要操作协调物体之间的关系，对学前儿童的要求更高。

学前儿童学习排序主要有以下几种。

（1）按照物体的外部特征排序，如按照颜色、形状排序，见图 7-1。

图 7-1　按物体外部的特征排序

（2）按照规则或一定规律排序，即将物体按照一定规则进行排序，见图 7-2。

图 7-2　按照一定规则排序

（3）按照物体量的差异进行排序，包括大小、长短、高矮、粗细、厚薄等排序方式，见图 7-3。

（1）按照物体大小排序

（2）按照物体高矮排序

（3）按照物体粗细排序

（4）按照物体厚薄排序

图 7-3　按照量的差异排序

（4）按数量多少、数字大小排序，见图 7-4。

1 2 3 4 5 6

图 7-4　按照数字大小排序

（四）测量与自然测量

测量就是指将一个要测定的量与同一个标准的同类量进行比较的过程。公认的标准量叫作"标准单位"，例如，重量的标准测量单位是千克。计量单位计算某一个量得出的数值就是这个量的量数。常见的测量方法可以分为直接测量法与间接测量法。直接测量法是指直接与计量单位进行比较得出量数的方法。例如，用电子秤称菜的重量。间接测量法是指将一个被测量转化为若干可直接测量的量加以测量，而后再依据由定义或规律导出的关系式（测量式）进行计算或作图，从而间接获得测量结果的测量方法。例如，先用尺子量出长方形的长和宽，再计算长方形的面积。因为学前儿童的直观性思维和身心发展特点，学前儿童的数学教育只涉及直接测量，不涉及间接测量。自然测量是指利用自然物（如虎口、臂长、小棒、绳子、瓶子等）作为量具来测量物体的长短、高矮、粗细等，也叫作"非标准测量"。学前儿童学习自然测量可以使数和量密切结合，加深儿童对量概念的理解，初步培养儿童解决简单实际度量问题的兴趣与能力。

（五）量的比较

比较是数学学习过程中常用的一种方法，也是思维的基本过程之一，对于学前儿童而言，学会正确比较是数学教育应该追求的重要价值之一。学前儿童的比较是儿童根据某些具体特征或属性在两个或两组物品间建立关系。量的比较主要有两种。

一种是连续量的比较，主要是对事物的特征量的比较，即对非正式测量单位的把握和理解，如大小、长短、高矮、轻重、宽窄等。既可以通过重叠法或并放法进行直接比较，也可利用逻辑关系进行间接比较。另一种是不连续量的比较，即两个集合元素数量多少的比较。既可通过对应法、重叠、连线和并放等来直接比较，也可通过比较两个基数的大小来间接比较。比较是排序和测量的基础。

　　学前儿童在比较时，会发现有时两个物体或两组物体没有差异。即物品的大小、粗细、长短是一样的，或者他们发现两组物品的数量一样多。学前儿童在日常生活中会有许多接触比较的机会，他们总是在比较中认识世界和周围的生活现象，总是在幼儿园中跟其他人比较身高、体重、玩具的多少等。在儿童的游戏中，也处处充满着比较活动，如儿童比较积木块的大小、卡车玩具的长短等。在摆弄这些材料时，学前儿童会对物体进行观察、感觉、移动和倾听，注意到物体之间的差异，并关注到物体的轻重、大小、厚薄、粗细等相关属性。大多数学前儿童都是通过自然的和非正式的活动来学习量的比较的。教师必须关注学前儿童量的比较的非正式学习，为学前儿童提供有助于其练习比较的材料，随时准备用"比较"用语干预并支持学前儿童的发现，并帮助其解决在游戏和生活中遇到的比较问题。

案例 7-1

大班幼儿科学活动：测量我们的身体

活动目标

1. 认识我们身体的内部和外部组成，能够正确区分身体不同部位的属性特征。

2. 能够尝试使用标准工具以外的工具进行测量，理解使用多个非标准单位进行测量的方法。

3. 认识到记录测量结果的重要性，尝试运用多种方法进行记录。

活动准备

1. 材料准备：身体组成部分图片、尺子、非标准测量单位（小木棍、雪糕棒、布条）。

2. 经验准备：对于身体部位感兴趣，初步掌握测量物品的方法。

活动过程

（一）活动导入：认识我们的身体

教师自制了6套身体各个部位的图片，每套的颜色不一样，将这些身体部位打乱，并随机发放给幼儿。

师：等一会儿我会把我手里的东西都发给你们，你们拿到手里看一看它是什么，猜一猜它可能会是什么，拿了相同颜色的小朋友，可以把它组装起来，看看是什么。

幼1：我拿到的是手掌。

幼2：我拿到的是头。

……

师：这样吧，我们每个人拿到都是不一样的，拿到黄色的小朋友请举手。

师：拿到相同颜色的幼儿在一起进行拼图游戏。（教师巡回观察，幼儿很快就将拼图拼好了。教师将幼儿拼好的图投放到电子白板上，幼儿观察刚刚拼的是什么。在这个过程中，幼儿认识了我们身体的各个部位，在之前幼儿对我们的腰部没有什么概念，在这次拼小人过程中，幼儿发现上身和下身连起来的地方是我们的腰。基于本次讨论，幼儿认识了自己的身体，也发现了身体上有的是长长的，有的是短短的。因此，接下来的活动，幼儿主要探讨了我们身体上的长和短。）

（二）探究深入：寻找身体上的长和短

师：我们身体上，哪些是长长的？哪些是短短的？

幼1：我们的头是扁扁的，也很矮。

师：头是矮的吗？

幼2：头是高高的。

师：那你告诉我谁的头是高高的？谁的头是矮矮的？

幼3：幼1的头是矮矮的，老师的头是高高的。

师：好的，我明白你的意思了。我们的头不能用"高的"和"矮的"来形容，头是大的和小的。还有长和短，身高才是……

幼：高和矮。

师：你们刚刚是把身体连在一起算的吗？那我们身体哪些是长长的，哪些是短短的？

幼：手臂和腿是长长的，从脖子到肚子是长长的，脖子是短短的，脚是短短的。

在此次讨论中，幼儿出现了对物体属性表达的冲突，因此，教师进行了追问，了解幼儿对属性特征的认识，通过追问，探寻幼儿为什么会出现错误的属性表征，根据原因对幼儿的语言进行解释。教师并没有直接对幼儿的回答表示肯定或否定，而是询问幼儿的意见"你们同意吗，为什么"帮助幼儿主动思考问题，并陈述自己的理由，而不是简单地表达对或错。

（三）小组自由测量

师：你们刚刚说了手臂是长长的，那你们知道手臂有多长吗？

幼：要用尺子量。

师：那除了用尺子，我们还可以用什么去测量我们的身体呢？

幼儿：用手掌（棉棒、木棍、脚、步子）。

师：那我们接下来就自由分组，用尺子或者是其他的工具测量一下手臂有多长。除此之外，你们还可以测一下身体其他部位有多长。

教师引导与观察幼儿如果测量工具太短如何进行，观察幼儿记录测量结果的意识。

（四）集体讨论：一个短短的工具可以量长长的物品吗

教师在之前的观察中发现，许多幼儿在测量时会因为测量工具太短而放弃，除此之外，在用到不同工具（长度相同但是样式不同）去测量的时候会出现单位与单位之间重叠的现象。于是教师在自由测量结束之后向不同组的幼儿提出两个问题：短短的工具可以测量长长的物品吗？另外，两个不同的测量工具可以重叠着测量物品吗？

活动延伸

1.集体讨论：我们该如何去记录我们的测量结果呢？

2.今天回家之后，我们跟爸爸妈妈测量一下，家里的物品都有多长呢？

二、学前儿童量概念的发展特点及教育要求

（一）学前儿童认识量的一般特点

1. 从明显差异到不明显差异

学前儿童能识别的量的差异有一个从明显差异到差异细微的发展过程。学前儿童对于物体量的感知很早就开始了，但是这种感知在早期是笼统的，如，在分别两个差异比较大的梨的时候，只能区分出来哪一个大，哪一个小。随着年龄的增长，学前儿童逐渐可以对物体差异不太明显的量进行认识到区别，能够依据量的差异（高矮、厚薄、长短、粗细等）对物体进行正排序和逆排序。

2. 从绝对到相对

学前儿童感知量和区分量的过程有一个重要特点，就是儿童早期对于量是一种绝对化认知，即对于量的理解往往缺乏相对性。他们常常把自己掌握量的具体特征当成是不变的（大小、长短等）。例如，幼儿常常争论"我的玩具最大"，因为他们把"玩具最大"当成了一个不变的绝对量。只有当学前儿童在对两个、三个乃至更多物体进行选择和比较的时候，才能够逐渐理解量的相对性。

3. 从不守恒到守恒

学前儿童早期往往不具备的量的守恒观念。学前儿童量的守恒观念的形成一般是在学前末期和小学低年级阶段，即进入具体运算阶段，幼儿才真正理解量的传递性和相对性关系。在这一年龄阶段，幼儿基本上能理解物体在长度、面积、容积等方面的守恒，但儿童对不同类型的量达到守恒和传递性推理的年龄存在一定的先后顺序。此外，研究表明，不同文化背景、不同国家以及接受不同质量水平教育的儿童达到守恒传递性年龄的存在一定的差异

4. 从模糊、不精确到精确

学前儿童虽然已经在早期积累了一些关于物体大小或长短的经验，但是不能用准确的词汇去表达它的意义。例如，3～4岁的幼儿常常用大小词汇来代替其他变量的准确名称，把长的、粗的、厚的说成"大的"；把短的、细的、薄的说成"小的"。这就要求教师在学前儿童的直觉活动过程中帮助他们使用准确的词汇，以促使学前儿童直觉活动中某一个变量相一致的概念。

（二）儿童对量的认知能力的发展阶段 [①]

1. 游戏阶段（0～6岁）

游戏阶段的幼儿基本是通过模仿来获得量的认知和理解，他们学着别人的样子用尺子、量杯、天平等测量，他们在把一个容器中的液体倒入另一个容器中就是在学习容积；他们在帮老师抬起桌子的时候，就是在学习重量；他们发现手够不到桌子上的东西的时候，就是在学习长度。

2. 比较阶段（3～6岁）

比较阶段贯穿整个幼儿园时期，这一阶段的学前儿童会根据两个物体的某个具体特征或者属性对两个物品建立联系。比如"爸爸比我高""我比子涵高""天天比我多一块饼干""屋里比外面暖和"。这一阶段儿童能够正确区分大小、长短不同的物体，并且感知物体大小、长短的准确性在提高，能够判断不同位置物体的大小。

3. 使用任意单位阶段（5～6岁）

使用任意单位阶段的幼儿手边有什么就会用什么去测量，如用棉棒去测量桌子的长度，用布条去测量椅子的高度，用绳子去测量自己的腿有多长。这一阶段的幼儿还会慢慢具备"单位重复性"的概念，即幼儿能够用一个测量单位反复测量从而得出被测面积的总长度或总面积；此外，这一阶段的幼儿还能根据测量的具体情境去选择非标准化测量单位，在测量弯曲的物体时候不会选择直线型的非标准化测量单位；这一阶段的幼儿还会逐渐理解非标准化测量单位和数量之间的反函数关系，即测量同一个物体的长度，非标准化测量单位越短，用到的数量越多；非标准化测量单位越长，使用的数量越少。

4. 使用标准单位阶段（5～7岁）

使用标准单位阶段儿童逐渐认识标准测量单位的重要性，但是一开始不能准确使用标准测量单位，他们只是把标准化测量工具当成非标准化测量工具使用。在这一阶段的学前儿童眼里，尺子和绳子的作用并没有区别。但这一阶段的学前儿童逐渐意识到，要是使别人理解自己说的测量物体，就必须使用别人的测量单位，如一个儿童说自己的纸有10根牙签那么长，如果另一个儿童使用的不是同样的牙签，

---

① 罗莎琳德·查尔斯沃斯.3～8岁儿童的数学经验[M].潘月娟，译.北京：人民教育出版社，2007：174.

那么可能测量的纸张的大小也会发生改变。但是，如果一个儿童说自己的木棒有 10 厘米长，那么另一个儿童会准备找到同样大小的纸。

（三）不同阶段的学前儿童量概念的要求与目标

1. 小班

（1）能感知和区别物体的大小、多少、高矮、长短等量的特点，并用对应的概念表示；

（2）能够通过意义对应的方法比较两组物体的多少；

（3）能在一组学具（3 个）中找出最大（最长、最短）的；

（4）比较物体的大小（长短），能把 4～5 个物体按照大小（长短）排序，并找出最小（最短）的一个。

2. 中班

（1）能感知和区分物体的粗细、厚薄、轻重等量的方面的特点，并能用相应的词语描述，能够按照高矮、粗细将 4～5 个物体进行比较；

（2）能够通过数数比较两组物体的多少，能够从 5～6 个物体中找出等量的物体；

（3）能够进行 5 以内的正逆排序。

3. 大班

（1）比较宽窄，能够分辨和感知物体哪一个宽，哪个窄，或者是一样宽；

（2）比较远近，知道哪边远，哪边近或是一样近，能够按照远近排序；

（3）学会操作天平，探索使之平衡的方法，能够按照轻重对物体进行排序；

（4）能够进行 10 以内的正逆排序，并掌握方法。

三、学前儿童量概念教育活动的设计与组织

（一）学前儿童量的比较教育活动的设计与实施

学前儿童关于量的比较教学内容主要包括：比较大小、长短、粗细、厚薄、轻重等量的差异，根据儿童量概念的认知发展水平及规律，教师可以采用多种教学策

略和方法来开展学前儿童量的比较教育活动

1. 调动学前儿童的多感官感知和比较物体的量

学前儿童通过多种感官来感知物体量的特征。让学前儿童通过视觉、运动觉、触觉等感知、区别、比较物体大小、粗细、厚薄、重量等方面的特征，如让幼儿用拇指、食指等触摸自己的 T 恤、毛衣、羽绒服，体会其差异。此外，可以让幼儿通过掂掂（运动觉）来感知物体的重量。

目测比较法：教师可以通过幼儿的目测比较物体的量，"拿起你的纸筒和其他小朋友比比看，你发现了什么？""你可以怎样比较两个物体的长短？"。

触摸觉比较法：教师可以通过让幼儿摸一摸不同衣服的材质、粗细程度、厚薄等。还可以让幼儿双手摸球，感知球的大小、外形等量的特征，并用正确的语言区表达球的特征。

运动觉比较法：当比较物体的轻重时，教师可以让幼儿运用运动觉感知，如教师可以让幼儿闭上眼睛。通过掂一掂，提一提物体，感知物体的重量。可以使用看起来一样大小但是重量不同的物体让幼儿比较，从而获得重量的经验。如大小一样的物体，重量却不一定一样；重量一样的物体，大小却不一定一样。

2. 教导学前儿童掌握重叠、并放等正确的比较方法

运用重叠法、并放法比较物体的量，如，每组幼儿在比较物体的厚薄时，教师可以引导启发幼儿通过将两个物体重叠、并放的方法比较两个物体的厚薄。此外，要注意，在比较高矮时，要在同一平面上方比较，比较厚薄要放在同一平面平放比较。

3. 运用发现法等描述物体的量，鼓励幼儿去描述物体量的差异

通过"生活中你们还看见有哪些物体有长短、粗细、厚薄的差别"等问题，启发幼儿去发现、寻找身边熟悉环境物体量的差异。学前儿童在比较量的差异的时候，教师要鼓励学前儿童用"长短""大小""厚薄""粗细""宽窄"等词语描述物体量的差异。

4. 利用游戏巩固幼儿对于量的认识，体验量的相对性

利用游戏来巩固幼儿对量的认知，如"反动作游戏"，教师边说边做"大"的动作，幼儿就要边做"小"的动作，用这种类似的游戏使幼儿理解相应量词的实际意义，训练幼儿思维的敏捷性和看的准确性。

案例7-2

中班数学活动：比较粗细

设计意图

幼儿的生活离不开各种各样的物品，他们喜欢观察、动手去摸、摆弄。正如蒙台梭利所说："幼儿有强烈探索环境和周围一切的本能，这种生命的冲动促使幼儿从生活中学习并发展自我。"《3—6岁儿童学习与发展指南》指出："引导幼儿感知和理解事物量的特征。""结合具体事物让幼儿通过多次比较逐渐理解量是相对的。"在本次教学活动中，教师准备了课件，引导幼儿对不同粗细的物体进行比较，为了让幼儿更直观地感受物体的粗细，教师设计了"比一比"环节，充分调动幼儿的各种感官，让幼儿通过感知比较物体的粗细。另外，为幼儿提供的用于比较的物品选择了生活中常见的实物，使幼儿在比较中容易理解。

活动目标

1. 通过实物认识粗细，感知粗细的相对性。

2. 引导幼儿比较粗细，掌握从三个物体中找出最粗的和最细的，并给粗细不同的物体排序。

3. 发展幼儿观察、比较及思维能力，引导幼儿积极与材料互动，体验数学活动的乐趣。

活动重难点

分辨物体的粗细，掌握给粗细不同的物体排序。

活动准备

经验准备：了解粗细概念。

物质准备：①准备1支大头笔、1支铅笔、粗细不同的3根纸棒、比较物体粗细的图片、2个盒子（里面装有多种粗细不同的物体）；②课件PPT、故事。

活动过程

（一）导入故事引出主题

唐僧、孙悟空、猪八戒、沙和尚一起到西天取经。有一天，天热极了。他们走得又累又渴，孙悟空说："你们在这儿歇一会儿，我去摘点水果来给大家解解渴。"猪八戒连忙说："我也去，我也去！"他想：跟了孙悟空去，能早点吃到水果，还可以多吃几个。

猪八戒跟着孙悟空，走呀，走呀，走了许多路，连个小酸梨也没找到。他心里不高兴了，就哎哟哎哟地叫起来。可是一回头，孙悟空不见了，他手拿金箍棒飞走了，小朋友们看孙悟空会变的金箍棒，让它变粗或变细。

（1）出示课件PPT，1根粗的"金箍棒"1根细的"金箍棒"。（师：比一比，哪根粗，哪根细？）

（2）出示实物（大头笔、铅笔），让幼儿先观察，再请他们握一下大头笔和铅笔，通过感知初步认识粗细的概念，并说出哪个粗，哪个细。

（3）出示课件PPT（大象和长颈鹿谁的腿比较粗？麻绳和针线哪个比较粗？），让幼儿进行比较。

（3）实例讲解：教师与幼儿站在一起比较，让幼儿说出谁的胳膊粗，腿粗？谁的胳膊细，腿细？

（二）两两比较粗细

（1）教师出示1根纸棒，请幼儿回答它是粗的还是细的，若幼儿说是粗的，教师就出示比它更粗的纸棒；若幼儿回答是细的，教师则出示更细的纸棒，由此得到结论，只有两样东西进行比较，才能认识哪个粗，哪个细（也可以结合课件PPT进行）。

（2）出示课件PPT（3支粗细不同的铅笔），请幼儿进行比较。

（3）请小朋友任取3样东西比较粗细，然后说出它们的结果。

（三）玩游戏：排列粗细不同的物体

师：出示盒子，盒子里的东西有粗有细，那么我们来帮它们排上队吧。（师生共同操作）

（1）幼儿操作任意排队方式。

（2）提问。

①你是怎么排的？（粗—细，细—粗）

②你是怎么排出来的？

（3）师生共同小结。

师：通过比较我们知道了给粗细不同的物体排列的两个秘密：①先找出最细的，然后找出最粗的，剩下的两个进行比较、依次排队；②从盒中先找

出最细的，放在第一位；然后再在盒中找出最细的，放在第二位，反复运用
这个方法依次排队。

活动延伸

比较周围环境中各种物体的粗细，回家后比较家里各种物体的粗细并做
记录。

（二）学前儿童关于量的排序活动的设计与实施

排序活动主要包括学习量的正、逆排序；感知和体验量的相对性与传递性。学
前儿童量的排序能力发展特点在不同年龄呈现不同的年龄特点。小班时期，幼儿由
于注意范围有限，对物体的量的差异也缺乏系统性，因此，小班幼儿还不能系统地
对物体进行比较，还不能熟练地掌握和应用比较的方法；此外，按照大小、长短排
序数量不会超过 5 个。中班幼儿能进行比较的物体数量增至 5 ～ 7 个，能够通过目
测来进行综合比较，但是会出现顾此失彼的现象，难以找出物体中最突出的一个。
此外，中班幼儿的传递性显著提高。大班幼儿在感知和比较的经验基础上，可以对
物体量的多种差异进行比较，如厚薄、大小、长短、粗细、宽窄、远近、轻重等。
此外，大班幼儿可以对物体的不同维度进行比较，量的大小传递性也有所增强。

根据学前儿童量的比较的发展特点，教师在幼儿的一日生活、游戏和教学活动
设计中需要注意以下内容。

1. 教师要基于幼儿自主操作和探究的机会

教师可以通过提问，幼儿的小组合作、自主游戏等方式引导幼儿比较和描述物
体的量的差异，描述排序的规则和策略。由于学前儿童对于物体量的认识主要是通
过感官的认知建立的，因此，在量的排序活动，教师要调动幼儿的多种感官，让幼
儿通过看、摸、掂等比较物体量的差异。此外，有些玩具本身就有排序的特点，教
师筛选排序相关的玩具，如套碗、套筒、俄罗斯套娃以及自制玩具来让幼儿探究排
序和学习排序。

2. 教师要设计任务，帮助幼儿体验量的大小的传递性、相对性

教师应该关注幼儿使用量的哪个维度差异进行的排序，使用的是什么排序方法
和排序策略。在此过程中，教师更应该关注幼儿的策略思维能力。因此，教师需要

在引导幼儿两两比较的基础上进行逻辑推断。启发幼儿理解序列中的三种关系（可逆性、传递性、双重性）。此外，教师在开展量的比较活动中，需要注意幼儿的年龄特点与发展阶段，如对中班学前儿童，教师可以提问"这次排序（从小到大）和上次排序（从大到小）有什么不一样的地方？"对于大班学前儿童，教师可以进一步让学前儿童了解量的传递性与双重性（按照从大到小排序好的物体，除了第一个和最后一个，其他的物体比前面的小，比后面的大）的特点。此外，教师应该采用语言、手势动作和材料演示结合的方法帮助学前儿童理解并明确排序的方向。

3．教师应该引导学前儿童掌握排序的要求和多种方法

学前儿童在进行排序的过程中，教师要引导学前儿童掌握排序的要求和规则，如，在按照高矮排序时，排序对象应该在同一水平面上；按照方向排序时，比如有的是需要横排，有的需要竖排，有的需要长短排序，有的是按照粗细排序等。其次，要确定排序的起始线，教师应该采用语言、手势动作和材料演示等方法帮助学前儿童理解并明确排序方法。比如你找形状排序，说明什么形状排第一，什么形状排第二。有如果按照大小递增或者递减的顺序进行排序。当然你也可以自制一些多种量的差异的材料，让幼儿自定排序规则自由排序，在活动角或者在建构区放置可排序的木棒、珠子、纸条等玩具，留给学前儿童自由排序的时间，让学前儿童按照自己的兴趣、想法去排序。

　案例 7-3

中班数学活动：比一比，排一排

活动背景

排序包括连续量如大小、长短、粗细、高矮等的排序和不连续量即数量的排序。幼儿对"数"的理解是通过对"量"的理解来实现的。其中，连续量的排序活动可以为"数"的比较和排序规则的感知奠定经验基础，小班幼儿是在感知量的差异的基础上进行排序的，而中班幼儿需要在对 5 个高矮物体排序的基础上，初步感受"序"的意义，不仅要面对材料数量增多的情况，还要运用"观察比较、两两比对"的方法解决。

活动设计意图

《3—6 岁儿童学习与发展指南》指出，结合具体事物让幼儿通过多次比

较，逐渐理解"量"是相对的；根据情况鼓励幼儿按物体量的特征分类整理。对此，本班组织开展本次教学活动。

活动目标

1. 在活动中感受数学的乐趣，敢于表达，乐于交流。

2. 能比较高矮不同的物体，感知高矮的相对性。

3. 能说出一组物体中最高和最矮的物体，并能将一组（6个）物体按照高矮进行正排序或逆排序。

活动准备

物质准备：情境图片1张、可擦洗印泥1盒、6个高矮不同的塑料立体动物多套（小组活动每组1套）。

知识经验准备：幼儿在生活中对高矮有初步认识。

活动重难点

1. 活动重点：能比较高矮不同的物体，并能将一组（6个）物体按高矮进行正排序或逆排序。

2. 活动难点：能找到最高（最矮）的物体再通过比较进行排序，感知高矮的相对性。

活动过程

（一）游戏导入，通过比较手印高矮，激发幼儿兴趣

师：今天老师带来一个神奇的东西——印泥。印泥可以帮我将我的手掌印在墙上。现在老师将手沾满印泥，伸长胳膊，把手掌印在墙上。看，这个手印高不高？

师：有哪位小朋友想试试看？

师：可以印得跟老师的手印一样高吗？

教师小结：因为老师比较高，小朋友比较矮，所以老师的手印比小朋友的手印高。

出示情境图片，引导幼儿说出最高和最矮的物体。

教师出示图片"猪爸爸、猪妈妈和猪宝宝做早操"，请幼儿仔细观察图片并说出图中最高和最矮的猪。

师：森林里住着猪宝宝一家。有一天猪爸爸、猪妈妈带着猪宝宝在森林

里做早操。请小朋友仔细看一看，谁比谁高，谁比谁矮？

教师小结：猪妈妈比猪宝宝高，但猪妈妈比猪爸爸矮，所以猪爸爸最高，猪宝宝最矮。

（二）操作体验，分层指导

对于排序规则的理解和迁移运用，需要幼儿通过自己的实际操作、体验来获得，因此根据班级人数和学生兴趣组织了新的平行活动"小猪运木头"和巩固活动"金箍棒排高矮"。

组织幼儿分组进行自由操作，教师来回巡视，鼓励幼儿大胆操作。必要时，教师可以引导幼儿先找出最高或最矮的动物，剩下的动物与最高（矮）的动物进行对比，从而实现物体按高矮进行正排序或递排序。

（三）交流评价，经验分享

请个别幼儿在集体面前进行排序讲述，鼓励幼儿大胆、清楚表达自己进行高矮排序的想法。可借此引导幼儿讨论操作中出现的新问题，总结、提升和拓展经验。因此，教师采用"提升经验"作为交流内容。如，在进行高矮不同的动物排序任务时，抽出一个动物，请幼儿思考、讨论怎样把它放在适合的位置，从而帮助幼儿进一步加深对每个小动物比前面高、比后面矮的序列关系的认识。

（四）教师总结，活动结束

教师对幼儿的操作、分享进行夸奖，得出活动总结。活动结束后组织幼儿有序收拾教具、清洗墙上的手印。

活动延伸

让幼儿在家里比较家庭成员的高矮。

教师将塑料立体动物投放到区角，让幼儿在区角活动时继续自由排序，与同伴交流分享。

（三）学前儿童量的等分和守恒教育活动的设计与实施

1. 学前儿童量的等分和守恒教育活动的教学目标

儿童形成守恒概念比较晚，且量的守恒的年龄差异比较大。小班幼儿尚未形成量的守恒概念，知道一对一是一样多的，但是容易受到物体大小和物体排列方式的影响。中班幼儿的数量守恒能力得到了一定发展，不容易受到物体大小的干扰和颜色的影响。在长度守恒方面，学前儿童长度守恒低于数守恒的发展，小班幼儿往往是关注物体的表面特征，例如，小班幼儿判断两段对齐的物体是一样长的，而其他的摆放方式，幼儿往往判断出错；大班幼儿在长度守恒方面有了较明显的发展，但是不能更好地理解面积、容积的守恒。根据学前儿童量的概念的认知发展水平和规律以及教育部颁布的《3—6 岁儿童学习与发展指南》，量的等分和量的守恒教育活动的要求与目标如下。

中班：在数量的比较中，能够不受物体大小、颜色、形状以及排序位置的影响，积累数量比较及数量守恒的经验。

大班：初步理解量的相对性；能够感知整体与部分的关系，将对称图形二等分和四等分；能将 10 以内的数量平分。

2. 变换图式

变换量的多种图式，让学前儿童能在不同图式的变化中体会图式的多样性，在不同图示的比较过程中体会量的守恒性基本特点（见图 7-5）。

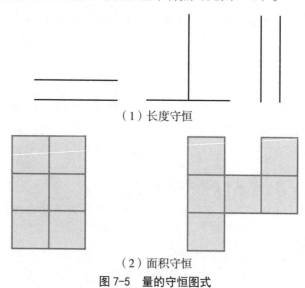

（1）长度守恒

（2）面积守恒

图 7-5　量的守恒图式

3. 添加干扰因素

在物体守恒教学过程中，可以通过添加干扰因素让学前儿童逐渐体会到量的守恒性，例如，在两个同等量的物体比较的时候，教师可以通过其中一个量的形式的变化来让幼儿感知量的守恒；在两个同等量（大小、长短、面积）的比较过程中，教师可以改变其中一个量的形状来向幼儿提出问题；在面积守恒的教学过程中，可以让幼儿先用重叠比较的方法确认两个长方形的面积是一样大的，然后把其中一个长方形拆分为两个长方形或正方形，然后提问："现在这两个正方形和原来的长方形是不是一样大？"

4. 活动材料与儿童的生活实际相联系

量的守恒是建立在幼儿对量的比较基础上的，是量的比较的结果性体验之一。因此，在量守恒的体验活动中，教师给学前儿童提供进行量的守恒活动的实物要与学前儿童的实际生活相联系，且材料要是生活中常见的物体、物品，这些材料要干净卫生，便于学前儿童使用。

（四）测量的教育活动的设计与指导

学前儿童测量技能的发展主要包含三个部分，分别是对各种物体属性的认识，对不同量的测量工具的认识，数和量之间的关系。学前儿童长度测量能力的发展基本遵循从简单到复杂、从直接比较到间接比较然后发展到非标准测量的过程；面积测量的发展主要从直觉比较发展到使用中介物进行比较再到最后真正的测量。此外，与一维空间的长度测量相对，二维空间的面积测量对幼儿来说更有难度。在学前儿童测量的教育活动设计与实施中，教师可以通过以下方式促进学前儿童测量能力的发展。

1. 通过提问、示范或者操作帮助学前儿童建立对测量概念的理解

通过提问和示范，可以引导学前儿童关注他们从来没有关注的量的特征，引导他们进一步对解决问题的策略有概念化的理解。例如，教师可以提问学前儿童："你的木棒比我多，那么我需要加多少木棒才可以跟你一样多（比你还要多）呢？"教师通过示范、提问可以把学前儿童的关注和注意点引导到测量单位上，通过标准示范，让学前儿童在观察中增进对正确测量办法和测量要领的理解。如长度测量的要领包括：从被测量的一端开始，连续移动测量工具，并使前一次测量的终点成为下一次测量的起点；测量要沿着直线进行；测量一次，数一个数，计数出最后的量数。

2. 引导学前儿童理解测量单位和测量结果之间的关系

测量单位与测量结果之间关系的建立是学前儿童在数与量之间建构数量关系的

一种重要经验。在学前儿童学会正确测量后，适时地引导学前儿童认识到用不同的测量工具测量同一个物体时，其结果是不同的，这样的经验对学前儿童来说是十分重要且有意义的。如在"运粮食"的游戏活动中，引导学前儿童关注到用大杯子运送的次数要少，而用小杯子运送的次数要多一些。这种测量单位大小与测量结果之间的关系可以启发学前儿童对量的相对性的理解，提高其思维的灵活性。

3. 让学前儿童掌握记录测量结果的方法

在学习自然测量时，教师可以给学前儿童提供记录单，引导学前儿童用文字、图画等方式把测量的结果记录下来并且互相交流。在测量的过程中，学前儿童可能会遇到问题，但是在学前儿童以往的知识经验和现有的测量结果产生认知冲突时，教师不能直接把问题的答案给学前儿童，而是要引导学前儿童思考。将测量活动设计在真实问题情境中，不能把测量教育活动当成单纯的技能训练。

主题 2　学前儿童空间几何概念的认知发展与教育

空间概念是客观物质的存在形式，由长度、宽度、高度表现出来，任何物质都存在于一定的空间中，并且和周围事物存在着空间上的相互联系。狭义上的空间概念指的是空间方位；广义上的空间概念指的是物体在空间中的移位、翻转、旋转变化以及对大小形状等各种空间变换关系的认识。空间范畴一般包含诸多语义内容，如距离、面积、位置、位移、形状、途径、方向等，学前儿童学习空间概念的关键性经验主要涉及形状、位置和方向等。本节主要介绍学前儿童关于空间概念的发展及特点、关键性经验、教育内容与要求。

一、学前儿童空间几何形体概念的基本知识

（一）空间几何形体

1. 空间几何形体的辨认

《3—6 岁儿童学习与发展指南》提出让幼儿感知形状与空间关系：能关注和感知物体的形状特征与形体结构特征，能感知物体的基本空间方位，能运用几何形体和空间方位经验尝试解决生活中的问题。儿童学习几何是从识别几何图形，掌握几何概念开始的。学前儿童的几何能力主要体现在图形的辨认与比较、图形的组合与分解等方面，初步认识一些简单的平面几何图形和一些简单的立体几何图形的名称、特征，并能按照其不同特征进行分类、排序等活动，具有辨认、拼搭、分解几何图形的能力，是学前儿童数学教育的重要内容之一。

儿童对空间几何图形的辨认主要有知觉辨认和特征辨认：知觉辨认即通过视觉或触觉系统来对几何图形的类别进行判断；特征辨认是根据几何图形的特征，如边、角、边与边的关系、角与角的关系等来进行判断。一般在心理学和数学研究中，主要通过"命名"（说出形状的名称）、"指认"（根据名称指认形状）、"匹配"（找出相同的形状）、"分类"（将同一类形状放在一起）、"拼合"（将拆分后的形状拼回原形）等任务来分析儿童的图形辨认能力。学前儿童数学教育的几何形体主要涉及平面图形和立体图形两部分。平面图形主要包括圆形、正方形、三角形、

长方形、梯形等；立体图形主要有球体、圆柱体、长方体、正方体。

2. 空间几何图形的组合与等分

几何图形组合与等分能力是学前儿童几何能力的一个重要组成部分。空间组合能力是指将多个图形组合起来，形成一个更大的图形或者其他几何图形的能力。主要包括：使用几何图形自由创造、用几何图形填充图案拼图以及图形组合的心理表征等。几何图形组合活动能帮助学前儿童感知和理解图形的特征，发现图形之间的关系，建构图形以及图形组合过程的心理表征等。

几何图形等分就是把某些几何图形分成相等的几份。等分的份数越多，每份就越小。其中，分成相等的两份叫二等分，分成相等的四份叫四等分。学前儿童主要学习二等分和四等分。儿童在日常生活过程中经常会有等分的经验，如切分蛋糕的经验、折纸的经验（将一张正方形的纸折成两个一样的长方形或三角形，或将一张正方形的纸折成四个一样的正方形或三角形等）等。等分经验不仅可以帮助儿童获取等分的知识和技能，了解整体与部分的关系，而且是儿童建立初步除法和分数概念的感性经验基础。

（二）空间方位

1. 空间方位的基本特性

空间方位关系是指物质与周围物体存在着空间上的相互关系，一般用"上下""左右""前后"等词语表示。在空间概念范畴中，位置和方向是两个密切联系且重要的概念，位置指的是一定空间的点、线、面。而方向指的是面对的某一个位置。空间位置关系一般具备以下三个基本特性。

（1）相对性。我们生活的周围空间是向纵、横、深三个方向扩展的，空间坐标系按照纵、横、深三个扩展方向形成的三对相对应的基本方向分别表示前后、左右和上下三对方向的位置。相对性包括以下三个方面：主体对其周围客体的相对位置，如我站在桌子的前面；周围客体对主体的相对位置，如桌子在我的后面；各物体相互之间的相对位置，如摩托车在公交车的前面，公交车在摩托车的后面。空间方位不是绝对的，上下、左右、前后和里外都是相对的概念。

（2）可变性。因为空间方位具有相对性的特性，因此也就具备可变性的特点。空间位置关系的可变性主要是因为物体位置辨别汇总的参照体系是可变的，参照物的变化会造成考察目标物位置关系的变化。需要注意的是，学前儿童在空间方位的认知通常是以自身的身体运动开始的，也是以自身或周围物体为参照物的。因此，在空间方位的教学过程中，要让学前儿童学会通过移动自身的位置，感知位置、距离、方向的相对变化

（3）连续性。空间方位是一种相对存在的位置关系，也就使空间位置关系具有连续性特征。上下、前后、左右是空间向纵、横、深三个方向扩展的，前后是相对的，前是向前扩展的一种无限延伸。因此，这种相对的空间位置关系处于一种连续空间中。

2. 空间方位的辨认

学前儿童早期不能对物体空间方位的知觉加以区分，他们只注意到物体本身而不能知觉到物体之间的位置关系。幼儿认识空间方位的区域是由近及远逐步扩大的。一般先把整个区域分成两个区域：或上和下，或前和后，或左和右，而且在每一对相对的位置关系中，开始只能分出一个标记来，如上面、前面等，然后在与一个标记的比较中才认识到相反的标记，形成互逆的空间概念。如里面—外面、上面—下面、前面—后面等。

二、学前儿童空间几何形体概念的形成与发展

（一）几何形体概念的发展规律

1. 几何形体概念辨认的顺序

学前儿童对图形概念的理解从 3～4 岁开始建立，5～6 岁开始稳定。学前儿童开始很快就学会命名常见的图形，但是由于学前儿童生活经验和形体自身的复杂程度等因素的影响，在认识几何形体时，表现出明显的先后顺序。首先是平面图形，其次是立体图形。国内外的研究统一认为，学前儿童在平面图形的认知顺序是圆形、正方形、三角形、长方形、半圆形、椭圆形、梯形、菱形等；立体图形的认识顺序是球体、立方体、圆柱体、长方体和圆锥体。此外，学前儿童在认识立体图形时，易和平面图形相混淆。

2．几何形体感知与词的联系

学前儿童对几何形体的认识过程不仅是对图形的知觉过程，而且需要借助于语言的表征。从学前儿童感知几何形体的外部形状到能应用相应的语词表征，有一个渐进发展的过程。国内研究者对儿童平面几何图形辨认能力的发展进行了较为广泛的研究，主要通过"命名"（说出给定形状的名称）、"指认"（根据名称指认图形）、"匹配"（找出与给定范例图形相同的图形）、"分类"（将同一类形状放在一起）、"拼合"（将拆分后的形状拼回原形）等任务来分析儿童的图形辨认能力。

3．几何图形组合能力的发展阶段

几何图形组合能力是指将两个及两个以上的几何图形组合起来，形成一个图形或者是一个几何图案的能力。它体现了儿童对几何形体之间关系的认知、理解和应用能力。克莱门茨等通过研究发现，儿童在平面几何图形组合能力的发展上，可以划分为七个阶段。学前儿童主要处于前四个阶段。[①]

（1）前组合阶段，不能够进行图形组合，甚至不能完成简单的拼图任务。

（2）零散组合阶段，尝试错误地完成简单的图案框架，将图形简单连接起来形成图案，从整体上看待图形。

（3）图像阶段，尝试错误地将几个图形连接起来形成一个图案，通过图案的轮廓线或者轮廓线的长度来匹配图形；开始尝试错误地旋转和翻转形状。

（4）形状组合阶段，有意识地将图形组合起来形成新的图形或图案。既通过边也通过角来判断要选择的图形，并逐渐能根据已经拼好部分的角来考虑多个备选形状；能够形成图形的图示，有目的地旋转和翻转形状。

4．几何图形认识的年龄特点

（1）3～4岁。小班幼儿已对学前期认知的大多数平面图形有较好的匹配能力，能正确认识圆形、正方形和三角形。对这三种图形不仅能正确匹配、指认，而且能正确叫出名称，也能按照这些图形找出周围环境中的相应物体。但他们不是从这些图形的特征来认识的，而是将其和自己日常生活中熟悉的物体相对照，所以有的幼儿会把圆形说成"太阳"，把三角形说成"小旗"，等等。

（2）4～5岁。中班幼儿能够正确认识的平面图形增多，如长方形、半圆形、

---

① 常宏.3～6岁儿童平面几何图形组合能力的发展研究[D].上海：华东师范大学，2009：52-62.

椭圆形、梯形、菱形等，而且能理解平面图形的基本特征（角和边的特征），并能根据特征比较不同的图形。中班儿童已经能认识到图形守恒，不受图形大小、颜色和摆放位置影响，对图形做出正确的辨认和命名。他们能理解平面几何图形之间的简单关系，对使用平面图形拼搭物体表现出很高的积极性和一定的创造性。

（3）5～6岁。大班幼儿已能够理解一种图形的典型特征，并在头脑中形成某种图形的"标准样式"，从而能够根据图形的特征进行正确判断。大班幼儿能够理解图形之间较复杂的组合关系，如图形之间的关系不仅表现为一个图形可以由几个相同样式的其他图形组成，也可以由几个不同的图形组合而成。能够正确区别几何图形和立体几何体。大班幼儿还开始认识一些基本的几何体（如球体、圆柱体、长方体、圆锥体），做到能正确命名并知道其基本特征。

（二）空间方位的形成与发展特点

1. 以自身为中心的空间定向到以客体为中心的空间定向的发展过程

学前儿童在理解空间方位概念时，必须从一个相对的关系来认识，这对于思维还不具有相对性的幼儿来说是有困难的。总的来说，学前儿童的空间方位概念是从以自我为中心的定向逐渐过渡到以客体为中心的定向过程。研究表明，在认识空间方位关系时，首先儿童是从自身出发，以自己的身体作为参照体系来辨别周围客体的方位。儿童首先学会的是辨别自己身体部位的不同方位，如，头在上，脚在下；胸（脸）在前，背在后；右手拿勺子，左手扶碗等。其次儿童把不同的方向与自己本身的一定部位相对应，建立了以下类型的联系：头上，脚下；面前（胸前），背后；右面是右手，左面是左手。儿童在判断客体空间方向的过程中，是以自己的身体为出发点，来判断相对于自己身体的客体在空间中所处的方位。如"头上有屋顶，脚下有地板"，"我的面前是一幢房子，背后是一座小山"。在此基础上，儿童逐渐能做到以客体为中心区分空间方位关系。以客体为中心的定向，是从客体出发，以空间中的某一客体为参照物，确定其他目标客体与之形成的位置关系。如桌子的前面是黑板，桌子的后面是椅子。但由于儿童思维具有自我中心状态，他很难站在别人的立场上思考问题，因此这种客体中心定向能力（尤其是以客体为中心判断左右）在学前期是很不完善的。比如，儿童虽然能逐步以客体为中心判断上下、前后的方位，但对以客体为中心的左右概念理解较为困难。

此外，儿童在获取和理解空间方位概念的过程中，伴随着由自我中心向客体中心的转化过程，儿童对空间方位概念的理解也是从绝对性走向相对性的。儿童最初是以自我为中心认识事物之间的空间位置关系，所以对以自己为中心的上下、前后、左右的方位关系，儿童会看作绝对性的关系。但随着儿童能以客体为中心定向空间方位关系，其参照体系在不断发生变化，儿童会认识到空间方位关系是随参照物的改变而变化的，任何空间方位关系均是依据参照体系的建立而存在的。没有绝对的上下、前后、左右的空间关系。

2. 上下→前后→左右的空间方位发展规律

学前儿童空间概念的发展，既表现为他们认识空间方位时明显的顺序性，也表现为他们辨别空间方位区域的扩展。学前儿童对空间基本方位的认识顺序是：上下→前后→左右。儿童在4岁时能基本掌握"上、下、里"3个方位词；5岁时除能掌握上述3个词外，还能掌握"前、后、中、外"4个方位词；儿童对于"左、右"的掌握比较困难，直到6岁还有一部分儿童不能正确理解这两个方位词。[①] 出现这种发展规律和不同方位概念的复杂程度有关。虽然上下、前后、左右都是相对概念，但"上、下"是垂直方向的，头为上、脚为下的竖直方向是以天地的位置关系为标准建立的参照体系，其方向性一般是不会改变的。而前后和左右方位都是表征水平方向上的位置关系，这种方向关系会因定向者自身位置的改变而发生变化。如果儿童掉转身体，原来在他前面的东西就会变成在他后面，而原来在他左面的东西就会变成在他右面。儿童只有认识到这种相对性的变化关系，才能正确地区分前后、左右。

和其他方位词相比，"左、右"方位词表示的空间方位具有明显的相对性和灵活性，人们要确定左右方位必须首先确定前后方位。这个要在3～4岁之后，儿童凭借日常生活经验（写字，拿勺、筷子等）区分了自己的左、右手，并知道把左、右手和左、右方位联系起来，儿童对左、右方位的理解还只局限于自身的左、右部位。之后，到了4～5岁，有些儿童甚至更晚一些，在形成一定推理能力的基础上，才开始摆脱这种限制，知道用自己左、右手作为推算的出发点来理解左、右方位。由此可见，儿童是在区分自己的左、右手并形成一定的推理能力的基础上习得"左、右"方位词的。而这又是以"前后"方位的确定为基准的。

---

① 王志明，张慧和．科学：大班 [M]．南京：南京师范大学出版社，1997：242-243.

3. 近的区域→远的区域

学前儿童辨别空间方位的区域是随着他们年龄的增长，活动范围的扩展而不断扩展的。学前儿童在以自身为中心确定相对于自己的客体所处的位置时，起初常常局限于离自身不远的，能直接感知到的范围内面向自己的客体，而对于偏斜于自身的客体或离自身较远的客体的空间位置的判别较为困难。比如，3 岁左右的幼儿对处于其右前方 30 ～ 45 度区域内的物体，就不能明确给定其方位关系。他们常常会说不出它的方位，既不能认定它是在右面，也不能认定它是在前面，他们说"这不是在右边，而是靠前边一点"，或"这不是在前面，而是靠旁边一点"。随着年龄的增长，尤其是儿童对空间方位的相对性、连续性关系认识的深入和发展，儿童就能理解远的空间位置。

三、学前儿童空间几何形体教育活动的设计与组织

（一）几何形体教育活动设计要点

1. 通过观察和触摸调动幼儿的视觉、触觉、动觉感知形体的特征

学前儿童认识图形是图形知觉问题。学前儿童感知图形特征的操作过程是多种感觉分析器官共同参与的过程。教师要让学前儿童在活动中运用观察、触摸、拼搭、比较等多种途径感知图形及图形之间的边、角关系，逐步形成对几何图形的特征性认识。如对圆、球体、圆柱特征和关系的认识，可以选取生活中的材料，如硬币、杯子和乒乓球等，既可以让学前儿童在摆弄中认识圆镜、杯子和乒乓球的特征及其差异，还可以让学前儿童在触摸圆镜、杯子、乒乓球的过程中感受圆、圆柱体和球体的线、面关系及其差异（学前儿童用手指沿着圆镜的边缘和面触摸，感受平面和曲面边缘的不同，把触摸的体验和视觉观察的信息结合，形成较为直观的形象）。

2. 通过类比、比较等方法认识新图形

图形对比是几何图形教学的良好方法。在教认新几何图形，特别是教认与其他图形相似的图形时，运用对比方法是重要的，但是根据相似图形混淆的特点，在选择比较图形时，相比较的图形中必须有一种是已被学前儿童很好地掌握了的，不宜用两个都不大熟悉或都是生疏的图形同时对比。教学中，应充分运用物体轮廓，通

过对物体形状、轮廓的类比和形状抽象方式使儿童掌握几何图形概念是一种有效的方法。

3. 与学前儿童的日常相联系，在动手、操作中深化认识几何形体的特点

引导幼儿探索二维图形和三维图形的活动可以贯穿整个幼儿园课程。学前儿童对几何形状的理解顺序是熟悉物品→拓扑图形→欧氏图形。幼儿生活在一个形形色色的几何世界中，空间几何是提供幼儿连接现实世界的最佳工具，因此几何教学应从幼儿的实际生活经验着手。教师可以请幼儿在家庭生活中搜集各种几何形体的材料，如牙膏盒、纸盒、胶卷筒、固体胶筒、纽扣、镜子等，这些材料既可以放在数学区角中让幼儿进行对照、比较，也可以在教学活动中让幼儿摆弄、触摸、观察、比较，从而感知几何图形的基本特点。如在认识立体图形时，教师可以利用一些生活中收集到的各种形状的包装盒作为活动材料，让幼儿动手操作，指导幼儿把盒子拆开，再把拆开的盒子按面分解成几个部分，也可以把拆开的盒子再让幼儿折叠、粘贴成原来的样子，或者以平面形式将轮廓描绘到材料纸上，再让幼儿照盒子的折叠线完成折纸，然后复原包装盒。在这样的操作活动中，幼儿会直观地感知到立体图形和平面图形之间的关系。

4. 通过几何体的分割、拼合认识图形之间的关系

在帮助幼儿探索几何概念方面，建构活动区可以发挥非常大的作用。在几何图形的活动设计中，教师可以利用多种操作的形式让幼儿在图形分割与组合的活动中认识几何图形之间的关系。儿童一方面可以从这种分割与组合的活动中感知图形之间的关系；另一方面可以在多种尝试中形成对图形间关系的预见性，以及思维的变通性和灵活性。

幼儿可以通过组合形状创造出新的形状，比如，把两个三角形放在一起组成正方形。幼儿可以探索用各种直边、弯边的积木来组成不同的造型或建筑。

（二）空间方位教育活动设计实施要点

1. 充分利用儿童的身体和身体的动作，帮助其学习并理解空间方位词的意义

儿童认识空间方位是以自己的身体为出发点，并在实际的动作中试验、理解自己与物体之间、物体与物体之间的空间关系。儿童对自己身体有关部位的意识和直接的自我感知可以帮助儿童理解"上下""前后""左右"等方位词的意义。儿童

将身体的部位与有关方位词联系起来，使词的获得及其意义的理解建立在直接感知的基础上。儿童通过移动物体或自身躯体的运动，可以在实际行动中探索空间关系。如，首先让儿童认识头在上、脚在下、脸在前、背在后等；其次让儿童对自身或物体施加向前、向后、向左、向右等趋向性的运动，从而进一步探索和理解空间方位词汇表征的空间方位关系。

儿童探索周围环境的过程就是在发展空间意识的过程。儿童表征方位的特征一般是动作先于语言。因此，教师在教学过程中必须遵循感知辨识→按指令动作→语言表征的流程。学会正确的语言去描述和表征，可以帮助儿童在辨识的基础上对其加以运用。儿童学会描述这些概念的语言、正确地理解和运用方位词是认识空间方位关系的前提。

2. 利用儿童的实际生活情境和经验，让儿童从中体验和理解空间方位关系

在日常生活中，儿童随时随处都可以接触到空间关系，如上下楼梯、排队、吃饭时左右手的使用、日常用具的摆放、搭积木等。儿童的空间经验是在其生活和游戏中不断丰富和发展的。教师在教学中，应该利用儿童的实际生活情境，让儿童在日常生活中体验和理解空间方位关系。如让幼儿观察生活情境中事物之间的空间关系，也可以让儿童在生活情境中拿取和放置某些物品，从而体验和理解空间方位词汇。教师在教学中也要利用与空间关系有关的游戏丰富和拓展儿童的经验，如组织幼儿玩"给娃娃布置房间""捉迷藏""寻宝"等游戏活动，让儿童在游戏中体验空间方位关系。

3. 鼓励儿童观察、比较、预测、寻找和描述上述空间关系，形成向客体中心的转移

儿童对空间概念的理解不是通过教师的讲解和传授形成的，而是儿童对物体之间关系的主动探索的结果，是他们在实际的观察、比较、预测、寻找和描述过程中，不断解决认知冲突，克服"自我中心"，从而学习从他人的角度去思考问题的结果。

因此，在教学过程中，教师要尽可能为儿童提供观察、比较和描述物体之间空间关系的机会，并鼓励儿童大胆预测，通过具体的操作验证自己的预测。这样儿童可以在一系列具体的观察、比较等操作活动中不断形成认知冲突，解决认知冲突，逐渐完成向客体中心的转移。

案例 7-4

小班数学教案：图形宝宝肚子饿了

设计意图

幼儿在生活中经常会接触到圆形、三角形、正方形的事物，他们对此也很感兴趣。在《幼儿园教育指导纲要（试行）》中提到，"善于发现幼儿感兴趣的事物中所隐含的教育价值，把握时机，积极引导。"根据小班幼儿已有的生活经验，以户外游戏的形式鼓励幼儿积极参与活动。因此，根据幼儿的年龄特点，让幼儿通过体育游戏"喂图形宝宝吃饼干"进一步巩固幼儿对图形的认识。活动以游戏的形式贯穿始终，让幼儿在游戏中了解圆形、三角形、正方形。

活动目标

1. 激发幼儿学习几何图形的兴趣。

2. 培养学前儿童的图形认知能力和发散性认知能力。

3. 幼儿能简单说出生活中有哪些常见的物体是圆形、三角形、正方形。

活动重难点

1. 活动难点：能够用一句话或者一个到两个词语根据上面 PPT 里面"图形宝宝"的自我介绍，简单描述圆形、三角形、正方形的特点。

2. 活动重点：根据已有的经验，能在游戏和生活中辨别什么是圆形、三角形、正方形。

活动准备

1. 经验准备：小朋友已经学习过圆形、三角形、正方形。

2. 物质准备：

（1）在户外准备圆形、三角形、正方形 3 种形状的绳子，用绳子围成这 3 种图形，图形里面能站进去全班的幼儿；

（2）给每个幼儿准备圆形、三角形、正方形各 1 张；

（3）圆形、三角形、正方形的 PPT 各 1 张。

活动过程

1. 创设情境，激发幼儿的学习兴趣。

教师导入：小朋友们，今天老师给你们带来了 3 个好朋友，分别叫圆形宝宝、三角形宝宝和正方形宝宝，他们都是从很远的地方来的，现在肚子饿了，让我们一起来喂一喂它们吧！

2.给幼儿每个人分发圆形、三角形、正方形。

3.教师播放 PPT，激发幼儿兴趣，吸引幼儿注意力，PPT 里面的圆形、三角形、正方形分别做自我介绍。

第1张 PPT——圆形宝宝：你们好呀！我叫圆形宝宝，我的身体是圆乎乎的，一个角也没有。

第2张 PPT——三角形宝宝：小朋友们，你们好呀！我是三角形宝宝，123，123 我的身体有3条边，3个尖尖的角，很高兴认识你们。

第3张 PPT——正方形宝宝：大家好！我是正方形宝宝，我的身体有2只胳膊、2条腿还有4个尖尖的角，大家快来和我一起玩吧！

4.教师提问：小朋友们都知道这3位朋友分别叫什么吗？把你们手中与图片相符的图案举起来。

幼儿都把手中的图案举了起来。

教师总结：小朋友们都非常聪明，现在呢我们就要准备去找我们的新朋友啦！

5.在课室给幼儿讲解户外活动游戏规则。

教师：小朋友们，我们的新朋友就在操场等着我们啦！可是他们肚子饿了，请大家拿好手中的图形饼干，一起下去投喂他们吧。

6.幼儿听音乐围着3个图形走路，然后音乐停，教师说"圆形宝宝饿了"，小朋友就拿着圆形，走到相对应的圈圈里面。

教师说"三角形宝宝饿了"，小朋友就拿着手中的三角形走到对应的圈圈里。

教师说"正方形宝宝饿了"，小朋友就拿着手中的正方形走到圈圈里面。

7.游戏结束以后，教师和小朋友回到班级里。

教师说：请小朋友根据自己手上的图形先触摸，然后用一句话或者一个到两个词语简单描述一下这3种图形的特点。

活动拓展

1.生活联想：幼儿回家找到身边的圆形、三角形、正方形的物体或相似的东西，并让幼儿说说它们的相似之处。

2.幼儿回家之后可以与家长一起用家里的圆形、三角形、正方形进行拼搭。

 案例 7-5

大班科学领域：认识左右

设计意图

大班幼儿在之前的学习活动中，已经能够以自身为中心认识上、下、前、后等空间方位，根据《3—6岁儿童学习与发展指南》要求，大班幼儿数学教育在空间方位认知这一领域应学习以自身为中心区分左、右方位并会向左、向右方向运动，故特设计本次活动，丰富幼儿空间方位识别的经验，促进幼儿的思维能力、空间方位觉知能力和判断能力的发展。

《幼儿园教育指导纲要（试行）》中指出，幼儿园应尊重幼儿身心发展的规律和学习特点，以游戏为基本活动。所以本次活动采用了童谣导入、碰碰车等游戏活动，激发幼儿学习兴趣，让幼儿实际参加探究活动，体验发现的乐趣。

活动目标

1.认识自己身体的左、右部分，能够按照指令做出相应动作；

2.能以自身为中心区分左右方位，可以按照教师指令向左、向右运动；

3.在实践活动中充分体验，乐于与同伴共同学习，相互协作。

活动准备

1.物质准备：童谣《我的左右》，小红花贴纸，红绿灯牌。

2.经验准备：

（1）幼儿已经能够以客体为中心分辨上下、前后、里外的空间位置，并会按照指定的方向（向上、向下、向前、向后）运动；

（2）幼儿了解基本的交通规则，有去过游乐园的经历。

活动重难点

1.活动重点：幼儿能够以自身为中心区分左、右方位，并按照教师指令向左或向右运动。

2.活动难点：知道自己面对的方向变了，左右边的事物也会随之变化，初步认识左、右方位的相对性。

活动过程

（一）活动导入

教师哼唱童谣《我的左右》，并让幼儿跟着教师指令做动作，使幼儿初步认识自己身体的左、右。

（二）幼儿感知自身的左、右

教师提问引导幼儿说出左、右手的功能。（师：哪个小朋友可以告诉老师，哪个手是左手，哪个手是右手呀？它们分别可以做些什么？）

教师带领幼儿围绕"左右"做动作，然后进行分组，引导幼儿互相发出指令，检查组员是否按照要求做动作。（将右手放在肚子上……）

教师分发贴纸，引导幼儿将贴纸贴在右手上。（师：今天我们要去游乐园玩耍，请小朋友们把入场券贴在右手上。）

（三）幼儿能够向左、向右运动

（1）教师组织幼儿进行碰碰车游戏。（小朋友们去游乐园最喜欢玩什么游戏？我们今天要玩碰碰车的游戏，游戏规则可和游乐场不一样，请小朋友们仔细听。）

碰碰车游戏规则：幼儿是"司机"，教师是"交警"。红灯停，绿灯行。"司机"按照竖排排队，"交警"与"司机"面对面站立。当红灯时，"司机"原地不动。当绿灯时，"司机"需要按照"交警"的口令向左/向右转弯或直行，一次口令只指挥队伍最前面的"司机"，口令过后"司机"回到队伍最后方，继续前进。

（2）教师参与活动，由幼儿担任"交警"的角色，游戏继续。（师：司机们真是训练有素，对交通规则了如指掌，那有没有司机想要来当交警呀？）

（3）游戏结束，教师引导幼儿思考左、右的相对性。（师：我们要从游乐园回到幼儿园啦，刚刚担任"交警"的小朋友有没有什么发现呀？请小朋友们面对面，我来发出左、右指令，小朋友们来做相应的动作。现在交换位置再来一次。小朋友们，为什么大家的指令都做对了，可是我们和对面的小朋友做的动作却是不一样的呢？请小朋友们回到家里和爸爸妈妈一起做一下这个实验，讨论讨论。）

活动延伸

1.幼儿回到家中和父母继续进行有关左、右的指令游戏，并与父母探究左、右的相对性。

2.在区域中投放有关左、右的教具，引导幼儿进行实验。

3.在日常生活中有意识地使用方位词语（你在房子的左边画了一棵树……），帮助幼儿更好理解空间方位以及左右的相对性。

附童谣：

我的左右

拍拍手，拍拍手，小朋友们一起来。

头在上，脚在下，两只小手是左右。

请你伸出右手，拍拍你的头。

请你伸出左手，拍拍你的头。

请你伸出右手，摸摸你的右耳。

请你伸出左手，摸摸你的左耳。

请你跺跺右脚，请你跺跺右脚。

请你跺跺左脚，请你跺跺左脚。

右手，左手，右耳，左耳，右脚，左脚。

右手，左手，右耳，左耳，右脚，左脚。

左右方位不一般，千万不能出差错。

主题 3 学前儿童时间概念的认知发展与教育

时间是物质存在的基本形式之一，也是人类生活中最普遍的现象。时间是物质存在的"持续"属性，时间是由过去、现在和未来构成的持续不断的系统。对于学前儿童来说，时间概念比较难掌握，但是与学前儿童的生活息息相关，学前儿童掌握时间概念有助于帮助他们更好地适应生活。本节主要介绍学前儿童关于时间概念的发展及特点、关键性经验、教育内容与要求。

一、学前儿童时间概念的教育内容与要求

（一）小班

初步理解"早晨""晚上""白天""黑夜"的含义，并能正确运用这些时间词汇。

（二）中班

能理解一日内的上午（早上）、中午、下午（晚上）的时间关系；理解昨天、今天和明天的含义，知道它们之间的关系；理解"快""慢""快些""慢些"等时间词汇的含义，并能在日常生活中正确使用这些时间词汇。

（三）大班

认识时钟及其用途。知道时针和分针的名称、用途和运转规律，学会看整点、半点；能够学会看日历，知道一周有 7 天，星期的名称和顺序，能确定当天是星期几，昨天是星期几，明天是星期几。

二、学前儿童时间概念的发展特点

（一）儿童对于时间顺序的认知是由近到远，由短周期到长周期

学前儿童对时间顺序的概念明显受时间循环周期长短的影响。循环周期越长，

掌握越差。学前儿童对一日时间的延伸（昨晚和明早）的认知水平低于对当日之内时序（上午、下午、晚上）的认知，而对过去（昨晚）认知的发展水平又低于对未来（明早）的认知水平。学前儿童最早认识的就是一日之内的三个较大单位：早晨、中午和晚上；其次认知的是一周之内的时序，如周一、周二……；最后是一年之内季节的认识，如春、夏、秋、冬。

（二）先认知时间的固定性，然后认知时序的相对性

学前儿童对时序的认知带有固定性。4 岁儿童基本上不具有时间相对性概念。五六岁的儿童对一日前后延伸的时序相对性认知水平也很低。学前儿童以自身生活经验作为时间关系的参照物。儿童说出时间词语和时间概念的形成互相促进，但不同步。学前儿童对时序的认知经过四个连续发展的阶段：①不能对有关时间的刺激物归类；②在知觉水平上做出分类；③能把某一特定的时序与具体生活事件联系起来，并用故事的形式正确叙述先后发生的连续事件；④能够摆脱具体的、直观的生活内容，把时间关系抽象概括出来，真正形成时间概念，这是最后一个阶段，发生在 7 岁后。

（三）对于时序的理解以自身的生活经验为参照物

学前儿童通常使用直观思维和感官去认知、理解事物，而由于时间没有直观性，学前儿童对于时间的感知只能依靠自己的实际生活经验，越是年龄小的幼儿，对于时间的感知和具体活动的联系越密切。因此，生活活动、作息制度以及日月升降都是学前儿童感知时间的重要参照物

（四）时间词语的发展和对时序的认知由不统一到统一的过程

在学前儿童的言语中，表示时间的词汇往往出现得较晚，并且使用的频率较少，学前儿童在表示时间的词汇中，通常会使用表示时间顺序和不确定时间的词汇，如"先""然后""有一天"或者"我小时候"等，却不会使用表示确定时间的词汇，如"早上""晚上""昨天"等。学前儿童学会了使用确定的时间词汇，也不一定能够理解时间词汇的含义，他们往往用"昨天"泛指过去，用"明天"泛指未来，随着时间的推移，学前儿童这种时间词语和时序认知逐渐开始统一。

（五）时间关系和空间关系的逐渐分化

学前儿童掌握时间概念的发展过程，还表现在逐步将时间概念和空间概念分开，由于时间的抽象性，学前儿童对时间的感知没有特定的感受期，学前儿童对时间的感知主要通过事物的运动、变化的感知形成。幼儿对时间信息的获取往往会通过各种媒介物才能感知到。而空间因素相对来说就较为直观。因而，幼儿常常把时间因素和空间因素混淆。事实上，在传统的习俗时间概念中，也常常用空间概念来表征时间，如上午、下午，前天、后天等。此外，时间概念与距离、速度概念紧密联系，人们经常用时间来描述距离，或用距离描述时间。四五岁幼儿还常常分不清事物的空间关系和时间关系，在估计时间和再现时距时往往用空间关系代替时间关系。7岁以后儿童基本上能够区分空间和时间关系。

三、学前儿童时间概念教育活动的设计与指导要点

（一）让儿童在日常生活中感知和理解时间概念

幼儿很难理解时间概念，然而随着儿童在日常生活中逐渐积累有关时间的经验，时间将对他们产生意义。生活经验是儿童感知和理解时间概念的基础。儿童在日常生活中有各种各样的机会接触时间关系，他们对时间概念的理解正是通过日常生活中对时间关系的体验逐步发展起来的。例如，当幼儿园的钟表指针指向下午5点钟时，学前儿童就知道要离开幼儿园回家了，或者早上8点，学前儿童就知道爸爸妈妈要去上班了，自己要去上幼儿园了。因而，在教学活动的设计中，教师要尽量将时间概念的学习与儿童的日常生活背景相联系。儿童对这些生活事件的时间性经验是儿童理解时间概念的基础。教师在教学中可以借助于儿童对日常生活经验的回忆和认识帮助儿童理解时间概念。例如，儿童对"早、中、晚"的认识，对"白天和黑夜"的认识，总是与幼儿一日生活中的时间事件密切相关的。这些时间事件正是儿童体验时间关系，建构时间概念的经验性支架。教学过程就是要唤起儿童的生活经验，让抽象的时间概念与直观的生活事件建立联系。此外，在学前儿童早期，"昨天、今天、明天"的时间认知超越了学前儿童的日常生活经验，因此在教学设计中，教师仍然要以"具体的生活情境"为建构点，帮助学前儿童学会理解和表达未来时

间信息，帮助学前儿童理解"当前事件"、"过去事件"和"未来事件"的时间序列关系。儿童对事件常规顺序的理解来自发现日常生活的规律性，有规律的日常生活构成了儿童理解未来时间概念的基础。因此，有规律的生活就成为儿童理解未来时间的一个很好的参照点。教师可以引导儿童主动观察有规律的日常生活，如小朋友每天早操→区域活动→午饭；自然界中的春→夏→秋→冬，日升→日落等。教师也可以结合儿童有规律的生活，丰富和拓展排序教学活动的内容与方式，帮助儿童理解时间的先后关系；也可以通过日常生活的规律预测明天要做的事情和要发生的事件，如今天或明天谁值日，昨天中午我们都吃了什么，接下来我们要做什么？这样儿童就会逐渐理解这些时间的关系。

（二）以日常活动为支撑帮助儿童理解时间概念

时间既没有开始也没有结束，因此需要教师通过"具体的活动"将时间进行具体化，这样对时间的理解就会失去支撑点。教师可以通过"日程表""日历"等时间标尺强化幼儿对于时间的认知。在实际教学中，教师首先要通过教学活动，给儿童提供"日历"这个"时间标尺"，以此来"激活""唤醒"学前儿童关于时间的已有经验。为了让儿童理解以天、月为单位的时间增长，教师可以通过节日计时、生日计时等强化学前儿童对于时间的认识。教师也可以在活动室的日历上把当月学前儿童熟悉的节日和学前儿童的生日标注起来，请学前儿童说一说几月几日是星期几、是什么特殊节日。此外，为了让学前儿童认知以分钟为单位的时间流逝，教师可以在教室里设置一个定时器进行分钟报时，或者提醒学前儿童关注分针从一个位置向另一个位置的移动，以帮助学前儿童轮流开展最喜欢的活动。这样学前儿童可以将时间标尺作为支撑点，感受到5分钟有多长。此外，教师还可以通过游戏活动，让幼儿在活动中感受某些"时间标尺"，培养幼儿的时间感。如通过游戏活动让幼儿感受1分钟、2分钟、5分钟时间的长短；也可以通过有意识地向儿童提出完成任务的时间要求，让儿童建立时间观念。如在游戏结束时，教师告诉幼儿："请你们把玩具收好，再过5分钟，我们到外面排队做操。"5分钟之后，教师就请幼儿到外面排队。儿童在这一过程中就体验和感知了"5分钟"的时间意义。

（三）在游戏中教学前儿童认知时间

关于学前儿童认识时间的教育形式多种多样，而游戏是让幼儿充分认识时间的有效途径之一。有调查结果显示，在游戏过程中，幼儿获得知识形成记忆的稳定性比课堂接受知识的稳定性要强。此外，时间概念比较抽象，学前儿童很难理解，因此教师可以通过一些游戏教具来将抽象的时间具体化让学前儿童在游戏中获得记忆。例如，沙漏中沙子的流逝就可以很形象地演示时间的流逝。教师可以通过整合视觉想象、身体形象或身体动作，让学前儿童置身于时间环境中，让学前儿童闭上眼睛，把自己想象成时钟，让他们在头顶上方伸展双臂，模仿时针做圆周运动，当他们手臂放在不同位置的时候告诉他们是几点。在学前儿童掌握一定规律后，可以让学前儿童闭上眼睛演示时钟，并告诉大家现在是几点了。在这种游戏过程中，让学前儿童认知、感受、理解和巩固时间概念的目的也就达到了。

案例 7-6

大班数学活动：认识时钟

活动目标

1. 理解年历上数字的意义，能在年历上找到指定的日期。

2. 能用数字正确表示指定的日期。

3. 了解数字在日常生活中的应用，初步理解数字与人们生活的关系。

4. 让幼儿学习简单的数学题目。

活动重难点

认识年历上各种形式的数字，理解它们的意义，初步理解年历的结构，学会查找指定日期；知道与自己相关的节日、纪念日是几月几日，并能用数字正确表示。

活动准备

1. 经验准备：对年月日有概念。

2. 物质准备：当年年历一大张（自备）、活动单《我的年历》，笔1支（自备），活动夹1个（自备）。

活动过程

1. 观察年历，理解年历上数字的意义，介绍"我的年历"活动规则。

（1）认识年历。

教师出示年历："这是一张年历，你有年历吗？是什么样的？看看你的年历上都有什么？（各种数字）那些数字你认识吗？有哪些你不认识？"

（2）认识年历上的数字的意义。

教师："你知道今年是哪一年吗？看看你带来的年历上有没有答案？在哪儿里？读一读。你知道去年是哪一年？明年是哪一年吗？"

教师："年历上除了有表达年份的数字之外，还有很多数字！这些大大小小的数字代表什么意思呢？"请幼儿介绍自己已有的认识，教师在幼儿已知经验的基础上做补充介绍。如有的代表月份，有的代表星期，还有的代表日期。

教师："请你找一找代表月份的数字，从一月开始，一边指一边读，看看一年有几个月。"（幼儿自行认读。）

教师："一年有几个月呢？"

教师："好，下面我来报月份，请你很快找到那个月好吗？好，现在开始：2月、6月、10月、12月。"（如果幼儿带来的是月历、台历，则请幼儿翻到指定的月份。）

教师："好，再请你看看，每个月有几个代表星期的标记？一起读一读。"（带领幼儿从星期日一直读到星期六。）

教师："现在大家一起看看每个月的一日是星期几？为什么有的月一日不是从星期一开始排的呢？"

（3）介绍规则

教师（出示活动单《我的年历》）："这张活动单上有一些图标，你能看懂代表什么意思吗？"（教师补充介绍幼儿还没理解的图标。）

教师："你知道这些日子是哪天吗？元旦是哪一天？植树节是哪一天？儿童节是哪一天？一年中你还有什么特别想纪念的日子？是哪一天？"

教师："好。今天我们要做的活动就叫'我的年历'，请你先按顺序把活动单上每个指定日子的日期填写在图标的下面。"（举例说明，把月份数字写在"月"字前面，把日期数字写在"日"字前面。）

教师："填写完之后，再请你在你的年历上圈出这些日子。大家明白怎么做了吗？"（请幼儿复述规则，提出操作要求。）

教师："请小朋友做完后要给朋友读一下，检查一下。"

2.幼儿分组操作，教师帮助幼儿理解规则，并做个别指导。

（1）分组操作。

幼儿开始操作。教师提示："先记录日期，再在年历上圈出这些日子。"

（2）观察指导。

教师巡视各组幼儿的操作，观察幼儿是否理解规则，了解幼儿是如何查找指定日期的，能否正确地用数字表示。教师提示幼儿在活动单上签名，或协助幼儿在活动单上写上名字。

3.集体交流查找日期的方法，进行活动小结并点评。

（1）交流与分享。

教师："小朋友都填完了'我的年历'活动单了吗？好。下面谁愿意上来介绍你的活动单和你圈画的年历呀？"（请上台的幼儿报告每个节日和纪念日是几月几日，然后展示自己在年历上圈出的相应日期。）

教师："他写得对吗？圈得对吗？"（集体纠错）

教师："你是怎么查找日期的？"（请幼儿介绍自己的方法。）

教师："下面请小朋友相互介绍一下你的活动单，再相互检查一下你们圈在年历上的日子对不对。"

教师："今天的活动谁遇到困难了？提出来，我们大家一起帮你解决。"（提醒幼儿聆听同伴的困难，然后组织幼儿互相答疑。）

（2）评价与反思。

教师："今天你学到了什么本领，你觉得自己还有什么不足？如果再次练习你会怎么做？"

（3）整理。

请幼儿各自收好自己的年历和活动单。

4.教学过程详解与反思

《幼儿园教育指导纲要（试行）》指出幼儿数学活动的内容应从幼儿身边取材，从幼儿身边的日历说起让幼儿感受数学就在身边，有利于激发幼儿的探索欲望和对数学活动的兴趣。活动目的是让幼儿初步认识日历，在操作中了解一年有12个月，不同月份有不同的天数，对日历产生兴趣，初步感知时间概念，懂得珍惜时间发展推理能力。这对于幼儿来说是一个还没有接触过的新知识，为了能让幼儿学得开心有趣，教师以今年是什么年的问题引出主题。果然幼儿的积极性一下子高了起来。

教师以小兔子不明白的问题让幼儿帮助解决。

教师："你带的日历是那一年的？"

幼儿："2011年、2012年、兔年、龙年的。"幼儿争先恐后地回答着。

教师："你是怎么知道的？"

孩子们的小眼睛可亮了，"我的日历最上面有数字2012的就是2012年"，"我的日历上有好多小兔子的我就知道是兔子年"。

一年有12个月这一点大多数幼儿都知道，可是对于每个月有不同的天数、认识几月几日他们从来没有学习过。教师在黑板上挂了一个大年历，请幼儿观察一个月有多少天，是不是每个月的天数都是一样的。幼儿的发现果然不出意外，他们问："老师，为什么有的月30天，有的月31天，还有这个2月怎么是29天（28天）。"在他们发现这个问题后，教师用"拳头"形象地区分大月、小月，调动了幼儿的积极性，幼儿在学中乐，玩中学，真正做到了"寓教于乐"。

在寻找日历秘密的过程中，幼儿的发现远远超过了教师的预期。有的幼儿说："老师，我发现了日历上的数字颜色不一样。""为什么不一样呢？"教师把这个球又抛给了幼儿，有的幼儿就说："红色是休息天，我们可以不上课。"有的幼儿说："不对，有的红色不是休息天，是节日。"幼儿用自己发现的事实证明问题。

在接下来的"找节日"环节中，当教师说出节日后，幼儿首先要反应是几月几日，接着在年历上找出来。在找的过程中，幼儿找得都对，而且很迅速！可是教师发现这样能力弱的幼儿得不到锻炼，于是请几个幼儿到教师的日历上找，幼儿变得更加积极。要想幼儿在活动中学得开心，首先教师必须带动学习气氛，让每个幼儿都不由自主地投入活动中，只有大家都参与了，教师才教得开心，幼儿学得也开心。

大班数学活动：宝宝过生日

设计意图

时间对于幼儿来说过于抽象，他们会体会到时间的重要性。想要让幼儿养成良好的作息习惯，做事不拖拉，进一步为幼小衔接做好准备，就需要帮助幼儿建立正确的时间概念。

活动目标

1. 提高幼儿关注生活中不同时间的兴趣。

2. 懂得时钟与人们生活的关系，知道生活中掌握时间的重要性。

3. 通过练习与指导，学会区分整点时间。

活动重难点

1. 活动重点：学会区分整点时间，并在纸上画出来。

2. 活动难点：懂得时钟与人们生活的关系，知道生活中掌握时间的重要性。

活动准备

1. 经验准备：幼儿知道钟是什么，了解星期一到星期日的顺序。

2. 物质准备：实体钟1个，纸制钟面（无分针、时针，只有数字）、画画用的笔、可操作的钟面、PPT、小蛋糕。

活动过程

1. 导入《生日歌》的音乐情境，引起兴趣。

让幼儿观看PPT，浣熊宝宝拿着邀请函的图片，激发了幼儿关注时钟的兴趣直接指向幼儿的相关经验，引导幼儿知道时间在人们生活中的作用。

观看完PPT之后，引导幼儿思考浣熊宝宝请大家做什么？浣熊宝宝的生日是在星期几？浣熊宝宝的生日会几点开始，几点结束？

在幼儿给出具体时间时，教师出示钟面，调动幼儿观察时钟的兴趣。

2. 演示时针，启发探究分针转动的方向及规律，学会正确辨认整点。

（1）出示一个整点的钟面，认识时针、分针。

教师提问：钟面上有什么？这两根针一样吗？什么地方不一样（长短、粗细）？

教师小结：长的、细的是分针，粗的、短的是时针。（教师随机出示两个整点钟面,问哪根是分针?哪根是时针?)

(2)教师:分针走一圈,时针会怎样?时针走一格,分针会怎样?请幼儿拨动时钟试一试,把你们的发现告诉大家。

(在教师的引导下,得出结论:当时针走一个格,分针走一圈;相反,当分针走一圈,时针走一个格。)

(3)认识整点、半点,寻找发现它们之间的规律。

教师边拨钟边告诉幼儿分针指在12上,时针指在几就是几点整。

教师操作演示:一只钟时针拨在1上,分针拨在12上;另一只钟时针拨在1和2之间,分针拨到6。

师:两个钟有什么地方不一样?

(通过比较,幼儿认识半点,并掌握整点、半点之间的规律:整点时,时针指在每个数字中间,分针指在12上;半点时,时针指在两个数字中间,分针指在6上。)

3.游戏操作。

(1)身体时钟。

教师可以通过整合视觉、想象、身体形象或身体动作,让学前儿童置身于时间环境中,让学前儿童闭上眼睛,把自己想象成时钟,让他们在头顶上方伸展双臂,模仿时针做圆周运动,当他们手臂放在不同位置时告诉他们是几点。在学前儿童掌握一定规律后,可以让学前儿童自己闭上眼睛演示时钟,并告诉大家现在是几点了

(2)游戏操作"打开收音机"。

师:谁听过收音机里是怎样报时的?让我们来听听收音机里是怎样报时的?(播放报时录音)

师:我们开始玩游戏,教师拨时间到几点整,圆舞板组模仿收音机里的声音,发出"嘟,嘟,嘟……"5声,碰铃组"叮"的一声,响声停止后说"北京时间几点整"。大家试一试,5点整、7点整……

如教师拨到几点半,圆舞板组和碰铃组一起:"叮"的一声,响声停止后说北京时间几点半。大家试一试,1点半,2点半……

我们再玩个游戏，看谁拨得快又准。幼儿人手一个纸制时针，教师说几点，幼儿用纸制时针拨出，看谁拨得快又准。

4. 故事内容反转，让幼儿体会时间在生活中的重要性。

（1）播放浣熊宝宝的影像视频，当幼儿听到"正确"的生命时间时，让所有幼儿在可操作的统制钟面上拨出时间。

（2）播放《生日歌》，在愉悦的氛围下，让所有幼儿为浣熊宝宝送上生日祝福。

（3）让幼儿了解彼此的生日，最好是能具体到几月几日以及星期几。

5. 活动延伸。

（1）请幼儿回去之后和父母一起做一个幼儿的"一日生活表"。

（2）每位幼儿自制一个纸质钟面。

（3）询问父母长辈自己的生日。回到家里和父母一起展示自己制作的钟面，并拨出自己的出生时间。

拓展阅读

质与量

表征事物的两种基本规定性的哲学范畴。质是由事物的内在特殊矛盾决定的、使一事物区别于他事物的内在的规定性。量是质的等级、规模、范围和结构的表现，是事物可以由数和形来表示的规定性。

某物之所以是某物而不是他物，是由于它具有自身特殊的质。某物如果丧失了自身的质，就不再是某物而变成了他物。质和事物是不可分离的：事物总是具有一定的质，不具有任何质的事物是没有的；质总是某种事物的质，脱离任何事物的质也是没有的。事物的质既是统一的整体，又具有许多不同的方面，即有多方面的质。例如人就有生理方面的质和社会方面的质。人们可以根据实践的需要着重对事物的某一方面的质进行研究，从不同的角度对同一事物下不同的定义。但无论任何方面的质都是由事物自身的特殊矛盾决定的客观的规定性。事物在同其他事物发生关系时所表现出来的质称为属性。人们是通过观察、分析事物的属性来认识事物的质的。

量与质不同。某物的质发生了变化就不再是某物，但某物的量的变化却在一定范围内不影响某物之为某物。在这个意义上可以说量是事物的外在规定性。但这并不意味着量的规定性是由外部力量强加给事物的，它仍然是事物自身具有的客观的规定性。事物的量也同事物不可分离：不具有任何量的事物和脱离了任何事物的量在现实中是不存在的。同事物的不同方面的质相对应，事物的量也有不同的方面。人们可以根据实践的需要着重研究事物的某些方面的量，还可以在思维中把不同质的事物的量抽象出来作独立的研究，建立和发展象纯数学这样的科学。

把握事物的质是人们实践活动和认识活动的最基本的条件。离开了对质的把握，就不可能区分不同的对象，就不能确定事物。混淆事物之间的质的区别，必然导致认识上的谬误和实践中的失败。即使在专门以数量关系为研究对象的数学领域中，实数和虚数、有理数和无理数、正数和负数等等也有质的区别，只有确定了它们的质才可能计算它们的量。对事物的量的分析是十分重要的，只有把握了事物的量，才能更深刻地把握事物的质。例如通过定量分析弄清楚某种化合物的成分，对于深刻理解这种化合物的质是必不可少的；把握了事物的量才能更准确地估量某一事物在实践中的意义和作用，例如各种经济指标的分析对指导经济工作就极为重要。"胸中有数"，就是要对情况和问题有基本的数量分析。现代科学对数量分析的精确程度提出愈来愈高的要求，这是人类认识深化的必然趋势。

精准备考

（一）单项选择

1. 科学活动中，教师观察到某幼儿能用数字、图表和整理自己观察到的现象，该幼儿最可能的年龄是（　　）

A. 6岁　　　　　　　　　　B. 5岁

C. 4岁　　　　　　　　　　D. 3岁

2. 婴儿手眼协调动作发生的时间是（　　）。

A. 2～3个月　　　　　　　B. 4～5个月

C. 7～8 个月　　　　　　　　D. 9～10 个月

3. 幼儿拿一根竹竿当马骑，竹竿在这个游戏中属于（　　　）。

A. 表演性符号　　　　　　　　B. 工具性符号

C. 象征性符号　　　　　　　　D. 规则性符号

4. 为 4 岁以前的儿童选择律动性动作，应该以（　　　）为主。

A. 基础动作　　　　　　　　　B. 模仿动作

C. 舞蹈动作　　　　　　　　　D. 专门动作

5. 幼儿将 4 朵花分开插进 4 个瓶子里，发现花和瓶子的数量一样多，他采用的方法是（　　　）。

A. 重叠比较法　　　　　　　　B. 并放比较法

C. 连线比较法　　　　　　　　D. 双排比较法

6. 年龄小的孩子能够准确地回答出自己家有妈妈、爸爸、爷爷、奶奶和自己，却不能简单直接地用抽象的数字"5"来概括家里共有几人，这体现了儿童早期数学概念发展过程中具有（　　　）的特点。

A. 从个别到一般　　　　　　　B. 从外部动作到内部动作

C. 从具体到抽象　　　　　　　D. 从同化到顺应

（二）判断题

1. 中班幼儿认知时间的教学内容是"认识是时针和分针"的名称、用途和运转规律，学会看整点、半点。（　　　）

2. 幼儿对空间方位的认识和判断最容易的是"上下"，然后是"前后"再到"左右"。（　　　）

（三）实践应用

1. 设计一个学前儿童认识昨天、今天和明天的科学教育活动。

2. 设计一个中班学前儿童认识空间方位的科学教育活动。

答案与解析

第八单元　学前儿童科学教育活动的评价

学习目标

（一）知识目标

（1）理解教育评价的概念、学前儿童科学教育评价的概念和原则。

（2）了解学前儿童科学教育评价的内容。

（3）了解学前儿童科学教育评价的设计步骤，掌握评价方法。

（二）能力目标

（1）能够根据学前儿童科学教育评价的设计步骤，制定和实施评价方案。

（2）能够灵活运用学前儿童科学教育评价的方法。

（三）情感目标

（1）能够树立正确的评价观和教育观，培养教师的职业精神。

（2）增强作为教师的社会责任感，为国家培养科学人才打下坚实的基础。

思维导图

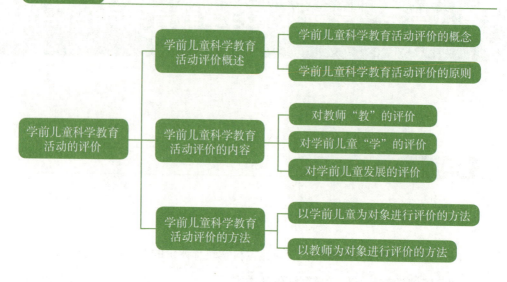

情境导入

"1"和"许多"

镜头一：小白兔请客

区域活动中，区角里几个小班的幼儿在玩"过家家"的游戏。其中一个扮演小白兔，今天是"小白兔"请客。"小白兔"邀请了由其他孩子扮演的动物朋友（大象、猴子、小猫）来家里做客，品尝她做的胡萝卜馅饼。"小兔子"给动物朋友分了一个，"大象"说："哎呀，你做的胡萝卜馅饼太好吃了，你一个一个地给我吃，我怎么都吃不够，能不能一次给我许多胡萝卜馅饼？""小兔子"说："什么是许多？""猴子"说："许多就是好几个呢，就是太多了，就是……"

镜头二：长颈鹿老师来访

一旁的教师听到了幼儿的对话，化身"长颈鹿"老师来"小兔子"家里做客。"长颈鹿"老师说："你们在吃什么呢？看起来非常美味。""小兔子"说："我们在吃胡萝卜馅饼，'大象'说要吃许多，我不知道是什么意思。""长颈鹿"老师说："1就是一个，一个一个合起来就是许多，许多也可以分成一个一个。"游戏继续进行，教师将幼儿在区角中的表现以观察法中的真实记录法的方式记录下来，作为对幼儿在科学教育活动中学习行为的评价材料。

上述片段中，幼儿在区角活动中遇见了一个难题，就是"1"和"许多"的关系与区别。教师及时捕捉到幼儿在科学教育活动中的学习活动，并用观察记录的方式记录下来，是一种对幼儿学习的评价方法。教师使用的就是真实记录法，真实记录法是以学前儿童的表现为基础，以现实活动为基础。真实记录法的目的在于儿童是否正在将学习的内容应用到现实环境中。

思考：

对学前儿童科学教育活动的评价还有哪些方法？我们应该着手为评价学前儿童科学教育活动做哪些准备？

知识梳理

幼儿园教育活动评价是幼儿园教育评价中的一个重要组成部分。通过对学前儿童科学教育活动的评价，我们可以对学前儿童科学教育活动的各个要素进行科学的鉴别，反馈科学教育活动中每个环节是都合理有效的，可以保证科学教育的质量。

结合前面几单元的学习内容，我们了解了学前儿童科学教育活动的概念、目标、内容和方法等。本单元主要介绍学前儿童科学教育活动评价的概念、原则、内容、一般步骤和方法等内容，以便更好地探索学前儿童科学教育活动的规律，为学前儿童提供更适宜的科学教育活动，提高教育教学质量，促进教师和学前儿童共发展、共成长。

主题1 学前儿童科学教育活动评价概述

一、学前儿童科学教育活动评价的概念

评价始终是教育领域被反复讨论的一个主题，一直以来对于学前儿童教育活动的评价都是多元的，我们不能把评价看成一个单纯的测试或结果。在对学前儿童科学教育活动的评价中，要树立正确的儿童观、教师观，运用科学的、适宜的评价方法，使其能够在提升学前儿童科学教育活动的质量中起到重要作用，以确保科学教育质量，提升学前教师的教育教学能力。因此，我们必须了解什么是教育评价，什么是学前儿童科学教育活动的评价。

（一）教育评价的概念

教育评价包括两层含义：评判和价值。所谓评判，是指对评价对象做出判断。具体地说，是对教育活动的目标、内容、过程、环境及教师、儿童等评价对象做出判断；所谓价值，是做出评判的基础和标准，也就是说，评价者按照一定的标准对评价对象做出的各种判断。[①]

幼儿园教育活动评价是幼儿园教育评价中的一个重要组成部分，也可以理解为是一个收集教育活动相关方面信息并依据一定的客观标准或评价者的立场观点、对活动过程诸要素及活动效果做出衡量、判定或赋予其价值意义的过程。它涉及对教育活动的目标、教材内容、活动过程、形式与手段、环境与材料以及活动效果等的评定；同时，由于教育活动是一个由教师和幼儿共同参与和相互作用的过程，充满了动态性、多变性、偶然性和潜在性，使教育活动的评价涉及对教师和儿童的评价，因而它更具复杂性、多元性和挑战性。[②]

布卢姆依据评价在教育中的作用，将教育评价分为诊断性评价、形成性评价和终结性评价三种。诊断性评价是在学期教育开始时对学生现有知识水平、能力发展的评价，旨在了解学生学习上的特点、优点与不足之处；形成性评价通常在教育过

---

① 夏力.学前儿童科学教育活动指导 [M].上海：复旦大学出版社，2009：166.
② 黄瑾.幼儿园教育活动设计与指导 [M].上海：华东师范大学出版社，2007：153.

程中实施，它包括在一节课或一个单元教学中对学生的口头提问或书面测验，使教师与学生都能及时获得反馈信息；终结性评价是在一个学期或一门学科终结时对学生学习成绩的总评，其目的是给学生评定成绩，以作为某种资格认定或升、留级的根据。如果从时间上来区分这三种评价，诊断性评价是在一个教育阶段前进行；形成性评价是在一个教育阶段中进行，终结性评价是在一个教育阶段后进行。[①]

幼儿园教师在学前儿童入园时，对学前儿童各方面的情况进行了解和评价属于诊断性评价，是为查明学前儿童的学习准备状况及影响学习因素而实施的测定；幼儿园教师在课堂上对学前儿童的表现给予表扬是在教育教学过程中发生的评价，是一种形成性评价。

（二）学前儿童科学教育活动评价的概念

学前儿童科学教育评价是以学前儿童科学教育活动为对象，根据一定的标准，采取科学的评价技术和方式、方法，对学前儿童科学教育活动的目标、内容、过程及教师、学前儿童等进行测定并加以分析，最终做出价值判断的过程。[②]

如图 8-1 所示，由教师组织的学前儿童观察"各种各样的树叶"的科学教育活动，是一个对大自然进行观察和认知的学习过程。我们可以评价学前儿童在这一科学活动中的观察力、探索的兴趣和欲望，也可以评价教师在教学过程中使用的教学用具或布置的教学环境，抑或是教师教学方法的运用和教学效果，还可以评价师生互动情况等。

图 8-1　教师引导学前儿童探索各种各样的树叶

---

① 黄瑾.幼儿园教育活动设计与指导 [M].上海：华东师范大学出版社，2007：165.

② 夏力.学前儿童科学教育活动指导 [M].上海：复旦大学出版社，2009：166.

二、学前儿童科学教育活动评价的原则

原则是人们行为和工作依据的法则或标准，是必须遵守的基本要求。在对学前儿童科学教育活动进行评价的时候，应尊重我国的国情，从幼儿园的实际出发，采用多元的方式，树立科学的教育评价理念。所以，我们应注意以下原则。

（一）尊重性原则

尊重性原则是指在学前儿童科学教育活动评价中，应该充分尊重被评价的对象，无论是对学前儿童的评价还是对教师的评价都应当保持客观、公正的态度。同时，我们在学前儿童科学教育活动评价中不能唯权威论，权威的评价不是唯一的评价结果，而是让被评价者也参与进来。如被评教师参与评价，可以激发教师主动进行教育活动后的自我反思，加强对科学教育活动的调整和"二次"探究。如参与教育活动的学前儿童参与评价，可以让其回想起所学内容，表达学习感受，激发学习兴趣。

（二）科学性原则

学前儿童科学教育活动评价的科学性原则要求在评价中，实施评价的人不能单凭主观经验、直觉感受、个人喜好来评定教育活动的好坏，而是应该采取科学、适宜的评价手段进行评价。所以，针对不同对象的评价，应采取不同的评价方法，坚持不同的评价角度，去单一化及固态化。

（三）全面性原则

全面性原则要求学前儿童科学教育活动评价的方法体现全面性和多样性，评价者可以采用观察、记录、交流等多种方式进行评价，也可以通过家庭、社区、跨园之间的交流进行评价。同时，全面性还体现在评价内容应反映学前儿童的整体发展水平上，而不仅仅是反映在知识性的层面上。在科学教育活动评价中，应对学前儿童的学习态度、学习兴趣、情感体验、交流表达、解决问题的能力等多方面进行全面评价。

（四）个别化原则

学前儿童作为一个发展个体，全面性和个性是其发展的两个不同方面。作为教

育者，既要全面关心学前儿童群体的发展，又要关注学前儿童作为独立个体的发展需要和潜力。因此，对于评价来说，既要关注学前儿童的全面和谐发展，也要关注学前儿童某一方面的突出表现和潜在能力，为其个性化、个别化的发展和生长留有空间。如以"学前儿童成长档案记录袋"的形式，既能记录、评价学前儿童的现有能力水平，又能了解学前儿童的成长过程和发展方向。[①]

总之，在科学教育活动评价中，要注重对学前儿童差异性的评价，避免标准化衡量学前儿童的学习和教师的教学活动。充分尊重学前儿童的个性，采取弹性的动态评价，关注学前儿童在科学领域的持续探索，做到通过评价实现"以发展的眼光看幼儿"，"让每个幼儿在原有基础上获得发展"。

科学小实验：
一张纸的承重

---

① 黄瑾.幼儿园教育活动设计与指导 [M].上海：华东师范大学出版社，2007：153.

主题 2 学前儿童科学教育活动评价的内容

学前儿童科学教育活动评价的内容主要包括三个方面：对教师在科学教育活动中"教"的评价，对学前儿童在科学教育活动中"学"的评价，对学前儿童发展的评价。学前儿童科学教育活动评价的内容，指明了我们要在评价中做什么，要对学前儿童科学教育活动的哪些方面进行评价。学习此主题的内容，我们能进一步掌握学前儿童科学教育活动评价。

一、对教师"教"的评价

在一定程度上，一个富有实效的教育活动是需要通过教师"有效的教"来实现的。从教师的角度来评价学前儿童科学教育活动，主要包括科学教育活动的目标、内容、方法手段、活动过程、环境创设等方面的综合评价。

（一）对学前儿童科学教育活动目标的评价

目标是教育活动的起始环节，是开展教育活动的出发点和归宿，它规定了教育活动预期要获得的效果，它是教育活动内容选择、方法运用、效果评价的依据和准则。

1. 活动目标应该具有导向作用

学前儿童科学教育的活动目标确定以后，活动设计应该围绕着活动目标进行。活动目标对活动过程、活动内容、活动组织方法甚至是教师的提问等方面具有导向作用，脱离活动目标的教育活动是不成立的。

2. 活动目标应该具有整合性

在布鲁姆的教育目标分类学理论中，将教学目标分成认知目标、情感与态度目标和动作技能目标三种。对于学前儿童科学教育活动而言，学前儿童掌握了科学原理或现象是认知目标，学前儿童喜欢探索、对学习感兴趣是情感与态度目标，学前儿童能够对某一实物进行分类或排列是动作技能目标。同时，整合性还包括在学前儿童科学教育活动中，包含多个领域的发展要求，如语言、社会、艺术、健康等领域。

3. 活动目标要符合学前儿童的年龄特点和本班实际

教师在制定学前儿童科学教育活动目标时不仅要符合这一年龄阶段学前儿童的

身心发展特点，也要考虑班级儿童发展的整体水平和已有经验。此外，教师也要兼顾不同个体的不同发展水平和需要充分考虑学前儿童的普遍性，因材施教。

4. 活动目标应该是具体的、明确的、可操作性的

目标应具有比较明确的操作性和指向性，不仅能使评价者根据目标知晓教师的活动内容和学前儿童的学习效果，而且能促使教师通过对活动过程中儿童语言、行为、态度等多项反馈的观察与反思来加强、促进活动的有效性。如"大班活动：我们需要干净的湖水"的目标：

①交流调查的结果，讨论湖水污染的原因和解决的办法；

②进一步激发保护水资源的意识，用自己能做到的方式保护水资源；

③根据经验，大胆地讲述所知的湖水污染现象，能用观察记录表展现观察结果。

（二）对学前儿童科学教育活动内容的评价

1. 活动内容应该具有科学性

教师在选择科学教育活动的内容时，必须严谨地做好准备工作，对所讲的数学原理及科学内容要论证清楚，必须具有科学性。教师呈现出的科学知识应是准确的，对于科学操作是有科学依据的，对科学精神的培养是正确的。

如科学小实验"沉浮"中，教师在准备实验材料时应充分考虑每一份材料的特质，树叶放在水中会浮起来，石头会沉下去。但是有些物品在水中会呈现先浮起来后沉下去的现象，此时就需要教师严谨地论证清楚此种特殊情况。

2. 活动内容应与社会的发展紧密结合

科学教育除了基础原理外，其奇妙之处还在于飞速发展的科学技术，尤其是生活中的现代科技，如3D打印出来的纸巾盒（见图8-2），AR眼镜（见图8-3），以及克隆动物、新能源汽车等。在评价中，应注意这些内容都能激发学前儿童的好奇心和探索心，感受到科技给生活带来的便利，理解科技进步对社会进步的贡献。

图 8-2　3D 打印出来的纸巾盒

图 8-3　AR 眼镜

3. 活动内容既要有针对性，也要有挑战性

根据维果茨基的"最近发展区"理论，学前儿童科学教育活动的内容应该从学前儿童现有的水平出发，既要有针对性，也要有挑战性。如认识了相邻数 1、2、3 是相邻数，1 和 3 不相邻，在此基础上，认识到 5 以内的相邻数。

4. 活动内容应保有探究性和参与性

在学前儿童科学教育活动中，探究是学前儿童学习的一个重要方式。所以，评价中应考虑到有没有给学前儿童进行观察、探索、讨论和参与。如在"认识各种各样的树叶"科学教育活动中，教师引领学前儿童到户外采集树木花草的叶子，学前儿童在观察、采集、比较等过程中认识不同种类花草叶子的形状、颜色、质地以及脉络，激发了学前儿童学习的兴趣，满足了学前儿童的好奇心和探索欲。

5. 活动内容应具有整合性

在科学教育活动中整合其他领域的内容，可以丰富活动内容和活动形式，激发学前儿童的学习兴趣，但值得注意的是，不要顾此失彼，科学教育活动的内容具有整合性的同时也应该是活动的重点和中心。

（三）对学前儿童科学教育活动方法的评价

对学前儿童科学教育活动方法的评价主要看教师在科学教育活动方法、手段和情境创设的设计上是否适宜、有效。

1. 活动方法应适宜学前儿童的学习特点

在科学教育活动中，我们评价此次活动是否适宜应着眼于教师使用的方法是否直观、生动、有趣、简便。如在小班"小猴子摘桃子"活动中，教师采用情景游戏法组织学前儿童学习，在"小猴子摘桃子"中，感受"多"与"少"，比较着"大"与"小"。

2. 活动方法应注意运用多种方法与形式

评价教师如何有效地组织学前儿童学习，要看教师能否根据学前儿童已有经验，运用恰当的方法与形式。幼儿园教育活动中最常见的教学方法有：游戏法、情境法、谈话法、模方法、操作法、故事法、发现法、探究实验法、展示交流法等。这些教学方法都适用于学前儿童科学教育活动，灵活地使用这些教学方法，多种方式并存，可以极大地提升课堂质量。

3. 活动方法要尊重学前儿童的主体性

学前儿童好奇心强，在科学教育活动中表现出较高的积极性和主动性，这是教师应该积极把握的有利条件。在评价教师组织的科学教育活动时，要看教师有没有尊重学前儿童的主体性，让学前儿童做活动的主人，让他们在活动中积极探索、感受快乐、丰富经验。

此外，学前儿童科学教育活动方法还可以根据本地环境和设备条件，选择合适的方法。如乡镇幼儿园可以依托农村的自然环境，感受农忙与季候的关系；若是城市中紧靠大学的幼儿园，可以依托大学的设备和场地，组织幼儿观展或观影来学习科学知识，产生爱科学的情感。

（四）对学前儿童科学教育活动环境材料的评价

学前儿童科学教育活动是在教师一定的目标和内容预设前提下进行的科学领域的活动。其中，对环境和材料的运用是重要部分。因此，学前儿童科学教育活动环境材料的运用是对教师"教"的评价不可或缺的一项评价内容。

1. 活动环境要适宜

学前儿童科学教育环境包括外在环境和内在环境。

外在环境包括活动场地、活动材料和活动设备。教师为学前儿童提供的外在环境要既能满足学前儿童探索、操作和合作交往等活动需要，也能保证教学方法充分发挥有效价值。尤其是活动材料要充足，在实验类科学活动中，教师至少每组一份活动材料；在观察类科学活动中，教师要准备充足的观察对象，确保每个学前儿童都能有效观察。

内在环境包括课堂氛围、师生关系、教师的情绪情感、同伴关系等，教师提供的内在环境应该是自由的、宽松的、自然的、和谐的。教师应该积极回应学前儿童的所想所问，多角度地看待学前儿童的表现，鼓励学前儿童大胆猜想和独立操作等。

2. 活动环境要有开放性

多样丰富的环境材料可以极大地启发学前儿童，而开放的环境也是不可忽视的。教师通过运用现代化教育手段和多媒体课件，可以尽可能地调动和布置多种资源和环境，更多样地开放设计和使用环境材料。如在"蒲公英的成长过程"科学教育主题活动中，教师布置了一个科学角介绍蒲公英是如何成长的，包括蒲公英的相关绘本、蒲公英成长图、蒲公英种植角等环境和材料，借助这些环境和材料激发学前儿童的想象力和探索欲。

（五）对学前儿童科学教育活动过程的评价

科学教育活动的实施是实现科学教育目标的重要手段，也是开展科学教育的核心环节。教师选择和采用的科学教育方式会直接影响科学教育活动的顺利开展以及学前儿童科学学习目的的真正实现。[①]

1. 活动过程突出重点，解决难点

教师在活动过程的时间分配上应该把大部分重心放在突出重点，解决难点上，同时做好每一步，使活动过程环环相扣，互相联系。避免头重脚轻或简单罗列等现象，在活动过程中始终围绕活动目标开展活动。

2. 活动过程中，注重师生关系

活动过程中的师生互动包括积极参与学前儿童的科学领域活动，给学前儿童提供榜样示范，重视学前儿童的提问等。教师在活动中要扮演多种角色，是学前儿童

---

① 雷桂丽.《指南》背景下幼儿园科学教育实践的研究：以郴州市 B 园为个案 [D]. 长沙：湖南师范大学，2017：41.

科学教育活动中的引导者、观察者、合作伙伴、分享对象、有力支持者、同感快乐的人。

二、对学前儿童"学"的评价

《3—6岁儿童学习与发展指南》指出："幼儿的科学学习是幼儿在解决实际问题的过程中发现和理解事物本质和事物间关系的过程，主要包括科学探究和数学认知。幼儿在对自然事物的科学探究和运用数学解决实际生活问题过程中，不仅获得丰富的感性经验，充分发展形象思维，而且在感知具体事物基础上初步尝试归类、排序、概括、抽象，逐步发展逻辑思维能力，为其他领域的深入学习奠定基础。"所以，除了对教师"教"的评价外，对学前儿童学习的评价也至关重要。

（一）对学前儿童参与度的评价

对学前儿童参与度的评价包括学前儿童注意听讲的过程，参与活动的时间，自主探索的主动性和积极性。如在教师讲解"光与影"科学现象的时候，学前儿童的注意力集中程度如何，跟着教师一起体验和操作的时间长短以及积极性表现等都是对其学习参与度的评价内容。

（二）对学前儿童学习方式的评价

对学前儿童在科学教育活动中的学习方式评价包括对学习风格、思考与表达方式、学习策略等的评价，包括对其学习方式的多样性、独特性的评价。

1. 对学前儿童情感态度的评价

学前儿童较容易在活动中表现出情绪情感，对于评价来说也是非常重要的一部分。学前儿童的情感态度包括学习态度、情感语言和动作。如在"盐溶于水"观察类实验中，当盐在水中消失的时候，学前儿童表现出惊奇的表情和肢体动作，与同伴分享自己加速溶解盐的方法，都属于情感态度。

2. 对学前儿童互动的评价

在科学教育活动中，学前儿童与教师、同伴的互动包括互动次数和互动表现。如有无回答教师的提问，有无提出自己的疑问，有无向同伴分享，在遇到困难时候有无求助。

3．对学前儿童学习习惯的评价

好的学习习惯包括对学习的坚持情况，抗挫折能力和解决问题的能力，倾听他人意见、接纳他人意见的能力，与人合作分享的能力等。

三、对学前儿童发展的评价

《3—6岁儿童学习与发展指南》指出：幼儿科学学习的核心是激发探究欲望，培养探究能力。成人要善于发现和保护幼儿的好奇心，充分利用自然和实际生活机会，引导幼儿通过观察、比较、操作、实验等方法，学会发现问题、分析问题和解决问题，帮助幼儿不断积累经验，并运用于新的学习活动中，形成受益终身的学习方法和能力。可见，促进学前儿童的发展是科学教育的最终目的。所以，对科学教育活动中学前儿童发展的评价是不可或缺的工作。

（一）对学前儿童知识经验和能力技能的评价

评价学前儿童科学教育活动发展水平可以从儿童的知识经验和能力技能，以及情感态度方面进行评价。我们节选一个《幼儿能力发展水平评估表》展现对学前儿童知识经验和能力技能的评估方法，详见表8-1。

表8-1　幼儿能力发展水平评估表（节选科学部分）

智能项目	评估项目	内容	达成情况	记录时间	备注
数理逻辑智能	数形时空	能察觉生活中物品的大小、多少及形状颜色的不同			
		尝试对物品进行比较、对应、分类、排序等			
		初步理解数量、重量、空间距离等概念			
		认识数字，会用简单的方法进行估算、测量等			
		在生活游戏中，能感受数量关系，会进行一定的比较和推理			

续 表

智能项目	评估项目	内容	达成情况	记录时间	备注
自然观察智能	基本常识	能认识和识别与生活密切相关的人和物			
		知道周围环境中常见的人和物体的显著特征			
		了解人与动物、自然现象、社会环境之间的简单关系			
		有收集和了解周围主要文化景观与社会信息的兴趣及初步能力			
		对不同地域、民族的风俗文化有初步了解			
	探索操作	对周围事物好奇，喜欢摆弄物品			
		能观察、照顾自然角，对其变化敏感			
		在游戏中会创造性地运用材料			
		运用各种工具和材料进行制作与小实验			
		能尝试接触和运用多种媒体			

（二）对学前儿童情感态度的评价

在学前儿童科学教育活动中，对学前儿童情感、态度的评价主要是指评价学前儿童对周围世界的好奇心、探究热情、创造精神、尊重事实的科学态度、尊重他人的发现及创造、乐于合作、喜欢分享和交流等。例如，通过学前儿童在科学活动"奇怪的影子"中的表现，可以了解学前儿童是否具有探究的热情、认真的态度，是否喜欢与同伴交流，是否乐意倾听别人的意见和建议，是否愿意和同伴合作共同探索。[①]

科学小实验：
弹力大比拼

---

① 夏力 . 学前儿童科学教育活动指导 [M]. 上海：复旦大学出版社，2009：170.

主题 3　学前儿童科学教育活动评价的方法

学前儿童科学教育活动评价的目的是实际、全面反映评价对象的具体情况。我们借助科学的评价方法，可以保证教育评价的客观性、科学性。关于教育评价的理论是不断发展和丰富的，各个时代的人对教育评价从不同的观点和出发点进行了阐述和讨论，所以评价的方法有很多种，评价的角度也不尽相同。其中，观察法是学前儿童教育评价最基本的方法。本节主要是从教师和学前儿童的角度，介绍几种较为常用的评价方法。

一、以学前儿童为对象进行评价的方法

（一）作品分析法

1. 作品分析法的概念及优缺点

作品分析法，是在对研究对象专门活动的作品进行定量和定性分析的基础上，了解研究对象的心理活动，揭示作品背后隐藏的研究对象的行为、态度、价值观的一种办法。该方法有利于了解学生的认知水平、思维方式和学习习惯等。[①]作品分析法用于学前儿童科学教育活动中的评价，特指教师有目的、有意识地收集和保存学前儿童在科学教育活动中的各种作品，并对这些作品进行分析，以了解学前儿童发展水平和课堂教学效果的评价方法。

作品分析法的优点在于资料较易收集，并且具有间接性，教师有足够的时间对幼儿的作业进行分析比较，使评价各项客观准确。其缺点是只能较多地反映当前教学的影响，而不能反映幼儿稳定的发展水平，不能系统完整地了解幼儿的科学素质发展水平。[②]

例如，教师要求学前儿童观察蝴蝶的生长变化，通过绘画的方式进行观察记录，教师对绘画作品进行分析，了解学前儿童对蝴蝶的认知水平、观察力的准确性和观

---

① 王琴. 作品分析法对提升小学生英语写作能力的准实验研究 [J]. 中国校外教育，2011（10）：75-77.

② 夏力. 学前儿童科学教育活动指导 [M]. 上海：复旦大学出版社，2009：172.

察的细节、对生命的感悟。

2. 作品分析法的具体使用方法

教师在采用作品分析法时，要关注学前儿童在发展过程中的经历、情感体验、兴趣等。既要从一个儿童作品中了解该儿童的发展水平，又要从一堆儿童作品中了解全体儿童的发展状况。只有这样，作品分析才能充分发挥作用。[①] 作品分析法在学前儿童科学教育活动中的应用，见表 8-2。

表 8-2 作品分析法的具体应用

科学教育活动类型	作品类型	具体作品	重点分析角度
科学教育活动	比较性观察活动	柑橘家族：通过比较观察，用图文的方式进行观察记录，观察和比较柑橘家族的相同点和不同点，如橘子、柑、柚子、橙子等	能够积极观察"柑橘家族"中不同水果的重要特征，并将特征表达出来。既能找到相同点也能发现不同点
数学类教育活动	认识图形活动	图形回家：把三角形、正方形、长方形、圆形和五角形送回各自的"家"，相同的形状在同一个家	能感受到几何图形的差异，发现几何图形的不同
区域科学教育活动	自然角	种植大蒜：将蒜头种在土里，观察蒜苗的生长过程	能够记录蒜苗不同生长阶段的变化特征，提高参与度和坚持度

（二）问卷法

1. 问卷法的概念及优缺点分析

问卷法是调查者运用统一设计的问卷向被选取的调查对象了解情况或征询意见的调查方法。它的优点是标准化程度高、收效快，能在短时间内调查很多研究对象，获得大量资料，能对资料进行数量化处理，经济省时；缺点是被调查者由于各种原因可能对问题做出虚假或错误的回答。

2. 问卷法的具体操作方法

（1）问卷的一般结构。

问卷的一般结构包括卷首语、问题与回答方式、结束语，为了便于回答和统计，问卷的题目可以有选择题、判断题、填空题等。问卷的卷首语包括调查的目的、意义和主要内容，选择被调查者的途径和方法，对被调查者的希望和要求，填写问卷

---

① 袁晗，张莉. 作品分析法在评价幼儿语言发展中的应用 [J]. 教育导刊，2013：44.

的说明，回复问卷的方式和时间，调查的匿名和保密原则以及调查者的名称等。问题及回答方式是问卷的主要内容，要具体明确，答案简单明了。结束语包括答谢词和回收方法。

（2）问卷的设计方法。

首先，设计问卷的问题时，教师应该表达简练，通俗易懂，避免混淆含糊，不可有诱导性，问题不能过于抽象和术语化，要充分考虑学前儿童的感受。

其次，答案要简明简短，不可过多答案内容。考虑到学前儿童的学习特点，问卷应该避免文字或较少文字，尽量用图画的方式进行调查和评价。

最后，题目排列有序，要遵循由简入繁，由易入难的原则。教师要充分考虑到学前儿童的发展水平和学习特点，在实施问卷法评价学前儿童时，指导学前儿童阅读问卷，帮助其理解问卷的意思，然后作答。

 案例 8-1

调查学前儿童关于对哺乳动物的了解，可以向学前儿童出示图 8-4，并设计指导语："你知道哪些是哺乳动物吗？请你在哺乳动物下面打上 √，在不是哺乳动物的下面打上 ×。"

图 8-4　哺乳动物测试

案例 8-2

请学前儿童把图 8-5 中的小动物与它的家匹配连线。

图 8-5　动物与家的匹配

（三）观察法

观察法是最基本也是最广泛使用的评价方式之一。

1．观察法的概念及步骤

观察法是指有目的、有计划地在自然条件下对学前儿童的观察，或在情境背景下对学前儿童的观察，是重要的收集信息和做出评价的方法。

2．观察法实施的一般步骤

一般来说，观察法可以分为以下几个步骤。

①制订观察计划。

②实施观察，即采取一定的工具和手段来组织观察，可采取卡片式记录、表格式设计等文本形式，也可用录音机、摄像机等记录观察内容。

③解释观察材料，客观分析观察到的信息，以第一手资料为基础，对科学教育活动中的学前儿童进行评价。

④应用观察结果，对观察结果进行总结提炼，再归回到教育活动中，及时调整教师在科学教育活动中的教学方式和教学内容。

3．几种常用的观察法

（1）行为评定法。

行为评定法就是根据评价对象的实际发展水平，从评价目标出发，制定一份行为观察记录表。在观察的过程中，将学前儿童在科学教育活动中的行为表现对号入座地记录在事先制定好的表格中。

 案例8-3

在幼儿园科学教育活动中，教师将多个混有不同颜色、不同形状的木片放置在桌子上，教师要求中班的儿童自由分类，并观察他们是如何对这些木片进行分类的，从而记录在表8-3中。

表8-3　中班儿童对不同颜色、不同形状的木片分类评价

评价内容		甲	乙	丙	丁
分类方式	按颜色分类				
	按大小分类				
	按形状分类				
完成情况	独立完成				
	同伴影响下完成				
	完成一部分				
	未完成				

（2）情境观察法。

情境观察法是由评价者事先创设一个特殊的情境，以此引发评价者想要观察到的有关行为反应，从而获取评价资料，达到评价观察对象的目的。情境观察法的优点是：能够测量学前儿童发展水平的不同层次；它是在情境控制中进行的，能排除一些无关因素的干扰，观察的效果较好。缺点是：这种观察花费的时间和精力较多，观察的多是外部行为表现，因果关系的确定难以精确。在观察中，记录的只是想要观察的行为，忽略细节，难免带有一定的主观性。[①]

案例 8-4

通过情境观察，评价学前儿童的观察能力。

一片叶子从大树上飘落下来，大班的科科看见了落叶就把它捡了起来，他认真地看着树叶并在思考着什么。芳芳看到科科在看树叶，好奇地问他："科科，你看树叶做什么？"科科回答说："我在想树叶有水吗？"罗老师听到了两个小朋友的对话，在班上组织了一次科学教育活动"树叶有水吗？"，让全班幼儿讨论并探究树叶里到底有没有水？罗老师为了收集班上幼儿的观察能力，于是做了一个情境观察记录表，来收集和统计幼儿在这次科学教育活动中观察能力的相关信息。

表 8-6 "树叶有水吗？"情境观察表

姓名	观察方法				
	看看	捏捏	摸摸	闻闻	其他方式
甲	有 / 无				
乙					
丙					

（3）真实记录法。

真实记录法是以学前儿童的表现和现实活动为基础。真实记录法的目的在于儿童是否正在将他们学习的内容应用到现实环境。在此观察方法中，要注意确保评价的内容与现实事件相联系，确保学前儿童参与到完成任务的过程中，确保教学在评

---

① 夏力 . 学前儿童科学教育活动指导 [M]. 上海：复旦大学出版社，2009：177.

价之前就提供给学前儿童。

 案例 8-5

下面是一位教师根据某个学前儿童在科学教育主题活动"有趣的植物"中的表现做的实录。

在近期开展的科学教育主题活动"有趣的植物"过后，班上的小朋友们都对大自然中的花花草草格外留心。在一次户外活动时，科科在草丛里发现了一株奇怪的植物，只要用手触碰到这种植物的叶子，叶子就马上卷起来了，像是在保护自己，又像是"害羞"了。科科兴奋地大叫了起来："它动啦！它动啦！"芳芳赶忙跑过来看，然后说道："咦，这个叶子怎么卷起来了？"另一个小朋友说："它害怕了吗？""不对，不对，它害羞了！"越来越多的小朋友加入了讨论，大家想看看这个有趣的植物什么时候能伸展开叶子，可是等了半天还是没有动静。有小朋友用手又碰了碰这个植物，也没有反应。还有人蹲在地上凑近了闻了闻，说："它没有什么味道啊。"于是，又开始了新的讨论。罗老师看到好几个小朋友聚集在一起，叽叽喳喳地讨论不停，问了才知道是科科找到了一个奇怪而有趣的植物，只要一碰到它，叶子就会卷起来。大家都好奇极了！科科说："老师，这个是什么植物？"罗老师说："这是含羞草，它的叶子一被触碰就马上闭合起来，所以大家都叫它'含羞草'。含羞草还有预测地震的能力呢，你们想不想知道更多关于含羞草的事情呢？我们回到班上来一起讨论一下吧。"

从案例 8-5 中，我们可以具体地看到幼儿对植物的兴趣、态度、探索的方法等。

 案例 8-6

这里记录的是一位学前儿童在探索小、中、大的比较观察活动中的有关表现。

小区里种植了许多铁树，铁树羽状叶子伸展出来非常吸引人。来来在回家的路上，看见了种在路边的铁树，这些铁树有大的，有小的，怎么还有不大不小的？于是，就有了下面的对话。

来来："妈妈，这是什么树？"

妈妈："这是铁树。"

来来："这是大的吗？"

妈妈："是的，这是大的铁树。"

来来："那这个呢？"他指了指旁边的一棵铁树。

妈妈："嗯……这是小的。"

来来："那前面那个呢？是大的还是小的？"

妈妈想了想说："这是中号的。"

来来说："哦，这是中号的，那个是大的，旁边的是小的。"

从案例8-6事件实录中，我们可以具体看到学前儿童来来在认识小、中、大时的行为表现，说明学前儿童对生活中的科学常识感兴趣，擅于观察比较不同的事物之间的区别，易于接受家长的引导。

（四）访问法

1. 访问法的概念及优缺点分析

访问法就是评价者引导儿童通过问题参加讨论，面对面进行交谈，以此获取评价资料的一种评价方法。

访问法的优点是可以灵活地掌握访问的时间和形式；可在短时间内获取第一手资料；操作简单，适用面广；易与其他评价方法结合使用。缺点是样本有限，结构松散，访问结果受到访问者与被访问者关系的影响。

2. 访问法的具体做法

访问法可以是对个别学前儿童的访问，也可以是对集体的访问。在访问之前，首先要确定访问对象；其次制定访问大纲，准备好访问的内容。运用访问法要注意端正态度和尊重被访者，针对学前儿童的学习特点，教师要以亲切自然的口吻进行提问，提问要简单易懂，交流要灵活，让学前儿童在访问过程中有被尊重的感觉。

案例8-7

一位教师与学前儿童关于天气的访问对话

（一）

教师："你知道的天气有哪些？"

学前儿童A："我知道下雨天、晴天、雾天，还有大风天。"

教师："你喜欢什么天气？为什么？"

学前儿童A："我喜欢晴天，因为可以和爸爸妈妈一起去露营。"

教师："傍晚是天气吗？"

学前儿童A："傍晚不是天气，是吃晚饭的时间。"

（二）

教师："你知道的天气有哪些？"

学前儿童B："我知道，有晴天、下雨了、多云，哦，还有大风。"

教师："你喜欢什么天气？"

学前儿童B："我喜欢下雨天。"

教师："为什么喜欢下雨天？"

学前儿童B："因为下雨就可以穿雨靴，我喜欢踩水的声音。"

教师："那你还喜欢什么天气？"

学前儿童B："晴天。"

教师："为什么？"

学前儿童B："晴天有太阳，可以亮亮的。"

教师："早上起床后，外面街道上有蒙蒙的白气，让人看不清楚东西，那是什么天气？"

学前儿童B："我不知道。"

从案例8-7访问的对话中可以了解，学前儿童对天气的认识还不全面。他们有着对天气的基本认识，也有着对不同天气的喜好。

二、以教师为对象进行评价的方法

对教师在科学教育活动中展现的教育教学工作的评价包括内部评价和外部评价。幼儿园教师组织学前儿童开展科学活动，有数位教师及教育专家进行现场听课，如图 8-4 所示；专家、园长、教师等在对课程进行记录和评价，方便在课后开展教学评价研讨活动，如图 8-5 所示。

图 8-4　幼儿园教师组织科学活动

图 8-5　专家、园长及其他教师进行听课和评价

（一）内部评价

所谓内部评价是指参与者主体进行的自我评价，如学习者主体对自身的自我认识和评价，教学者主体对自我的教学工作的评价等 。内部评价就是教师的反思，反思的形式包括回顾式反思、深思熟虑式反思、行动中反思、觉察意识式反思。

当代著名社会学家斯甘认为，反思是教师对自己已有观念进行修正、替换、删减的过程，积极、自觉的反思可以使教师积累教学经验、提高教学素养，现代教师也被称为"反思从业者"。学者波斯纳则提出了一个教师的成长公式：经验＋反思＝

成长。他认为，没有反思的经验是狭隘的经验，至多只能形成肤浅的知识。①

在学前儿童科学教育活动的内部评价中，教师反思还包括反思日记、详细描述、交流讨论、行动研究等方法进行自我评价。

（1）反思日记。在一天教学工作结束后，要求教师写下自己的经验，并与其他指导教师共同分析。

（2）详细描述。教师相互观摩彼此的教学，详细描述他们看到的情景，并对此进行讨论分析。

（3）交流讨论。来自不同学校的教师聚集在一起，首先提出课堂上发生的问题，其次共同讨论解决的办法，最后得到的方案为所有教师及其他学校共享。

（4）行动研究。为弄明白课堂上遇到问题的实质，探索以此改进教学的行动方案，教师以及研究者用以进行调查和实验研究。它不同于研究者由外部进行的旨在探索普遍法则的研究，而是直接着眼于教学实践的改进。

（5）还可以通过博客、微博进行叙事研究，分享自己的教学感受。《3—6岁儿童学习与发展指南》提到，"幼儿科学学习的核心是激发探究欲望，培养探究能力。"所以，教师在科学教育活动后的反思中，应该考虑到在教育过程中，是否发现和保护了学前儿童的好奇心；是否充分利用自然和实际生活机会，引导学前儿童通过观察、比较、操作、实验等方法；是否学会发现问题、分析问题和解决问题等。

（二）外部评价

所谓外部评价是指他人对评价主体实施的评价。我们以表8-7来解释在学前儿童科学教育活动中对教师的外部评价包含哪些内容。

表8-7　学前儿童科学教育活动对教师的外部评价

评价对象	评价者	评价内容	评价结果
教师	幼儿园管理者 上级行政机关 同行教师等	环境创设	
		材料投放	
		教学目标	
		教学内容	
		教学方式	
		教学过程	

---

① 黄瑾. 幼儿园教育活动设计与指导 [M]. 上海：华东师范大学出版社，2007：168.

所以，根据表 8-7 内容，在对教师进行学前儿童科学教育活动的外部评价时，要评价教师是否创设了适宜的环境开展科学教育活动，是否准备充足、科学的教学材料，教学目标是否符合科学教育活动的特点和要求，教学内容是否以科学为主，教学方式是否恰当丰富，教学过程是否流畅、结构是否合理，等等。

拓展阅读

加德纳的多元智力理论

哈佛大学的加德纳博士（图 8-6）认为，过去对智力的定义过于狭窄，未能正确反映一个人的真实能力。他认为，人的智力应该是一个量度，一个解题能力指标。根据这个定义，他在《心智的架构》中提出，人类的智能可以分成九个范畴，内容如下。

图 8-6　加德纳博士与儿童

1.语言智能

语言智能主要是指有效地运用口头语言及文字的能力，即指听说读写能力，表现为个人能够顺利而高效地利用语言描述事件、表达思想并与人交流的能力。这种智能在作家、演说家、记者、编辑、节目主持人、播音员、律师等职业上有更加突出的表现。

2.逻辑数学智能

从事与数字有关工作的人特别需要有效运用数字和推理的逻辑数学智能。他们在学习时，靠推理进行思考，喜欢提出问题并执行实验以寻求答案，寻找事物的规律及逻辑顺序，对科学的新发展有兴趣。他人的言谈及行为也成了他们寻找逻辑缺陷的好地方，对可被测量、归类、分析的事物比较容易接受。

3.空间智能

空间智能强调人对色彩、线条、形状、形式、空间及它们之间关系的敏感性很强，感受、辨别、记忆、改变物体的空间关系并借此表达思想和情感的能力比较强，表现为对线条、形状、结构、色彩和空间关系的敏感以及通过平面图形和立体造型将他们表现出来的能力。能准确地感觉视觉空间，并把所知觉到的表现出来。这类人在学习时是用意象及图像来思考的。

空间智能可以划分为形象的空间智能和抽象的空间智能两种。形象的空间智能为画家的特长。抽象的空间智能为几何学家的特长。建筑学家形象的空间智能和抽象的空间智能都擅长。

4.肢体运作智能

肢体运作智能主要是指人调节身体运动及用巧妙的双手改变物体的技能。表现为能够较好地控制自己的身体，对事件能够做出恰当的身体反应以及善于利用身体语言来表达自己的思想。运动员、舞蹈家、外科医生、手艺人都有这种智能优势。

这类人善于运用整个身体来表达想法和感觉，以及运用双手灵巧地生产或改造事物，很难长时间坐着不动，喜欢动手建造东西，喜欢户外活动，与人谈话时常用手势或其他肢体语言。他们学习时是透过身体感觉来思考的。

5.音乐智能

音乐智能主要是指人敏感地感知音调、旋律、节奏和音色等能力，表现为个人对音乐节奏、音调、音色和旋律的敏感以及通过作曲、演奏、歌唱等表达音乐的能力。这种智能在作曲家、指挥家、歌唱家、乐师、乐器制作者、音乐评论家等人那里都有出色的表现。

6.人际智能

人际智能，是指能够有效地理解别人及其关系、与人交往能力，包括四大要素。

（1）组织能力，包括群体动员与协调能力。

（2）协商能力，指仲裁与排解纷争能力。

（3）分析能力，指能够敏锐察知他人的情感动向与想法，易与他人建立密切关系的能力。

（4）人际联系能力，指对他人表现出关心，善体人意，适于团体合作的能力。

7.内省智能

内省智能主要是指认识到自己的能力，正确把握自己的长处和短处，把握自己的情绪、意向、动机、欲望，对自己的生活有规划，能自尊、自律，会吸收他人的长处。会从各种回馈渠道中了解自己的优劣，常静思以规划自己的人生目标，爱独处，以深入自我的方式来思考。喜欢独立工作，有自我选择的空间。这种智能在优秀的政治家、哲学家、心理学家、教师等人那里都有出色的表现。

8.自然探索智能

自然探索智能指能认识植物、动物和其他自然环境（如云和石头）的能力。自然智能强的人，在打猎、耕作、生物科学上的表现较为突出。自然探索智能应当进一步归结为探索智能，包括对社会的探索和对自然的探索两个方面。

9.存在智能

存在智能指人们表现出的对生命、死亡和终极现实提出问题，并思考这些问题的倾向性。

可见，不同类型学习者在学习活动中表现出的风格、长处以及适宜的学习方式是各不相同的。其中，体验、尝试、发现、合作等都是幼儿重要的学习方式。在教育活动评价中，教师应当重视对幼儿学习方式的多样性、个别性与差异性的评价。

精准备考

（一）单项选择

1.科学活动中，教师观察到某幼儿能用数字、图表和整理自己观察到的现象，该幼儿最可能的年龄是（　　）。【2016年下半年统考】

A. 6岁　　　B. 5岁

C. 4岁　　　D. 3岁

2. 桌面上一边摆了三块积木，另一边摆了四块积木。教师问："一共有几块积木？"从幼儿的下列表现来看，数学能力发展水平最高的是（　　　）。

【2017 年上半年统考】

A. 把三块积木和四块积木放在一起，然后一个一个点数

B. 看了一眼三块积木，说出"3"，暂停以下，接着数"4、5、6、7"

C. 左手伸出三根手指，右手伸出四根手指，然后掰手指数出总数 7 块

D. 幼儿先看了块积木，后看了 4 块积木，暂停一下，说 7 块

3. 幼儿园最常用的评价是（　　　）。

A. 管理人员评价 　　　　　　　　B. 教师评价

C. 家长评价 　　　　　　　　　　D. 社会评价

4. 在幼儿入园时对幼儿现有发展水平进行评价，目的是弄清幼儿已有的知识基础和身心发展水平及存在的问题，这样的评价叫作（　　　）。

A. 诊断性评价 　　　　　　　　　B. 形成性评价

C. 终结性评价 　　　　　　　　　D. 问题性评价

5. 幼儿园教育评价的主体不包括（　　　）。

A. 管理人员 　　　　　　　　　　B. 教师

C. 社会人员 　　　　　　　　　　D. 家长

6. 幼儿园教师在课堂上对儿童的表现给予表扬，这是一种（　　　）。

A. 诊断性评价 　　　　　　　　　B. 形成性评价

C. 终结性评价 　　　　　　　　　D. 总结性评价

7. 下列属于以定量评价为主的评价方法是（　　　）。

A. 观察法 　　　　　　　　　　　B. 测验法

C. 作品分析法 　　　　　　　　　D. 档案袋评价法

8. 幼儿园教育评价最基本的方法是（　　）。

A. 观察法　　　　　　　　B. 谈话法

C. 调查法　　　　　　　　D. 测验法

9. 评价人员有目的地为评价对象确定一个主题，评价对象按照预定程序完成作品，通过对评价对象的作品进行分析，获取评价所需要的信息，从而对评价对象的发展做出评价的方法是（　　）

A. 作品分析法　　　　　　B. 测验法

C. 谈话法　　　　　　　　D. 档案袋评价法

10. 幼儿园教育工作评价应当（　　）。

A. 以行政人员评价为主，以专家等参与评价为辅

B. 以园长自评为主，以教师等参与评价为辅

C. 以教师自评为主，以园长等参与评价为辅

D. 以家长评价为主，以幼儿等参与评价为辅

11. 教师根据幼儿的图画来评价幼儿发展的方法（　　）。

A. 观察法　　　　　　　　B. 作品分析法

C. 档案袋评价法　　　　　D. 实验法

（二）简答题

简述反思的形式。

（三）论述题

试述教师进行反思的方法。

答案与解析